明室
Lucida

照亮阅读的人

软弱的反叛者
太宰治传

［日］奥野健男 著
だざいおさむ
おくのたけお

吕灵芝 译

北京联合出版公司
Beijing United Publishing Co.,Ltd.

图书在版编目（CIP）数据

软弱的反叛者：太宰治传 /（日）奥野健男著；吕灵芝译 . -- 北京：北京联合出版公司，2023.2
ISBN 978-7-5596-6533-1

Ⅰ . ①软… Ⅱ . ①奥… ②吕… Ⅲ . ①太宰治－传记 Ⅳ . ① K833.135.6

中国版本图书馆 CIP 数据核字 (2022) 第 203400 号

北京市版权局著作权合同登记号 图字：01-2022-6621 号

DAZAI OSAMU by OKUNO Takeo
Copyright © 1973 MOMOSE Yuri
All rights reserved.
Original Japanese edition published by Bungeishunju Ltd., in 1973.
Chinese (in simplified character only) translation rights in PRC reserved by
Shanghai Lucidabooks Co., Ltd. under the license granted by MOMOSE Yuri,
Japan arranged with Bungeishunju Ltd., Japan through
BARDON CHINESE CREATIVE AGENCY LIMITED, Hong Kong.

软弱的反叛者：太宰治传

作　　者：［日］奥野健男
译　　者：吕灵芝
出 品 人：赵红仕
策划机构：明　室
策 划 人：陈希颖
特约编辑：陈希颖　刘麦琪
责任编辑：李艳芬
装帧设计：WSCGRAPHIC.COM

北京联合出版公司出版
（北京市西城区德外大街 83 号楼 9 层　100088）
北京联合天畅文化传播公司发行
北京市十月印刷有限公司印刷　新华书店经销
字数 215 千字　787 毫米 ×1092 毫米　1/32　11.75 印张
2023 年 2 月第 1 版　2023 年 2 月第 1 次印刷
ISBN 978-7-5596-6533-1
定价：69.80 元

版权所有，侵权必究
未经许可，不得以任何方式复制或抄袭本书部分或全部内容
本书若有质量问题，请与本公司图书销售中心联系调换。
电话：(010) 64258472-800

目 录

001　前言

一　太宰治的人格与思想

005　宿命
009　家庭与性格
014　上升感性的否定
018　下降倾向
020　他人之范本
026　对他人的奉献——"小丑"
031　"反立法"的角色
037　文学的价值——"蹉跌的美学"
041　对神的"复仇"

二　太宰治的生涯

053　共产主义时代——《晚年》以前
071　"排除与反抗"的时代——前期
080　文体与方法
093　变容
103　稳定与绽放的时代——中期
110　危机
119　关于爱——战争末期
126　战败与新现实——后期
135　破坏
144　《人间失格》

三 太宰治的作品

156 太宰治以前——初期习作
170 《晚年》《虚构的彷徨》——前期 I
181 从《卑俗性》到《灯笼》——前期 II
191 从《满愿》到《乞食学生》——中期 I
206 从《盲人独笑》到《耻》——中期 II
215 从《新郎》到《佳日》——中期 III
226 从《右大臣实朝》到《御伽草纸》——中期 IV
247 从《潘多拉的盒子》到《春之枯叶》——后期 I
261 《斜阳》《人间失格》——后期 II
273 散文
281 书信

四　再论太宰治

329　年谱
357　初版后记
361　后记

前 言

我写此书的动机在于我精神内面无可抗拒的必然性。与此同时，我也认为自己的文字对于当今的现实具有一些意义。对太宰治的文学心怀共鸣之人，或出于某种原因持有关注之人，换言之，就是精神内面隐藏着复杂情结之人，对这些人而言，尝试探讨太宰治赌上一生去实践的方法十分重要。那一刻，他仿佛被赋予了全新的意义，重新降临到我们面前。

当今世界，人类成了政治这一巨大机器的从属。面对这种现实，我们究竟该如何生存？面对个体真正的自由与社会伦理规范之间的问题，太宰给出了一种让人印象深刻的解决方式。

有些所谓的太宰追随者只关注太宰的软弱与造作，只突出他身为人的脆弱的感性。有些业已成名的批评家则对太宰做出简单的定义，对其高唱诀别与否定。我对这两种人，都抱有反感。

若是喜欢太宰，大可以直截了当地高喊出来。事实上，太宰治对我们这一代人造成的影响，远比上个时代芥川龙之介和小林秀雄等人对当时年轻人造成的影响更深远。不仅是文学青年，就连乍一看毫不关注文学之人，也对太宰治怀有强烈的共鸣，将他深藏在心底。在众多青年塑造精神世界的过程中，太宰的文学对他们产生了不可忽略的重大影响。这几乎是确凿无误的事实，人们却想去隐瞒它。因为那实在过于贴近了。听到别人谈论太宰，就仿佛听到别人在谈论自己，这让人万分羞耻。与此同时，人们还要否定太宰的艺术美感。当我们审视当下的文学，就会沉痛地发现，他是日本最后一位纯粹意义上的艺术家。而我对他的关注恰恰在于这点。我们应当站在现代的现实立场上评判他，使他正当地复活过来。甚至可以说，太宰治是为我们背上了负面十字架的基督。

一　太宰治的人格与思想

宿 命

"被选择的狂喜和恐惧同时存在。"

魏尔伦的这句话被太宰治写在了其文学生涯所有作品的开篇[1]。这句话别有深意，且最能象征太宰治其人。太宰治这样豪爽地承认自己是"被选择的人"，这让我一开始就为他的自信瞠目结舌。可是，在我着迷于这句话的同时，也将自己代入其中，认为这应该是太宰的装腔作势。我猜测他其实没有自信，却硬要扛起这方大盾，并对他那种软弱的、类似自卑者的憧憬产生了共鸣。我认为，他想通过高自我定位逐渐积累自信。太宰治将这句话放在开篇，也许是有一点文学青年的野心。装腔作势和软弱也许的确是太宰治性格的一个特征。然而，这句话并不是我所想的文学青年之举，并非那

---

1 此句是其首部小说集《晚年》的开篇作品《叶》的题记。——若无特殊说明，本书注释皆为原注

种平庸的野心。对太宰而言,"被选择"与其意志无关,是自身早已被安排好的位置。那不是他渴望并为之努力的位置,而是先天的宿命。尽管这种想法过于主观,但他无疑是这样想的。

> 我旅途中的大半时间都低垂脑袋,紧盯自己的脚。但确实有种宿命在我耳边低语[1],我相信它。我的发现就是这样无因无形,带着强烈的主观色彩。(《津轻》)

我的评论始于一种确信,即太宰治感觉到了自己"被选择"的宿命。我想以此为出发点,探寻太宰治的旅途。

不可否认的是,这一思想的基底由他性格中的自恋与地方名门出身[2]的事实所组成。自恋与名门出身是理解太宰文学的关键。但问题并不在于这里。自恋与名门出身的事实本身十分自洽,也许是一种舒适的状态。这样的定位可以说是先天享受惠泽,不需要再额外产生殷切渴望。然而,太宰并

---

1 这句话最深刻地体现了太宰的宿命感。在《鸥》的题记中,他也写道:"我在恍惚之中,仿佛听见了声音。"这句话似乎在暗示具有分裂特质的太宰经常以幻听的形式得到超我的命令。
2 太宰治的原生家庭"津岛家"并非所谓的名门,但也是津轻地区首屈一指的大地主家族。他在《回忆》中写道:"我家那辆带有家徽、乌黑发亮的厢式马车,坐进去跟个老爷似的。"从中可见津岛家算是乡间的大家族,其自幼所处的环境也让太宰产生了名门意识。

不想在那个状态中坐享其成，而是选择了下降[1]的尝试。用自我破坏对抗自恋，脱离自己的原生家庭，反抗社会秩序，这就是太宰终其一生贯彻的下降之路。

我所说的太宰的自恋，不单是对肉体和容貌的自恋，而是包含了精神和观念，对自身存在整体的自恋。自恋者向来都是无限钟爱自身，倾向于将自我的存在和主张正当化的人。那种骄傲不需要他者的支撑，只须自己一人的评价便已足够。自恋者本来就以自我为中心，若添加了利己主义的欲望，就会激发一切"为自己"的强烈向心力。那种充满向心力的意欲往往会促使一个人完成伟大的功绩，或超出人力极限的事业。

然而，太宰禁锢了所有"为自己"的意欲，反而生成了"为他人"的伦理观念。不，那不应该称为伦理，应该是"自己的存在是为了他人"的刻板观念。

---

1 我们所谓的"下降倾向"与伊藤整、荒正人等使用的"下降"并不同义。人类精神在漫长的统治秩序中被规训出了从不完美到完美、从劣到优、从混乱到调和、从人到神的"上升倾向"定式，也就是通过自我完成或出人头地的心理优越感及社会优越感来填补自我残缺感。我们将对其反叛的伦理，称作"下降倾向"。比如自我破坏，绝不掩饰自我欠缺感，反倒刻意深化它。通过这一举动，可以实现对既存社会一切秩序的反叛，从秩序内部令其崩坏。相对于与既存秩序相辅相成的"上升倾向"，反叛既存秩序的伦理便是"下降倾向"。

只靠自己一个人的幸福是活不下去的。(《姥舍》)

我发誓,我从不曾为我一个人而行动。(《虚构之春》)

一切都是为他人留下的范本。我从不曾有过一夜单为自己的享乐。(*HUMAN LOST*)

太宰抛却了自恋者天然的向心意欲,转而怀有了离心的禁忌。这一现象提示了资本主义社会衰退期典型的人类精神形象。在资本主义社会的上升期,向心的自我肯定与社会伦理相一致。但是太宰生在其衰退期,因此笼罩上了那个时代特有的生命疲敝感和浓浓的阴影。换言之,就是其精神内面的"良心之声"没有起到积极的作用,反倒以自我批判者的角色登场。它充当了阻力,抑制了需要自我向心性的努力方可实现的创造性,并将其化作"为他人"(或者说"不可为自己")的刻板伦理观念,形成离心作用。并且,当时对时代的正确认知也将他的刻板观念固化成了一种伦理思想。然而,不论理由是什么,过度的伦理观都会令思想僵化、才能枯竭。尽管如此,太宰依旧崇尚伦理,从不试图通过封闭自己而远离伦理,反而将伦理作为自我破坏的工具。他试图用强烈的下降这种悲剧性生活方式,去解决现代强加于我们的矛盾。

若问是什么让太宰选择了这样的生活方式,不得不说那依旧是性格、环境及时代。这些因素（性格、环境、时代）通常会直接影响一个人的人格、思想、生活和艺术的成长，同时也是发现它们本身的内在矛盾并进行反抗的原因。而且那种反抗也以这些因素特有的形式展开。

家庭与性格

在太宰的成长环境中，对他造成了决定性影响的因素在于：他的原生家庭是津轻首屈一指的名门，曾经是大富之家；以及他一直在典型的封建秩序中长大。"稍微受到一点轻蔑，就难受得想死。"(《回忆》）可以说，他高度的自尊来自出身名门的自负。而且，太宰在周围和学校得到的善待又在不知不觉间使他养成了自己不同于他人的意识，从而造就了他后来"被选择"的天选意识。他的下降正是对原生家庭的直接叛逆，来源于对自身心中潜藏的名门意识的嫌恶，因此不难想象他曾经对此怀有多大的骄傲和执着。从某种观点出发，还可以认为他的一生都被"津轻豪门"所约束。（若针对某种秩序的反叛会在该秩序最完美的时刻呈现出最令人惊叹的形态，那么此时的"津轻豪门"就变得略显滑稽。因为来到东京之后，这个被他视作大敌的"名门"不过只是乡下豪绅，这种意识最终转化为自卑，而他则为了补偿落差而开始追求名誉，使得造作成了他最大的弱点。)

这个大地主家庭"每逢用餐，总是全家十几口人分成两列排开而坐。(中略)用餐的房间光线暗淡，午饭时，十几人默默坐在桌前扒饭……"(《人间失格》)显然是非常典型的日本旧式家庭。表面上风度翩翩的家人、讲究正确礼节的生活、充满老式责任感和苟且偷安思想的下人、千方百计维持的财产和土地，这就是太宰所处的封建式成长环境。幼年的太宰几乎从未拥有过血亲的疼爱，而是一直接受严格而死板的教养。换言之，他身边的大人都会用忠告和责备来规训他天生的性格和行动，使其符合既成的习惯和思想。我将在这里深入剖析太宰的性格，阐述他从中受到了什么样的影响。

通过作品来分析太宰治的性格，可以总结出"自我世界的形成——自闭性(Autismus)"以及"外界接触感的欠缺——疏离感"这两大特征。这些都是典型的分裂性气质(Schizoïdie)的特征。[1]

他自出生起，就拥有与世隔绝的自我观念世界，并且被封闭在其中。一切事物都会先在那个世界中化解，再经由他

---

1 "自闭性""外界接触感的欠缺"是闵可夫斯基等人提出的精神分裂症的重要特征，但并不一定是分裂性气质的特征。但是分裂性气质这种性格概念同时也被视为分裂症的症状，故将以上说法用作分裂性气质的特征亦无大差。此外，本文使用的"分裂性气质"没有严格的精神病理学定义，而是克雷奇默针对"循环性气质"所设定的性格概念。

独特的系统重铸，然后才转化为理解。他并不会直观地审视外界事物，而是通过自我封闭的世界形成扭曲的观念形象。这种主观性的观念可以说是太宰治的显著特征，他后来的被害妄想式误解，以及观念与行动之间的乖离和混乱[1]，都有可能源自于此。他的精神世界将他完全封闭其中，在他人看来，那是一个无法理解的世界。再加上自恋性质，他的自闭性就更为牢不可破了。

（也因为如此，他的自恋不仅仅是对自身肉体和容貌的爱，而带有观念性的倾向。）

对他而言，世界就是不断向自己紧逼过来的可怕外界。他时刻都怀有众人皆醉我独醒的冷漠观感，独自一人眺望世界的蝇营狗苟。那是一种类似观看无声电影的孤独感。他身为社会的一员，却无法真实感受到自己与他人的有机相连。这不仅是因为拥有分裂性气质的人缺乏与外界的鲜活接触感，还因为对于生活他有根本性的障碍，欠缺生存本能，也就是生命力（élan vital）。而且他还处在无须工作也能维持生活的优越环境中，"人不吃饭就会死，所以必须劳动、吃饭——对我来说，再也没有比这更让我觉得艰涩难懂、更具有威胁感的话了。"（《人间失格》）从他后来因为寻觅不到自己生命

---

[1] 他得知第一任妻子初代在结婚前有过情史，备受打击，并放弃了共产主义运动，前去向警方自首（参照《东京八景》《年谱》）。这便是乖离和混乱的典型例子。

的必然性而轻易尝试寻死,断言为了生活的利己主义是邪恶,甚至在某种意义上沦为生活无能者,从这些事实中不难理解,太宰治的这句话并非艺术性的夸张,而是如实的自白。所以他才将他人努力生存的姿态视作滑稽,害怕那种为了生存而不顾其他的强烈利己主义。

然而,这种"自闭性和疏离感"对具有分裂性气质的人而言不一定意味着不安和不快。如果对此没有自觉,则不会产生任何影响。就算有了自觉,结果也相同。如后文所述,只要形成了自我认可,这种性格反倒能让一个人切断与外界的联系,沉浸在观念性的梦想中,投身自我向心性的有价值的生活,可谓是一种让人幸福的特质。若像太宰那样生活本身得到了保障,就更是如此。

可是,太宰对自身的性格怀有"唯独我与别人不同的不安与恐惧"(《人间失格》),认为"我好像欠缺了什么"(《斜阳》),并徒劳地努力让自己也"成为一个像样的人"(《狂言之神》)。所以,周遭大人给予他的责备,"让我如遭霹雳,陷入癫狂,莫说是反驳,甚至深信那些责备便是亘古不变的人类真理"(《人间失格》)。换言之,他无法躲避那些责备,只能被迫承受,并深入思索自身的异常。面对那些责备,即方便人在既存秩序下生存的习惯与道德,对其必然性,太宰的内心难以接受。这是他的性格使然,因他必须将所有事物纳入自己独立的世界中,化解之后重新组合起来方能理解。

但是，他为了不给别人制造麻烦，情愿改变自己也想顺从。他为此拼命努力过，最后得到的结果却是面目模糊的小丑。他无法感知责备的必然性，其外在的行动与内在的精神彼此游离，于是他开始想，自己可能与他人截然不同，自己可能是"恶德之果""虚假的化身"。当一个人得知自己与他人不同（认知到自我缺陷）时，往往会出于不安和恐惧而放弃自我，向他者妥协。但是，在太宰看来，他者都是在对彼此满口谎言的同时，试图"清正明快地"（《人间失格》）生活。他心里很清楚，只要能够欺骗自己，只要能够接纳社会生活的习惯和道德，就能轻易与他人一样融入社会，过上更轻松快乐的生活。

然而，他无论如何都无法掩饰自己的真实感觉，无法相信既存的道德与习惯，也无法假装相信。他被孤独感包围，同时也坚持忠于自己。从伦理角度来看，这种行为否定了普遍日常中的上升倾向，也就是利用既成的价值观补足自身的欠缺感，实现个人与社会的相容，并在社会上取得一定地位的倾向。换言之，太宰很清楚这就是既存统治阶级为维持社会秩序而强加于民众的巧妙诡计。他们对民众植入了不遵守秩序就无法存活的恐惧感，用遵守秩序就能出人头地、成为统治阶级的现实利益去哄骗民众，给民众植入"未来可期"的虚假希望，也就是利用人性的弱点获取民众的支持，同时又让民众误以为自己生活在平安喜乐之中。他识破了这些诡计，并表示了抗拒。

太宰没有选择这种虚假的生活方式，可以说是他的性格和环境使然。从某种意义上说，那样的人与他注定无缘。

上升感性的否定

在这里，我最希望强调的事实就是太宰治出于拥有分裂性气质的人特有的自我封闭，拒绝了自我向心性的生活方式。如上文所述，这种自闭型的人只要在某件事上形成了自我认可，就能够因性格而得福。这里所谓的某件事就是对自我存在价值的自我肯定。如此一来，就能使自我完善和自我主张正当化。然后，这种性格的人就会定下学术、艺术、事业，甚至宗教圣化等个人目标，以个人独特的系统激发超人的潜能，展开自我向心性的努力。并且，他们绝不会去怀疑构成自身行为基础的前提。这样的努力会使人内心形成自我的激昂或满足，甚至发展成一种陶醉式的快感。而且，通过形成以自我为中心的世界并沉浸其中，他们能够将不愉快的外界与社会隔绝出去，甚至忽略其他一切事物。这样的自我沉浸对本人来说也许很痛苦，但潜藏了深刻的生存价值，而且从事实层面来看，其努力成果同样具有客观价值。这就是上一节所讲述的，面对本来不容许自我生存的社会进行的反叛性自我救赎。

面对这种忠于真实自我的努力,我们无法做出任何非难。只要从个体的存在主义观点出发,就绝对无法予以否定。但是,我们可以在感官方面厌恶这样的生存方式,也能从现代社会的现实角度,从社会加诸我们的伦理观念中找到否定的契机。换言之,就是将这种自我沉浸解释为通过心理优越感或主观使命感填补自我的欠缺。其实这只是长期社会秩序强迫人类接受的、高层次的精英意识所引发的上升感性的一种形态,从结果来说并不构成对既存社会的反叛,反倒构成了维持既存社会不可或缺的要素之一。不仅如此,统治阶级还利用了人们的社会性冷漠,通过给予他们实质性的优越社会地位来强化恶性的统治秩序,并且坐享其成。

太宰治之所以拒绝了这样的生存方式,正是出于上文提到的感观上的厌恶和伦理上的否定。具体来说,就是对自我满足这一快感的厌恶,以及"自我必须为他人"的伦理禁忌。

太宰对自我激昂及满足带来的上升性快感怀有生理上的厌恶。"洗心革面""振奋精神""努力学习"这些话语会让他感到强烈的羞耻。("洗心革面"是很典型的心理性上升感的表述。)其伪善的性质会让他气愤不已。而他最憎恨的便是学者的骄傲。

> 曾经,我为了研究《圣经》而去学习希腊语,后

来却半途而废。这绝非出于懒惰，而是有种异样的愉悦和宛如被麻药麻醉的怪异自信让我不得不抛弃了那个习惯。假如你们竟若无其事地生活在那种可谓不健康的、奇妙而空虚的骄傲之中……（中略）……学习没有错，错在学习的自负。(《如是我闻》)

他从自身的性格以及作家工作的需要中，亲身体验过那样的感觉，因此感到了危险。他意识到这种来自自我满足的骄傲最终会被当成知识和社会地位上的优越，让他进入高层的圈子。他也意识到了自己在这一现实面前的软弱，因此产生了恐惧。换言之，这就是对自身潜在特质的嫌恶。

与此同时，他那从不旁顾的自我中心式态度又与"为他人"的伦理禁忌相矛盾了。太宰幼年所处的环境让他逐渐形成了"不能为自己，必须为他人"的刻板观念。他是家中第四子，因此不受重视，这一反倒更接近继子的地位让他早早就形成了"多余之人"的意识。他又深陷于自我的生活无力感，无法相信自身的存在具有社会价值。而且，这样的自己还被放在了有钱人家少爷的特殊地位之上，从中产生的受之有愧的感觉最终转化成了他对贫穷之人的强烈愧疚。

小学四五年级时，我听三哥提到了民主制度，（中略）我被那种思想深深震撼了。于是，我夏天与仆人一

同在院中除草，冬天又帮忙打落屋顶的积雪，其间向他们讲述了民主制度的思想。(《回忆》)

他通过牺牲无力的自己，试图达到为他人的目的。换言之，就是一种赎罪思想。

因为在这样的环境中长大，"为他人"发展成了一种强迫观念，一直压迫着他。就像有一双眼睛总在注视着他，不允许他做出任何以自我为中心的行为。

有人在看着我。(《虚构之春》)

我感觉有人在背后看着我，所以我总在故作姿态。(《回忆》)

这是拥有分裂性气质的人特有的被视妄想。也就是说，一个人的自我意识发生了分裂，其中一部分成为超我，监视并命令其他的自我。这一超我对太宰来说，有时候是世界，有时候是社会，有时候是神明。这一自我的他者并没有外化为自我中心式的创造者，而始终都是欲望的批判者。从这一现象可以看出太宰以及他所处的时代的特征。

出于这些原因，太宰否定了自我向心性的上升倾向，反而主动选择了下降倾向。

下降倾向

从这里开始，太宰治决定了自己悲剧的一生。如果太宰认可了自我向心性的生存方式，那么无论他怎么不为世间所容，也定能度过孤傲而脱俗的平静人生。可是，他主动选择了自我破坏。在深层意义上，这是因为他忠于自己的时代。现代这一至为不幸的时代仿佛成了他一生的象征。正因为如此，他的作品才让众多青年产生了强烈的共鸣。

太宰面对渴求向心性自我满足的自己，一直在尝试自内而外的破坏。他绝不掩饰心中的欠缺感，反而将其深化，将其联系到这个复杂难解的社会上。纵使心怀恐惧，他也绝不会合上双眼，而是直面社会的现实，探究其本质。

此时太宰眼前浮现出了普通人看不见的世界的消极面，他只看见了一片鲜明的空白。他没有生存的欲望，故而一切既存的价值观都被化解。人们为了保持在世界的框架中，往往不去质疑既存的道德、规则、权威和价值体系，但是在太宰眼中，那一切都显然毫无意义。社会的邪恶架构在他面前就像一具庞大而丑陋的残骸。在那具残骸的阴影处，多少不正之风被歪曲为美名，多少蒙骗了自我与他人的伪善者在横行，卑鄙的利己主义又引发了多少或残忍或丑陋的行为，多少无谓的弱肉强食。他直接深入了人类的本质，直面其赤裸裸的悲哀。他在自身所处的邪恶的社会架构中，发现了许多同类。他们跟自己一样被迫做出徒劳的努力，时刻烦恼于自己的格格不入，甚至不被允许那样烦恼，为每日生活所累。太宰将这种感慨寄托在了哈姆雷特身上。

> 啊，何等可怜。人类是何等可怜。（中略）所有人、所有人都如此可怜。我从来没有过轻蔑、憎恶、愤慨和嫉妒。我只是模仿他人，装出了憎恶和轻蔑的模样，实际却毫无感觉。恨一个人是什么心情？对人的轻蔑和嫉妒又是什么感觉？我对此一无所知。唯一真实的、此刻正在我胸中激荡的情绪便是"何等可怜"。我仅凭这一种感情，活了整整二十三年。除此之外别无其他。但是除了怜悯，我无能为力。我甚至无法将这种感情表达出来，至于行动，更是与我心中的感念完全相反。无他，我只是个懒惰的蠢蛋，一点用也没有。啊，何等可怜。（中略）若我的生命能派上一些用场，我会毫不犹豫地将它拱手让人。近来我越发感到人类是何等可怜。就算绞尽脑汁拼命努力，一切也只会越来越糟。（《新哈姆雷特》）

太宰以其独特的感官正确捕捉到了世界的现实、社会的构造和人类赤裸裸的姿态。基于对现实的这一认知，一旦他将必然要遵循的伦理性与一直以来忠于自身性格与感受探索出的生存方式相对应，就形成了一个不可动摇的立场。自幼产生的"为他人"的模糊刻板观念因此发展成了由现实的社会认知支撑起来的、明确而坚定的伦理思想。他坚定地站在弱势一方,决心与强者、恶者战斗。此时此刻,他带着一种确信,完成了自我的下降。

他人之范本

但是这里存在一个很现实的问题:太宰能为弱者做什么?革命运动、社会事业、生活改善,这些都不可能。他缺乏生存的本能,并不存在与社会有机相连的实际感觉,又是个连自己的日常生活都无法维持的人,自然不可能真正救赎他人的生活。尽管如此,太宰还是做了异乎寻常的努力。也因为如此,他参与了共产主义运动。然而,纵使他决心为弱者努力,又是否能够真正去爱一个现实的个体呢?太宰认为人类是一种诡异的、令他恐惧的存在,甚至厌恶人类。在此之上,正如他自己所说,他欠缺积极去爱现实人类、去爱某个特定个体的能力。他缺乏针对象型的力比多[1]。他身为一个自恋者,必然不具备爱他人的能力,只会可怜那些钟爱自己的人,因而被动地去珍视对方。换言之,他只能给予受虐狂

---

[1] 弗洛伊德将力比多的形态分成了两大类:自恋型与对象型。

性质的爱[1]。归根结底，他只能在自我封闭的观念世界中爱他人。然而，他还是努力尝试去爱现实中的个体。他对第一个妻子的爱便是如此，从某种观点来分析，他的一生可以说是努力求爱的历史。然而这种行动最终化作徒劳，让他一次又一次地遭到背叛、受到伤害。（基于这种爱人能力的欠缺，可以认为他的"爱他人"并非真实的意愿，而是纯粹的伦理性思想。）

因为这种性格，太宰的"为他人"也只能采取一种独特的形态。而实现这一思想的唯一方法就是文学。也就是说，他将文学当作了实践"为他人"的舞台，在其中提出自己的主张。为他人的自我主张。这种说法是否错误？不，太宰很明确地认定自我主张就是为他人。

文学素来成立在将自我存在正当化这一欲望之上。人们通过表达将特殊的自我普遍化，通过作品让不为人世所容的自我得到普遍认可。换言之，自我主张便是文学。私小说作家通过文学让自我日常生活的纯粹和修炼文学的严苛正当化；耽美派作家通过文学让自己的特殊美感或异常性欲正当化；抑或某作家试图通过文学让他的自我崇拜或生理洁癖正当化。那么，太宰试图正当化的自我主张又是什么？那就是

---

[1] 这种被动的爱也可以说是太宰幼年被母亲以外的大量女性关爱长大的结果。太宰说自己是"消极的唐璜"（《人间失格》）。他无法抗拒山崎富荣攻击性的爱，被迫与其殉情，也可以认为是缘于这种性格。

怀抱着欠缺感的自我,是无法感受到既存价值观之必然性的自我,又或者是身为边缘人、弱者的自我。而且太宰并非为了自己,而是明确地带有为他人的意识,去提出这些自我主张。他坚信,这样的自我主张能够让众多与自己一样怀有罪恶意识的同类得到安慰,并获得力量。如此一来,他们就能在世界上获得自我存在的正当性。

> 我们的作家出现了,这是件可喜之事。即使痛苦,也请您活下去。您身后聚集着十万个丧失自我和话语的亡者,他们都在蠢蠢欲动。能在日本文学史上推出我们的选手,实在太令人高兴了。为我等凡人做出自我表达的作家出现了,我因此欣喜若狂(泪流不止,无可奈何)。我们十万青年步入真实社会,是否能生存下去?这严肃的实验正在您一人身上悄然进行。(《虚构之春》)

他察觉到自己身后有无数的同胞,同时感应到了自己身为那些人推出的选手,身为"二十世纪旗手"的崇高使命。开篇讲到的"被选择"的宿命指的便是这一使命。他一直以来的生活方式都具有"苦恼选手"(《玩具》)的沉重感,其精神的存在可以成为众人的"情念之模范"(《玩具》),他对其自身的真实表达怀有自信,能"为后世软弱而温暖的年轻人留下质疑崇高文字的种子"(《创生记》)。

这个明治四十二年初夏诞生在本州北端的软弱男孩,却决心要成为他人之范本,然后便不断经历挫折,但只要他活着,就一定要保持这种骄傲,一定要去吃无数苦头。而将那些经历一一书写下来便是我工作的全部主题。(《富岳百景》自序)

换言之,他的"被选择"的宿命就是必须成为"他人之范本"。在此处,他的自恋及名门意识催生出的高度自尊与"为他人"的刻板观念达成了完美的一致。

然而,不论理由是什么,"他人之范本"都是高度的自我肯定。太宰自身并不相信这种程度的自我主张和个性张扬能够直接转化为"为他人"。这反倒是一种借口。太宰为了从事文学这种伴随着自我主张的工作,必须要给自己创造一个如此麻烦的借口。为此,他必须要用到如此夸张的表达。太宰这样断言之后,始终为这些话感到内疚。他认为,为了让自己成为"他人之范本"和"弱者之鉴",必须进一步深化自己的欠缺感,进一步扩大他从自身的伦理判断中得出的自我特质中的"美德"。即使那是一种软弱的特质。在此之上,他甚至想到要以身作则,向所有人展示这样的自己也能融入社会。他在现实中也尝试去展现自己的欠缺感,自己生存本能的缺乏,还有自己软弱的心,并试图表达这样的自己也能正常生活。(这里体现出了太宰将文学与现实生活混淆的特征。与此同时,他的"他人之范本"意识过于强烈,过于积极地看待软弱的正确性,甚至开始希望自己在现实社会中获得存在的正当性。忍耐着欠缺感而活,毫不掩饰软弱而活,此举着实需要非常强大的意志力。为了不掩饰自身的软弱,因此需要强大,文学这种不可思议的艺术形式经常描绘这一矛盾,我不想在此处赘述。)他的本质其实就是这种强烈的下降倾向,但是他过于刻意地成为弱者的同伴,过于在意自己选手的身份,也就是过于有意识地"为他人"书写,结果就过度强调了悖论式的弱者的正当性。

"为他人"的实践最终表现为"他人之范本",可以看出他的性格中具有一种积极的必然性。换言之,这是他本身的戏剧化性格使然。

> 我视人生如戏。不,我视戏如人生。(《东京八景》)

这种戏剧化的性格来源于上文提到的"被人窥视"的心理。这种心理使他的一切举动都离不开对他人,也就是对观众的认知。

> 想当演员。(《叶》)

可以说,太宰这种取悦他人(先是以"奉献"的形式,继而变为"小丑"的形式)的表演型人格是与生俱来的。而且，自己决定自身命运这一强烈的自我限定意愿促使他走上了在自我观念中意识到他者之窥视的戏剧性人生。他的一切行动皆为有意识的演技，一切生活皆是作为"他人之范本"的戏剧。也就是说，他完全模仿了自己所书写的戏剧性传记中的主人公的人生，意图将其变为自己的人生，意图"生在现代而成为古典之人"（《春之盗贼》）。这种行为的根源便是表演型人格，是渴求名誉和观众"喝彩"的心理。唯独对名誉的渴求，他最终没能过滤除去。这成了太宰唯一的上升愿望，也成了他希望自己的艺术获得永恒性，将作品打磨为艺术的原因之一。若再进一步分析，甚至可以说，太宰缺乏使自己生存下去的自负，只能依靠对名誉的渴求来燃烧生活。

当然，他不可能没有察觉到这一点。他嗤其为"虚荣"，几度试图将其抹杀，但都没有成功，最后反倒坦然接受了这一现实。

> 我哪怕死了，也难改巧言令色。这是铁的原则。（《盲草纸》）

对名声的渴望和虚荣在这里被他升华成了坚定的使命感。反过来说，"他人之范本"也可以适用这一矫饰的处理方式。正因为如此，太宰才对"他人之范本"感到了内疚。

面对这种散发着狂热领袖崇拜气息的落后且夸张的表达，他敏锐的感性难以抑制羞耻之心。这种表达其实在他的作品中极少出现。即便有，也只是出现在药物成瘾时期的错乱作品中，或是在日本战败后那个混乱时代用于敷衍了事的作品中，要么就是在极为神秘的文字中稍纵即逝，也可以认为那是一种表演型人格的暴露。由此可见，这是一种对他而言充满魅力、难以抗拒的东西，也是深入其内心的毕生愿望。这样的名声欲出现在太宰身上，形成了一种羞耻的存在。

然而更重要的是，他在这里直接肯定了自身的存在价值。换言之，就是认为自己的性格和感受都对真实社会起到了一定作用。或者说，他坚信自己才是最为真实的人类。他认为软弱是正当的，是美好的。这一认知让通过自我主张完成他者救赎的方法成为可能。可以说，这种自恋意识起到了极大的作用。采取"他人之范本"这种积极的形式，对太宰而言反倒是一种罕见的行为。

对他人的奉献——"小丑"

除了上节所述，太宰的"为他人"还表现为另外两种形式。其中之一，就是为他人完全奉献自己。

主张自我便能为他人——如果文学能够令其成为可能，

那它无疑是最合适的工具。保持真实自我的愿望与必须为他人的禁忌完全一致，这就意味着太宰无须顾虑任何矛盾，只须不断精炼自己的文学。但这只是太宰的美梦。"他人之范本"的文学也只不过是他的理想。在现实中，事情不可能如此顺利。事实上，由于选择了文学这种媒介，他不得不面对新的困难。文学和艺术无非是一种希望自己永世流芳的夙愿。艺术的第一个必要条件就是自身的完成。它要求以最完美的形式塑造自己内在的事物。若那种自我不适于成为他人之范本，无法为他人所用，反倒会被认定为困扰之物，若艺术没有介入其中，他恐怕会果断优先为他人，从而葬送自己。但是，纵使他能为了他人而委屈自己，到头来却无法委屈自己的艺术。

艺术之美归根结底是服务于市民的美。（《叶》）

在这句乍一看大彻大悟的话语之下，能够窥见其向下妥协、无可奈何的口吻。这句话的背后潜藏着一种愿望，认为艺术并非那样的东西，依旧渴望它的永恒性。应该说，他对自己这种神化艺术的概念感到内疚，并抢先一步将其暴露了出来。从这种违心的态度中，绝对诞生不出积极的解决方式。他的伦理观只能对艺术起到负面作用，阻挠了艺术的完成，使得书写艺术只能伤害他自身。他无论如何都无法让艺术屈服于为他人的观念。于是他放弃了否定艺术的永恒性,试图从另外一个立场予以解决。他试图形成一种观念,即为他人而牺牲自己等同于为艺术而牺牲自己,试图这样去看待文学。

> 子曰:"君子和而不同,小人同而不和。"文学的可笑之处定然在于这种小人之悲。看看波德莱尔吧,想想葛西善藏的一生吧。有觉悟的正派君子,即使看小说话本似乎也能从中得到充分的慰藉。可于我而言,那是无缘的众生。他们满腹经纶,人格高尚,只要兴致来了写上一篇毋庸置疑的感想之作,这还算得什么作者。只会成为又一名世上的知名人士。我忽然无来由地怀念起那个动作迟缓、处处犯错、一点也不正派不像样的《群魔》的作者了。轻薄才子有何不可。糟糕的失败何其宝贵。丑陋的欲望何其尊贵。(若我真想变成正派的好人,随时都做得到哦。)(《碧眼托钵·关于优秀》)

也就是说,他同样尝试用下降倾向来积极地解决文学的问题。针对君子的伦理,也就是既存统治阶级的伦理,他选择高举小人的伦理与之抗衡。他选择了文学作为主张这一"负面伦理"的最大武器。此时此刻,他已经不再违心,而是积极地出卖自己以取悦他人,刻意用失败引人发笑,为他人完全奉献自己,甚至让自己成为小丑。就算自己没有成为他人之范本的资格，至少也能够化身为小丑，让人们欢喜。

他创作文学的动机在于"我害怕着所有人，同时也一心想让大家多快乐一些、多自信一些、多大笑几声。我不惜假装盗贼，甚至去模仿乞丐。我曾经相信，那些心中一角寄宿着真正的盗贼和乞丐、日夜辗转懊恼的弱小贫穷人家的孩子，都能在我的一举一动背后发现自己罪孽的兄长，暗自感到心安，并对生存持有一些自负。"（《懒惰的歌留多》）

然而，这种委屈自己奉献他人的态度在某种意义上也可以认为是来自时代的压力。那个时代并不允许人们持有思想上的自我主张。

此时，如果想得到身为作家的心理自由，只能与社会隔绝，专注于自我积累。他的作品事实上也逐渐丧失了伦理性，转而呈现出艺术至上主义的倾向。然而，即便在这一时期，他依旧试图去"为他人"。他早已认识到了自身现实的无力，因此全身心地致力于取悦他人。

> 我在痛苦中坚持书写，辗转反侧，只为了用几分真实来取悦我所爱的人，为他们派上用场。（《春之盗贼》）

> 我希望让所有人，尤其是贫贱之人，高兴不能自持。（《正义与微笑》）

若我这如同泡沫的生命也能派上一些用场,那么敬请拿去吧。(《花烛》)

如何在沉重的现实中为他人起到作用,他只剩下这一念想,几乎卸去了所有的造作、被选择的宿命感和自恋。他在现实面前,已经完全放弃了自我。与此同时,他的文学卸去了尖锐和奇矫,成为健全的娱乐;他的生活也走进了如小市民一般的倾向于平凡与稳定的时期(一九三七年到一九四五年左右)。他一边无限接近艺术,一边矮化自身,试图成为创造艺术以取悦他人的机器。真实的太宰就像勃克林画中丑陋的人鱼,躲藏在岩石背后,只用美丽的笛声抚慰人心。太宰所书写的[1]这种放空自己、完全奉献他者的思想,时常出现在他战争时期的作品中。

太宰之所以选择了完全奉献他者的方式,其根本原因在于他意识到了自我存在的无意义。换言之,就是否定了作为"他人之范本"的自我。他开始认为,无论处在什么样的社会,自己都不会派上任何用场,无法成为有价值的存在。面对真实社会时,他痛彻地感受到了自己在现实中的无能。所以,他不再执着于那样的自己,反而将自己出卖,从而获得自己的存在意义,也就是身为小丑的价值。他相信,自己唯

---

[1] 《十五年》。

一具有的价值就是成为创造艺术的机器。但我认为，这恐怕是由于无力反抗社会而产生的妥协。那不再是直面真实的自己，而是将自己隐藏在对他人的奉献中，甚至可谓是一种媚态。假如他的精神洁癖无法一直容忍这种行为，那么他肯定会将这种针对社会的负面自我毫不掩饰地暴露出来。

"反立法"的角色

此时，将自己作为邪恶的范本、让自己充当"反立法"角色，令人印象深刻、极具太宰风格的"为他人"的方法登场了。让他强调自身负面形象的直接动机就是从社会主义实践运动中的脱离。由于对富裕原生家庭的反叛，以及"为他人"、支持弱者的伦理观念（也就是下降倾向），太宰在学生时代选择成为共产主义者，将自己的一切赌在了那场运动之上。（他并非一时心血来潮，而是深刻理解了共产主义，并以一种严肃的态度参与其中。这点后文将会详述。[1]）但是在参与这场实践运动的过程中，他发现自己永远无法成为共产主义者，注定属于被消灭的那一群人。可以认为，对于他那种性格软弱的人来说，这个结果是理所当然的。但是在领悟

---

[1] 参照本书 P53 "共产主义时代——《晚年》以前"。

到这一点后,他非但没有否定共产主义,反而越发坚信共产主义才是唯一正确的思想。他只是意识到自己无法跟随那种思想,是个可悲的落败者,"唯独一念不曾动摇,即我始终属于灭亡之民(《花烛》)"。

他从共产主义中也尝试了下降。他痛切地意识到,自己为他人充当的角色远比他想象的更可悲。

当非法运动造成的肉体和精神疲劳到达极限时,他逃走了。他对自己的背叛怀有罪恶感,便与一名偶然结识的女性相约投水自杀。他试图用一种最愚蠢的方式了结自己。然而只有他没有死,活了下来。

这种卑劣的行径让他产生了强烈的伦理压力。不,应该说,正因为有了这种罪恶感,他才找到了活下去的理由。此时此刻,他终于拥有了自己明确的宿命、自己的立足之地。他要以背叛者的身份接受惩罚,要让自己成为最愚蠢的人,要不断破坏自己,成为被毁灭之人。他坚信,这就是自己唯一能成就的"为他人"。有人或许会疑惑为何这是"为他人",并对此感到难以置信。那么,就请听听太宰自己的话语。

> 某段时期,我曾躲在地窖里,为阴郁的政治运动提供协助。在一个月黑之夜,我独自逃走了。剩下的同伴都丧了命。我是大地主的儿子。转向者的苦恼?说什么呢。做出了那么巧妙的背叛,事到如今,还以为会被原

谅吗？（中略）关于我所相信的世界观，我连只言片语也不能说。从我腐烂的唇中说出明天的黎明，这是不可饶恕的。既然是叛徒，就该有叛徒的样子。咬牙切齿地吐出"工匠味儿"，嗤之以鼻地说着"贫贱百姓"，然后，等待着被刺杀的那一天。再说一遍，我相信工人和农民的力量。（《虚构之春》）

我穿华丽的衣服。我用尖锐的语调说话。我离群索居。我创造着容易被射杀的环境。这并非出自真心实意的傲慢的拟态，算是为了方便刺客吧。（同上）

并非出于自暴自弃。将我葬送就是迈向建设的一步。我这么诚实，如果还要怀疑，那简直不是人。（同上）

负面的伦理感在他耳边低语，让他忠实于自己的感性，不允许他以共产主义"年轻士兵"（《狂言之神》）的身份，被绑上光荣的十字架，他必须"颓废、破产，接受灰色的抹杀"（《花烛》）。也就是说，他加入共产主义阵营，以及他的逃走，皆是有意识的自我破坏，是"为他人"的下降倾向促使他做出的行动。

然而，没有人会刺杀这个内心软弱的太宰。于是，太宰决心让自己更加沉沦。他决心成为最懒散的人。那并非出于

"自暴自弃之心",而是严肃的决定。换言之,他不再满足于表达矛盾,而是要在现实人生中践行。

无论是谁,都希望自己成为别人口中的优秀之人、良善之人。同样,他们也会试图补全自己欠缺的地方。但太宰拒绝了这一切期冀。正因为他心中充斥着极为旺盛的讨好他人的精神,所以他要将其否定。如上文所述,对上升感性的否定在他身上体现为了这样的具体形式。在此之上,他又将自己设定为了注定毁灭的一方,认为自己的上升会减缓灭亡的脚步。所以,他不仅实践了彻头彻尾的自我破坏,还舍命催发潜藏在自己心中的邪恶之芽,将自己暴露在众人面前。他认为,只有这样才能令既存秩序从内部开始瓦解,这是自己"为他人"的唯一办法。

> 我还是得考虑历史使命,只靠自己一个人的幸福是活不下去的。我想扮演具有历史意义的反派角色。犹大越是邪恶,基督的温柔之光就越明亮。我一直以为自己属于行将灭亡的人种。我的世界观是这么告诉我的。我尝试了强烈的反题。对行将灭亡之物的恶越是强调,随之诞生的健康之光的反弹就越强劲。——我一直相信并为之祈祷。我一个人的境遇怎样都无所谓。作为反立法的角色,若能对接下来诞生的明朗稍有贡献,我便死亦无憾。(《姥舍》)

我想，晓云是晚霞的孩子。没有晚霞，就诞生不出晓云。晚霞总是想："我累了，你不要那样注视着我。不要爱上我。我乃将死之躯。但是明日早晨，东方诞生的太阳必定会成为你的朋友。那是我精心养育的孩子，是个胖墩墩的好孩子。"晚霞对诸位直言相劝，随即露出了悲凉的微笑。此时此刻，诸位真的能对晚霞斥责她的不健康、颓废，用粗言暴语去嘲讽她吗？（《追思善藏》）

干脆豁出性命去贯彻那种无赖的生活，后世反倒可能得到世人的几句感谢。牺牲者。道德过渡期的牺牲者。（《斜阳》）

这便是支撑着太宰"反立法"式生活的思想。"反立法"的自我与"他人之范本"的自我完全相反。换言之，当他发现自己的性格和情感不仅不能为世间提供助益，反而只能为害时，这就成了他唯一能够进行自我主张的依据。他一边破坏邪恶的自我，一边提出自我主张，并坚信这样能够最终破坏邪恶的统治秩序。初期的太宰作品最能体现这样的意识。

但是，这种毁灭自身的强烈下降倾向极难坚持。太宰天性善良，意志薄弱，因此失败了无数次。每一次，他都遍体鳞伤，并苛责自己。哪怕他真的贯彻了下降倾向，也不会给予自己如同上升倾向那样的心理快慰。即便他是重度的心理受虐狂，恐怕也不会为此感到快乐。也就是说，这种下降的生活方式无论失败或成功，都会让他遍体鳞伤，加重伤痛。可以说，太宰的人生和作品就是一系列悔恨。对他而言，活着不是累积年轮，而是渐渐被剥夺，不断地失去。"以作品衡量丧失之深"（《创生记》）成了他决定作品价值的标准。"只把本不想写的东西强忍着去写，只选人人以为困难的形式来创作，将那些提着百货商店的纸袋络绎行路的小市民的一切道德予以否定"（《喝彩》），这就是他创作的坚定信条。"为义而玩耍，在地狱的心境中玩耍"（《父亲》）必须成为他的现实生活。

他通过践行这种无赖的生活彻底破坏自我，让自身不断堕落，从而无情地暴露出他人内在潜藏的邪恶和伪善。唯有这样，方能转为积极的攻势。

> 我乃山贼，劫走汝之骄傲。（《叶》）

他可以直接反抗邪恶的统治阶级以及那个阶级强加于社会的既存道德。也就是说，他掀起了针对"沙龙的伪善"（《十五年》）、"旧事物与传统观念，老掉牙的东西及老掉牙的人"（《美男子与香烟》）、"反基督的人"（《如是我闻》）、"炉边的幸福""家庭的利己主义"（《家庭的幸福》）及其他一切既存秩序的斗争。此时,他再次产生了令他自豪的"被选中"的使命感。他赌上了自己,攻击他人之恶。这可以说是太宰后期的主要姿态,而我在这里提起,显然有点超前了。

文学的价值——"蹉跌的美学"

可是,太宰如此软弱,又能践行什么样的无赖行径呢?

> 即便挺身而出,我又能有何作为?杀人、放火、强奸,即便我无比憧憬那些恶事,自己却一样也做不到。挺身而出之后,我便跌坐在地。小职员又一次出现在眼前,向我灌输放弃与懒惰的好处。姐姐寄来一封满纸愚言的信,要我体谅母亲的担忧。我渐渐开始狂乱。我不再挑剔,我要闷着头去做一些别人都说不可做的事情。我要狂欢跳舞,我要自杀住院。(《思考的芦苇·败北之歌》)

此前我曾说,我相信太宰的话,相信其伦理上的诚实。然而他的真实生活无论在什么人眼中,都与狂人无异。所谓反立法,所谓下降,这些辞藻无非是只有他能接受的主观性真实,或者干脆是意志薄弱者的诡辩,是生活无能者的强词夺理,换言之,就是嘴硬逞强。若有人这样想,那也没有办法。

这种东西在现实社会中绝不适用。就算是我，也毫无夸奖太宰真实生活的意图。

然而，"其实文学不也是嘴硬逞强吗"（《败北之歌》），这乃是文学世界的问题。到目前为止，我都刻意将他的真实生活与文学混为一谈加以论述。只要事关太宰，这种方法是行得通的。因为他本身就完全混淆了文学与现实生活。甚至可以说，他根本没有现实生活，而是完全活在文学中。无论是他本人还是我，都极为厌恶太宰的现实生活。从下面开始，我将抛开他的现实生活，只讨论作品的问题。

正如此前所说，文学向来将人生、伦理、革命、恋爱等等视作单纯的素材，并成立于其上，可以说是一种最为邪恶的艺术。而且，太宰治的文学唯有在否定或反叛现实秩序的前提下方可成立，一旦没有了那种抵抗，便无法成立。因此，当现实秩序为恶时，他的文学就拥有了正当的价值。也就是说，从文学角度来看，恋爱、革命、生命和人类都只具有作为素材的价值，为了成就杰作，社会秩序的恶劣状态必须是越深重越好。

在此之上，太宰将自己的美学表述为"蹉跌之美"（《盲草纸》），"无价值的努力之美"（《盗贼》），他"毫无保留地信赖，因而导致悲惨""抱持着至美之心而破灭"，他"憧憬不幸，以病弱为美，享受失败，尊崇不得志，钟爱愚蠢"（《杀死绪方的人》）。《叶》《列车》《地球图》《鱼服记》《逆行》《灯笼》《右大臣实朝》等等，他几乎所有的作品都体现并追求了"蹉跌之美"，且太宰在描绘这种美时，笔触异常悲凄而清澈。那么，太宰为了自身文学的成立，是否期待过他人的不幸，是否给周围的人造成了非人的困扰，是否牺牲了自己的一切？就算太宰没有那样的意图，结果是否依旧如此？如果的确如此，那么所谓文学，真的具有让这一切得到原谅的权威性和价值吗？

太宰当然给出了否定的回答。他从未想过文学能够推动现实社会。他从来都否定文学对社会的直接作用。正因为他认为文学对社会无用，才必然地想要给予文学超越性的优势。他生活的时代不再像从前那样天真地相信艺术的神圣性和永恒性，他所处的现代社会早已知悉艺术不过是空想的事物。正因为他知道,反而要赌上一切,将艺术当成唯一的支柱。不，这种说法似乎反了。正是因为太宰希望相信文学的超越性和纯粹性，并且想要保持这种心境，才会将艺术对社会的直接作用视作委曲求全，并拒绝承认。

这是作家的个性主义心理中的上升感性。太宰试图否定这种上升感性。至少在表面意识中，他放逐了艺术的神圣性。但是唯独这种上升感性，连太宰都无法完全舍弃。这对他来说是一种难以容忍的羞耻。所以他才试图将文学及文学至上主义归入到"为他人"的伦理观念中。他明知文学对社会毫无助益，还是要将它用在"为他人"的事业上。

其实我早就觉悟了。我的艺术与玩具的美好全无差异。我的艺术之美正如那拨浪鼓的美好。(《思考的芦苇·第二封书信》)

"艺术是什么？"
"是堇花。"
"真无聊。"
"它就是这么无聊。"

"艺术家是什么？"
"是猪鼻子。"
"太过分了。"
"鼻子能闻到堇花的芬芳。"(《微弱的声音》)

所谓文学不过是一种慰藉。它对社会无甚作用，而创作文学的作家不过是"为花痴狂的木匠，耽误事"(《叶》)。可见，文学对于社会，不过是一种耽误。正如"不会跑的名马，不会飞的飞机"(《工大新闻》寄稿随笔)，是种可悲的存在。但是，他希望文学至少能够给人以安慰，能够服务市民。希望即便是无用之物，也有"无用之用"(《惜别》)。

他否定文学的神圣性，承认了文学对社会的无用，只将其作用限定为"玩具"一般。尽管如此，他对文学的爱还是膨胀成了宏大的梦想。更何况，太宰的潜意识中一直没能彻底否定文学的永恒性。他将一切希望和救赎都赌在了无用的文学之上。无论什么人，都必须为自己毕生的事业赋予特殊的意义，否则将难以为继。这是文学这种艺术不可或缺的要素。无论在什么场合，他都无法忽视自身作品的艺术完成度。严格来说，在他以伦理性为优先的前提下，其艺术完成度至少拥有第二重要的地位。注重伦理性的太宰意识到了这一点，依旧无法轻视艺术的完成度。他每次创作都会遍体鳞伤。尽管如此，他还是忍不住去发现大于伤痛的东西，去发现文学的永恒性。正因为这样，他才会留下如此多艺术完成度很高的作品。正因为他的杰作意识，我们才将他称作最后一位纯粹的艺术家。对太宰而言，文学就是非现实性的现实场所。也就是说，现实社会中不可能（或者不被允许）的美，能够在文学中通过虚构成为真实。进一步讲，正如他在几个地方重复讲述过的"无人看到的沉船故事"，"作者一夜的幻想成了确凿的事实"（《一个约定》）。这便是太宰寄托在文学上的梦想。

对神的"复仇"

想来，恐怕没有人像太宰这般对现代怀有如此痛切的梦和理想。而且，此事应该得到赞扬，而非谴责。尽管如此，我还是心存疑惑。活在针对社会的下降式反抗中，在这种生活方式的根基处，理应潜藏着痛切的梦和希望。可是放在太宰身上，我总觉得不太足够。他的无赖生活仿佛是个无底深渊。比如，他必须亲自说明自身反立法的角色，必须在其后立刻设定出"明天的黎明"。我感觉，在他下降的前方存在一种预定的上升，宛如无趣的抛物线。在他那里，没有对人类的诅咒，没有使之堕落到存在最底层的腥风血雨。他的下降太缺乏恶意了。本应潜藏在更深层次的对理想的夙愿，对他而言就像近在咫尺。这同时也是理想和梦本身的问题。

> 我曾想要的从来都不是全世界，也不是流芳百年。我只是想要一朵蒲公英的信任，一片莴苣叶的安慰，却白白浪费了一生。（《二十世纪旗手》）

> 无政府主义是什么呢？我觉得，他们正在搞的东西就像上古时候的桃花源。只跟一群意气相投的朋友耕田种地，栽植桃树、梨树、苹果树，也不听广播，也不看报纸，从不收信件，从不搞选举，同样没有演讲。所有人都深刻认知到自己过去的罪孽，心性都软弱，爱邻舍如同自己，累了就睡觉。不知能否建立起那样的部落呢？（《冬日烟花》）

这就是他追求的理想。从追求信赖的心到人们彼此信赖的理想社会，到这里为止，我全无异议。因为全世界人的理想多多少少都与之相通。我们对这个理想的内容并无太大疑问，问题在于达成理想的方法和热情，尤其是对于艺术家，艺术也成了一大问题。然而，我最在意的是针对理想的看法，是理想的出现形式。为了明确我的话语，这里再引用几句话：

> 现在，我所梦想的境界以法国伦理思想家的感觉为基调，将其伦理的仪表放到天皇身上，塑造一个人们生活自给自足的无政府主义桃花源。（《苦恼的年鉴》）

> 真的自由思想家此刻必须抛下一切，振臂高呼。（中略）他们必须高呼，天皇陛下万岁！（中略）那已然不是神秘主义，而是人类本真的爱。（《潘多拉的盒子》）

我虽然不想引用这段文字，但这是战争持续时从未开口赞颂过战争的太宰在战败之后突然写下的一段话。他写下这段文字的意图在于反抗当时排山倒海的从众思想，但不管理由为何，它显然明确了一些事实。

也就是说，太宰治本质上并非现代人，而是封建之人。他是个典型的日本人。并非因为他提到了天皇，我才这么说，而是正如太宰治自己所言，"我固执于一宿一饭之恩这种僵化死板的道德"(《东京八景》),可见其走上社会之前已经形成了古老的伦理观和感性。当然,正因为如此,他才会反抗封建制度。但任何反抗和下降,只要它针对的是某种秩序,那么在这层意义上说,那个人就处在那种秩序之中。也就是说,其反抗和下降的方式也难免受到那种秩序的影响。太宰反抗的是现代资本主义秩序,是自己浸淫其中的日本封建秩序。这一事实与种种迹象微妙地关联在一起。首先,它让太宰的下降倾向有了一种特殊的表现形式。太宰始终被"为他人"的禁忌所束缚,视快乐为罪恶,过着斯多葛式的生活,应该说,其根源在于他的伦理是"为他人"这一非绝对伦理。换言之,那是一种发自于义理、人情等封建秩序内部的道德,甚至极端地说,是发自于对外粉饰的低端伦理。这就是我在上文认为太宰的下降不太足够的根本原因。假设日本不存在绝对的伦理,这也许可以说是不可避免的命运,关于这点将在后文言及。

即使不说到那个地步,仍可以说太宰的内部,或者说日本并未形成真正的现代化自我。所以他的下降本来应该发自于对个人自由的守卫,结果却变成了反命题。"为他人"的自我牺牲,也就是封建式美德直接赤裸裸地浮出了水面。他的生活态度是典型的封建式斯多葛主义。太宰尤其无法理解现代资本主义社会小市民家庭享受生活的态度。他从未体验过家人团聚的团圆之乐,因此一边憧憬那种幸福,一边视其为敌。这种态度源自他原生家庭的冷漠，也来自分裂性气质独有的永无休止之感，并且被他的封建性格催化，这使他在生活中感到始终被追逼，毫无喘息的余地。但也可以说，这是因为他最忠于日本的现实。

  但丁——波德莱尔——我。我突然觉得，这条线宛如钢铁般笔直。除此以外，别无他人。（《盲草纸》）

  他比常人更憧憬西欧的古典作品，甚至渴望成为其中一员，但又异常恐惧自己会因此脱离日本的现实。他心中那个讲究人情的旧式人格始终热爱着日本的悲哀庶民之心。正因为这样，他才发现了连共产主义都无法救赎的边缘人的自我。太宰的文学在现代主义和丹迪主义的背后，隐隐透出了旧式的哀愁。在这个意义上，他的文学其实连接着国木田独步、永井荷风、芥川龙之介、武田麟太郎、织田作之助这条时断时续的平民式哀愁的源流。

  太宰的下降，以及他的下降所成就的文学在书写非人的凄惨的同时，也具有极易受伤的抒情性质，让我们与之共鸣。作为心灵柔弱之人，当他在实践牺牲了自己的下降行为时，为他人所伤害的自己，以及因此流出的血液，都让他的作品具有了难以比拟的美感。

  然而，他始终没有形成现代式的自我，这也可以从他在不断的自我破坏之后残留的名誉之心、名声之欲和杰作意识等前现代式的英雄主义自我中看出。他在创作时，始终会预测自己的全集进行到了什么阶段，而且还在实际出版的全集（八云书房版）上主动添加了津岛家（太宰原生家庭）的仙鹤家纹浮雕，这些举动极具象征意义。名声之欲和杰作意识当然都是显而易见的上升感性。他无法对这些东西无动于衷。他试图用作品本身来处理自己的上升感性。或者说，试图在文学的领域对其加以处理。此前描述的除此以外的上升感性其实早在文学之前就被处理过，而作品中体现的只是升华过的事实而已。（几乎所有作家都没有察觉自己具有上升感性，所以都是下意识而露骨地将其表现出来。私小说作家几乎无一例外，石坂洋次郎［太宰本人在《创生记》中将他痛批了一番］、高见顺、椎名麟三等人最为显著。而察觉到这一感性，并试图在文学领域加以处理的作家有伊藤整等。）

太宰试图在作品中处理自身的杰作意识，比如将其戏剧化，或者故意使用虎头蛇尾的结构和繁杂的形式。但是唯有这一点，连他自己都无法完全处理干净。此处再次形成了下降的伦理性与上升的艺术完成度之间的矛盾。

这个矛盾该如何解决？这个问题和伦理与艺术的一般性命题有关。一旦讲到这个，就不是三言两语能解决的了。我现在只能说，人类本身具有的创造本能在长期的社会强制作用下，也许有可能从已经成为本能习性的上升感性中抽离出来，反而用与之相对的下降感性来支撑。否定上升感性绝非否定艺术创造的努力。也许在那一刻，创造的行为或是完善一部作品的努力都成了很纯粹的东西，正如一个人把自己持有的物品放下并离开的感觉。

不管怎么说，因为这种矛盾，对太宰而言创作及其艺术完成度只会受到伦理观念的伤害，只会让他具有罪恶感。他将那种伤痛和罪恶感用作酵母再次创作，然后再次受到伤害。到此，我的逻辑似乎逐渐形成了一个闭环。但事已至此，他仍旧固执于文学的心境已经化作一种业障，我只能就此沉默。可是太宰给出了让人印象极为深刻的独特解决之道。关于为何写小说，他是这样回答的：

> 我为何写小说？这个问题真叫人挠头。没办法，虽然我不愿做这种暗示行为，但还是用一个词来回答吧。"复仇"。(《小丑之花》)

复仇。对谁复仇？看来我已经走到了论述的最后阶段。对他而言，创作其实是对"伦理"的复仇。或应该说，是对害他被伦理禁锢的刻板观念，也就是时刻监视着他的"自我中的他者"复仇。他内心的他者起初是"世间"。他总是感到自己遭到了世间的监视，并因此惶惶不安。他诞生在没有绝对伦理、面子奠定了伦理基础的封建式日本社会，这种惶恐可谓理所当然。可是，那个"世间"渐渐转化成了"民众"或是"社会"。也就是说，他与生俱来的对世间的惶恐发展成了服务民众这一具有社会价值的伦理观念。他"为他人"而牺牲自己的行为，以及投入社会主义活动的行为，都基于这种观念。所以我们也必须带着"服务市民"的社会伦理价值观去审视他最初的文学。可是，当他意识到文学对社会几乎没有伦理价值，当他发现那对民众不过是单纯的"玩具"时，如果还要坚持文学创作，就需要一种更高的权威。到最后，他必须依靠超越的他者来支撑自己的文学。但是在那一刻，发生了微妙的转换。原本服务民众的文学没有转变为服务神的文学，而是被向神"复仇"取而代之。

艺术成为了对神的伦理的反抗。在这里，他第一次将艺术置于与伦理同等的高度。可以说，这是他所贯彻的下降感性的成就。在这一点上，他避免了成为"从人到神"的宗教式上升感性的俘虏。但是同时，他也因为"神"的加入而贯彻了自己的下降，使之成为绝对。生在不存在绝对神的日本，他以自己的方式解释了西欧的绝对神，并对其发出了追求。他自己创造了神。他的一生通过这种以异教徒角度对《圣经》的解读而定性。对神的反叛，此举无疑给予了他绝对的罪恶感。

　　我甚至惧怕神明。我不相信上帝的爱，只相信上帝的罚。我觉得信仰不过是迷惑人心的东西,让他们心甘情愿拜伏在审判台前,接受神明的鞭笞。我宁愿相信地狱的存在,也不愿相信天国。(《人间失格》)

"我想,只要弄清了罪的反义词,就能把握罪的本质……上帝、救赎、爱、光明……上帝有撒旦这个反义词,救赎的反义词应是苦恼,爱的反义词是恨,光明的反义词是黑暗,善的反义词是恶。罪与祈祷、罪与忏悔、罪与告白、罪与……啊!这些全都是同义词。罪的反义词究竟是什么?!"……罪与罚。陀思妥耶夫斯基。灵感在脑海中一闪而过,令我猛然醒悟。假使陀思妥耶夫斯基将罪与罚列在一起,不是作为同义词,而是作为反义词,那……(同上)

此时,太宰面前已经不再有民众和社会,只有一位耶和华。那不是救赎他的神,而是对他降下惩罚的神。唯有一样东西能够与此、与他的神和他的罚对抗,那就是他的作品。于是,作品对他就具有了复仇这一绝对的价值。罚是艺术针对神之伦理的胜利。太宰如今满心渴望着神罚。此时此刻,他心中最大的敌人就是那个向人们灌输"爱邻舍如同自己"这种不可能执行的教诲的"耶稣"。太宰心中必然渴求着"负面的十字架"与"颓废的十字架"。

二 太宰治的生涯

共产主义时代——《晚年》以前

按照年代顺序分析太宰治的作品，可以将其大致划分为三个时期。首先是前期，也就是一九三三年（昭和八年）的《回忆》到《虚构的彷徨》，再到一九三七年的 *HUMAN LOST* 这四年。

（前期与中期之间插入了《灯笼》，其前后存在着约一年半的沉默期。）

中期从一九三八年的《满愿》开始，经历《东京八景》《新哈姆雷特》，最后到一九四五年的《惜别》《御伽草纸》，共计七年。

后期始于一九四五年的《潘多拉的盒子》，经历《维庸之妻》《斜阳》，到一九四八年的《人间失格》、*Goodbye*，共计三年。

在这三个时期中，太宰的作品和生活始终由他性格根基中一以贯之的下降倾向所支撑，前期与中期对立，中期与后期对立，而前期与后期则出现了重叠，重叠之中又存在着微妙的差异。

太宰治的作家生涯自《晚年》起步，但是早在《晚年》之前，他就创作了《无间奈落》《地主一代》《学生群》等较不知名的作品。这些都是他在高中到大学期间的创作，以各种笔名发表在了同人杂志上。

这些初期作品与《晚年》以后的作品截然不同，甚至会让人惊叹那个太宰治竟会写出这样的文字。从技法上看，他的文字十分幼稚生硬，甚至可以说拙劣。只要读过这些作品，就很难再称赞太宰是个早熟的天才。太宰治生前也没有将这些作品列入自己的文集，反倒刻意隐瞒了。但是，这些初期作品与《晚年》以后的作品相比，不仅仅是完成情况的好坏、技法上是否成熟的问题，而是质量上存在着落差。《学生群》的笔法哪怕成熟，它也无法成为《晚年》这样的作品。这两者之间存在着创作态度的本质性不同，以及思想上的差异。

尽管如此，这些作品还是起到了一定作用。它们能够修正《晚年》以后的太宰治的形象，或者说，能够将《晚年》以后的太宰艺术中潜藏的东西勾勒出来。这些作品还提供了不可或缺的资料，让我们得以解读为何太宰治能创造出那样的艺术，为何他度过了那样的一生。它们还是了解共产主义如何影响太宰精神世界的唯一直接线索。

《晚年》以后，太宰治再也没有正面书写过共产主义。

他只以一种堪称腼腆的态度提起自己曾经参加过共产主义运动这个事实。对于共产主义思想，他只这样写道：

> 我相信唯物史观。如果没有唯物辩证法，再细微的现象也是无法把握的。这是我十年来的信条，甚至已经融入肉体，十年后也不会变。(《虚构之春》)

> 外面雨雪交加，墙上的列宁像不知在笑什么。(《叶》)

通过这些只言片语，太宰隐约展示了他对共产主义的关注。所以，人们往往很容易轻视共产主义对太宰的影响。某批评家甚至说：连太宰都曾耍弄过左翼的言辞，可见他人亦不能免俗。由此将他举为例子，评论昭和初期的共产主义风潮。但是我认为，太宰对共产主义的态度绝非流于表面的那样。虽然他从不在作品中直接讲述，或者说，正因为他从不在作品中直接讲述，方能让人感觉到他内心深处深深埋藏着共产主义的影响。倘若没有那种影响，他绝不会像上文第一章论述的那般，产生下降式思想，"主动充当历史的反派"，成为"反立法的角色"，也绝不会产生贯彻太宰文学的强烈"罪恶感"。

我越是研究他的作品，就越能感受到共产主义深入太宰文学本质的强烈影响。我认为，太宰的文学和生涯都被源自共产主义的堕落意识和针对共产主义的罪恶感所支配。

太宰一度参加过共产主义的实践运动，后来又主动脱离。在此期间，他创作了《晚年》之前的初期作品和《晚年》之后的作品。两者之间的思想断裂明确提示了这一影响。《学生群》等作品明显体现了他对共产主义的高度关注和火热激情。正因为这点，我才对他的初期作品产生了兴趣。

我所知道的太宰的第一篇作品，是一九二八年三月，也就是他二十岁那年，以辻岛众二的笔名在《细胞文艺》上连载的《无间奈落》。（据说他初中时期曾编辑过杂志《蜃气楼》，向交友会杂志投稿过《最后的太阁》《地图》等小说，还与兄长一同出过《青子》杂志，但我尚未得到阅读那些作品的机会。）

《无间奈落》讲述了太宰幼时的经历，可以看出其中已经存在《回忆》和《人间失格》等主题的萌芽。他觉得自己在兄弟中最为丑陋，因此怀有自卑心理；平日与下人交好，得到了性启蒙；曾对马戏团的女艺人和家中下人产生过初恋的感觉。这些事情都在其后的作品中有所提及。但是，相对于后来的作品，他在这部作品中试图以一种夸张的方式暴露自己的原生家庭以及自己父亲的黑暗面和邪恶。因此，他利用主人公大村乾治的视角，专注描写了其父亲周太郎的堕落生活，甚至安排了自己暗中抱有好感的、性格爽朗惹人喜爱的女佣被父亲纳作妾室,成为父亲放荡生活的牺牲品,最后发狂而死的故事线。这部作品写于"三·一五"事件[1]不久之后,作者的意图非常明显。

通过这部作品可以窥见,他如何怨恨自己的地主阶级家庭以及父亲的贵族院议员身份,又如何在自己的性格,尤其是性欲中感受到了与之相连的宿命血脉,并且极端厌恶这些事实。对性的异常罪恶感贯穿了他的作品,其背后潜藏着他将自己叠加在原生家庭的阴暗之上产生的自卑感。

他从小因自己有钱人家公子的身份而自卑,上小学时仅仅因为听到"民主主义"这个词语就大为动摇。因此不难想象,他在进入高中后,得知当时正以怒涛之势扩散的共产主义,了解到视自己的原生阶级为敌的共产主义思想后,必然受到了巨大的冲击。许多学友都相信并实践共产主义,并因此遭到镇压,被学校开除甚至锒铛入狱。他作为旁观者,一直带着恐惧和敬畏的心情看待他们。但是一想到自己的出身阶级,尤其是回想起自己曾经为出身名门而感到自豪,他便生出了绝望的心情,认为自己没有资格加入共产主义。仅仅因为这个理由,他在进入高中不久后便尝试服用安眠药自杀。他在《无间奈落》这部小说中放大了自己及原生家庭的罪恶,

---

[1] 指一九二八年三月十五日,日本政府镇压社会主义者和共产主义者的事件,事件中被捕的人物包括马克思主义经济学家河上肇。——译者注

其实是源于他对共产主义感到的自卑心理。

然而，无论以多么自虐的方式书写自己及原生家庭的罪恶，他的心都无法得到治愈。于是，太宰开始想象自己生于贫困家庭。同年八月创作的《他们与亲爱的母亲》便将自己与兄长、母亲安放到了平民阶级中。故事中的兄长是一名穷困的雕刻家；母亲虽然无知而顽固，却是个温柔的人；弟弟是个贫苦学生，对人生失去了希望。他创作的故事描绘了在这种环境中的血肉亲情及发自善意的行动与挫折。

他在文中表达了对血肉亲情的迫切渴求。可以说，《他们与亲爱的母亲》是太宰初期作品中艺术完成度最高的一部。（《叶》重现了这部小说的几个场景。）在这部作品之后，他在以本名津岛修治发表的小说《这对夫妇》（一九二八年十月）中，又描写了一对同名兄弟。这部小说以从事文字工作的兄长为主人公，通篇完全看不到上一部作品的温情，其文体也显得浮躁艰涩。从事文字工作的主人公受到一名工人的批判——"你们这帮小布尔乔亚不过是满口人道主义的伪君子，别想跑来妨碍我们的运动"，因此感到了自卑。太宰在描写这个场景时，也许预感到了自己将来的堕落。故事虽然创作于高中时期，但是主人公娶了一名艺伎出身、无知而老实的妻子，在东京过着看不见希望的惨淡生活，还为妻子的不忠苦恼不已，情节与太宰后期的真实经历如出一辙，令我不由得感到了宿命的力量。他的人生似乎从一开始就通过预感和宿命被确定下来了。我曾一度感慨,太宰后来的真实生活简直就是顺着作品的脚步一路走了下去。

一九二九年以小菅银吉的笔名创作的《虎彻宵话》最能体现他面对共产主义的惊慌。他将自己带入了被时代浪潮抛弃,受颓废主义与虚无主义困扰,四处砍杀他人的新撰组。

> 他们对时势的流动一无所知。曾经我也对此一无所知。但我亲眼目睹了众多事实,而且是用正确的目光!然后,然后我就知道了,昨日之善可能变成今日之恶。所以世道必须遵循时势,从根基上重新构建,否则就是一个弥天大谎。且看!那帮人做梦都想不到的精彩逆转,就要从他们悠闲自得的双脚之下悄然发生了!(《虎彻宵话》)

这部作品之后,太宰治迈出了很大一步。他否定了过去的一切,做出了投身共产主义,或者说投身无产阶级的决定。他决心加入民粹派,甚至将笔名改成了大藤熊太。他致力于描绘地主之恶,描绘那个阶级的蛮横行径,意图让所有人为之愤慨,誓要将其打倒。他从一九二九年到一九三〇年创作的小说《地主一代》就具有这种异样的氛围。

小说主人公是一个堪称残忍无道的地主。他将性病传染给家中女佣并致其死亡,自己却不以为意,还毫不留情地夺走贫苦农民的土地，可以说是典型的恶霸地主。但是太宰在这个主人公写着玩的小说中插入了自己最喜欢的短篇《哀蚊》。《哀蚊》是他前一年发表在《弘高新闻》上的文章，记录了他幼时的回忆，文笔恬静优美，后来又被收入了《叶》中。如此一来，主人公的形象自然会分裂，导致作品分崩离析。但我十分理解太宰不惜破坏作品也要插入《哀蚊》的心情。他一定是把过去自己的一切，包括审美意识、感性、艺术、生活和所有的骄傲，全都归为地主阶级的产物，认为必须全盘否定并加以破坏。他把自己的过去全部埋葬在了那个残忍无道的地主角色中，并让地主的弟弟接受新思想，成为贫农的朋友，与自己的哥哥对抗。这就是他为新的自己塑造的容器。文中反复出现生硬而稚拙的左翼用词，这在我眼中，可以算是他拼命寻求变革的努力。然而作品中的弟弟力量尚显薄弱，最后因为自己内在的守旧而逐渐落败。

这一年（一九三〇年）四月，太宰考进东大法文系，到东京读书。

> 来到东京，眼前出现了一座霓虹的森林。或是写着"船之船"，或是写着"黑猫"，或是写着"美人座"，林林总总，那时的银座与新宿可真是热闹。一场绝望的狂舞。人人都觉得不玩乐便是吃亏，喝酒喝得眼神都变了。接着，便是九月十八日的事变。(《十五年》)

进京之后，他眼中的社会充满了世纪末的荒淫之状。那时，日本统治阶级勾结军阀秘密策划侵略中国东北，巨大的政治齿轮正在朝着战争缓缓转动。而且，没有人试图去阻止，反倒都在高唱廉价的绝望，强装没有烦恼的颓废。他从那些光景中看到了对过去自己的讽刺。他的双眼必然看透了社会的本质。并且，他一定确信唯有共产主义才能正确解决社会的问题。日本政府针对共产主义者的数次残酷镇压，以及因此导致的热潮减退，是否给太宰造成了严重的打击？他进京后不久，就投身了共产主义的实践运动。后来他只提到过，自己是出于对违反法律、不容于世之人的信任，将其视作同志，才加入了那些运动。可以推测，他当时确实被共产主义者"徒劳挣扎的美感"深深吸引了。但是，如果说他仅凭那种感性的美投身运动，着实缺乏说服力。其背后存在从根基上震撼他内心的伦理必然性。

分析太宰在这段时间写的《学生群》，可以深深体会到他体内燃烧着纯粹精神的火焰，拼命试图改变自己，让自己成为一名共产主义斗士。

《学生群》以弘前高中发生的校长贪污公款案，以及由此爆发的学校罢课为题材。这是一部未完成的长篇，包含《一、偷盗》《二、年轻士兵》《三、黎明之前》《四、学生大会》《五、他们——（A）家（罢课第一天）（B）声援（C）败退者（D）女人（E）流氓无产阶级（罢课第二天）》《六、间谍》《七、叛徒》等章节，其笔法充满朝气与活力，是在此前和此后的太宰作品中绝对看不到的风格。

经过这样一夜，学生大会总算得以召开。
一、公布事件真相。
二、问责学校当局。
（问责总务部及相关职员）
三、确立交友会自治权。
四、学生考试延期。

学生活动室的白墙上高高张贴着今日的决议原案，以浓黑的字迹写在宽大的纸张之上。广大学生当天一早就开始罢课，遵循执行委员的指挥，各自离开教室，聚集到了会场。（中略）

八点半准点。

会场上早已充斥着确乎不拔的气韵。这气韵，它是何等生动有力。"我们唯有在此能商讨关心的问题。唯有在此能提出我们的权利主张。"——这样的感慨仿佛从所有学生的体内一点点散发出来。（中略）此事发生在所谓资本主义的崩溃期，激怒了带着纯洁的血液降生的不幸青年。这些学生凭借其高昂的正义感，在这样的场合表达了心中炽烈的怒火。（《学生大会》）

大家都那么年轻。他们此刻的行动将会如何推动历史？也许只会产生微不足道的影响。然而，这将是一个光芒万丈的起点，且必将通往未来更大的胜利。他们正在经历着青年所能体会到的最大触动。也许有人会说他们过于莽撞，也许有人会说他们过于肤浅。可是，即便如此，他们此刻依旧毫无愧疚，有生以来第一次参与了集体的战斗。他们第一次放下了隔阂，称呼学友为同志。同志！这是多么光辉的称号。同志，让我们紧密团结起来。(同上)

那天终于迎来了暮色，但他们的组织井然有序。最适合投身实践的，便是他们的准则。"完全符合准则的组织"，仅此便已足够。他们正威风凛凛地镇守自己的阵营。细谷等人的班级尤为勇猛，其中细谷非常活跃。(《间谍》)

此处明显体现了太宰成为共产主义者之后沸腾激进的心。当然，他的文笔尚且稚嫩，有用力过度之嫌。然而，这就是太宰的青春。这绝不是徒有其表的惺惺作态。这部作品还描写了无法跟上罢课脚步的学生们的烦恼，以及他们克服烦恼的过程，并在其中融入了自己的体验。但是，小说后半部分以一种自暴自弃的形式草草中断了。难道太宰早在那个时期就对共产主义产生了怀疑,认为自己无法跟上吗?

我并不这么想。他只是厌倦了创作这样的小说。他曾通过《学生群》里的某个人物,说过下面这番话:

> 艺术运动是阶级斗争光鲜亮丽的逃避之所。艺术,尤其是文学,绝不可能培养出革命家。它只能培养出带有浪漫情怀的注定要没落的人。共鸣者,这种人也能通过文学培养出来。共鸣者非常重要,但是相比文学,还有更切实、更朴素,关键是更廉价的方式能够获得共鸣者。比如个人坚持不懈的宣传,还有集体、集会上的适度激励。我们这些知识分子无法通过世间所谓的无产阶级文学传播一丝一毫的理论。(中略)纵使尝试过几百几千次,这种企图也从未有过一次成功。服务无产阶级的无产阶级小说。世上怎会有如此讽刺的事实?知识分子只写得出给知识分子看的无产阶级小说。我为之备感羞愧,但这就是事实。若想创作真正的无产阶级小说,首先要正确教育无产阶级。一切工作必须从这里开始。一位值得敬佩的斗士曾这样说:
>
> "当今的无产阶级作家不该写上一百篇充满知识分子腐朽之气的无产阶级小说,反倒应该将他们得到的稿费捐赠给我们,这样才能证明他们存在的阶级意义。⋯⋯"

还有死死抓住列宁之功利性不放的艺术论。那些艺术论完全正确，但与此同时，青井还是无法忍受。

就这样，青井果断抛弃了艺术运动。（中略）后来，他先后参与了一些不太光鲜的宣传和培养工作，还主动为家庭贫困的进步学生提供财政支持。(《学生群·他们——[C]败退者》)

从这段话里可以清楚看出太宰对共产主义的态度和理解。他将共产主义完全视作了一种伦理思想，他参加共产主义运动纯粹是出于伦理。他自幼对原生家庭抱有的自卑心理，以及自己必须"为他人"的观念在共产主义思想的伦理触发下，与之产生了强烈共鸣。他成了弱者和穷人的同伴，彻底否定并破坏以前落后的自我，反叛地主阶级原生家庭，反叛既存的统治秩序，并通过这种下降式的伦理观念把握了共产主义。接着，他将共产主义内化于自身，投身到实践运动中。他就是日本的民粹派。然而，他这样做绝不是为了自我救赎。他参加运动不是为了将自己从压迫感中解放出来，不是为了体验英雄主义的快感，也不是出于知性的虚荣追赶流行思想。他的目的绝不是上升性质的"为自己"，而是下降性质的自我破坏。所以他才会顶着逆流，在因政府镇压，不断出现牺牲者的最危险时期投入了正在退潮的运动。

当然，他还试图否定文学。文学是他自幼的唯一梦想，与他的出身、生活环境和自恋式骄傲紧密结合在一起。他认为，如果不抛弃文学，就无法实现彻底的自我破坏。创作流行的无产阶级文学在他眼中不过是炫耀作家的特权意识，是一种对运动献媚又不愿意舍弃知识分子身份的不诚恳态度。[1]这也可以说是他非黑即白的洁癖性格，或是极端主义的体现，但也同时体现了他对文学与现实的明确把握。

太宰清楚知道，现实社会的变革只能通过现实的政治力量实现，除此以外别无方法。他没有任何认知上的混淆，并没有像天真的文学青年那样认为文学能够推动现实社会的变革。他深知在社会变革问题上，文学是多么无力。

太宰毫不犹豫地投入到了朴素的共产主义实践运动，甘愿充当"舍弃个人英雄主义，毫不起眼的财政支持者"（《学生群》）。像他这样内向而难于行动的人甚至当上了"文京地区的行动队队长"，可以想象其投入程度。

> 那段时期，我成了一名纯粹的政治家。（《东京八景》）

他投入了自己的一切。

---

[1] 太宰治在《苦恼的年鉴》中这样批判了无产阶级文学："有种东西叫'无产阶级文学'。我读过之后，感到浑身汗毛直竖、眼角发热。每当看到强词夺理的拙劣文章，我就会莫名地汗毛直竖，继而眼角发热。"

正因为他从深层的伦理必然性出发，秉着明确的现实认知，以异常的决心在运动中投入了自己的一切，太宰才注定会在那个过程中感到自己无法跟上共产主义的脚步。这并不只是因为他难于行动的性格，而是更深层的人格问题。太宰正确把握了共产主义的思想，但还是无法跟上实践运动的脚步。他将共产主义视作伦理思想，在概念层面正确认知了它的科学性和政治性，但在实际行动中却无法纯粹践行排除了伦理性的政治。也就是说，许多简单死板的物理操作都会激发他的自卑情结，令他每次都要抵抗内心的纠结，遍体鳞伤地前行。同时，他恐怕难以忍受镇压之下的结社活动不可避免带有的非人性特质吧。因为他过于重视伦理，甚至将其化作了自己的本能。

当他认识到自己的这种性格时，顿时产生了绝望。他认为自己并没有资格成为共产主义者，到头来还是个地主之子，永远成不了无产阶级。他被迫意识到，自己永远属于被消灭的那一群人。纵使他能够理解共产主义的科学正确性，内在的守旧自我却无法跟随它的脚步；纵使他在观念层面理解经济学，也无法带入生活的实感。他对"欠缺了一些东西"的自己感到了绝望。他意识到自身的伦理感性存在偏差，他是一个老式的人道主义者，更倾向于为活着的人而感叹"哦，多么可怜"，他是一个不能忍受政治残酷性的弱者。

然而，他并没有因此抵触或否定共产主义思想。不仅如此，他反而进一步认识到了那种思想的正确性。他只是发现了一个事实——自己无法加入正确的共产主义运动。

> 唯独一念不曾动摇，即我始终属于灭亡之民。（《花烛》）

他认为，自己唯有一死方能解决问题。

他对自己的一切失去了希望，在运动造成的肉体和精神疲劳到达极限时，跟一名愿意陪自己寻死的女子跳入了镰仓的大海。他试图用这种最为愚蠢的方式了断自己，但是唯独他没有死成，最后活了下来。

这种卑劣行径让太宰背负了强烈的伦理负担。他背叛了思想、背叛了组织、背叛了同志，还背叛了自己的伦理，这一行为给他的内心造成了无法愈合的伤害。从这时起，他的一生都要背负叛徒的罪恶感。他赌上了自己的一切去相信那个思想和立场，最后却因为自身的软弱而将其抛弃。这让他产生了难以言喻的罪恶感。

如果将其称为转向，那么在真正意义上视转向为自身的问题，并始终对此怀有罪恶感的文学创作者，在整个昭和年代恐怕只有太宰一人。他直到最后都坚信共产主义思想的正确性。而他背叛了那种思想，失去了无产阶级的立场。

在一个月黑之夜,我独自逃走了。剩下的同伴都丧了命。我是大地主的儿子。转向者的苦恼?说什么呢。做出了那么巧妙的背叛,事到如今,还以为会被原谅吗?(《虚构之春》)

既是叛徒,就该有叛徒的样子。我相信唯物史观。如果没有唯物辩证法,再细微的现象也是无法把握的。这是我十年来的信条,甚至已经融入肉体,十年后也不会变。我最喜爱、最尊敬工人和农民那样单纯的勇气,所以关于我所相信的世界观,我连只言片语也不能说。从我腐烂的唇中说出明天的黎明,这是不可饶恕的。既然是叛徒,就该有叛徒的样子。咬牙切齿地吐出"工匠味儿",嗤之以鼻地说着"贫贱百姓",然后,等待着被刺杀的那一天。再说一遍,我相信工人和农民的力量。(同上)

从这番话中,我看出了他的伤痛之深,他对自身的背叛行为怀有多么深的罪恶感。

日本还存在第二个对转向怀有罪恶感,视转向为自身精神问题的文学创作者吗?二十世纪三十年代,众多作家或是遭到镇压,或是遭到拷问,或是出于恐惧选择了转向。然而不可思议的是,没有一个人表现出像他这样的罪恶感。有的人甚至否定共产主义思想，认为自己遭到欺骗，因此误入歧途，反而为自己曾经相信共产主义而怀有罪恶感（？）。就算不否定共产主义正确性的人，也会归罪于他人，认为自己受到了治安当局的镇压和拷问，不得已而转向。他们将转向视为社会应负的责任，绝不苛责自己的内心。有的人还会自我安慰，将自己的行为解释成战术性的假装转向。这是日本镇压过度导致的思想悲剧。因为哪怕面对转向这一绝对的极限状况，也没有人产生罪恶感。

太宰将转向视作自己的内心问题，从此背上了莫大的罪恶感。脱离共产主义对他而言意味着死亡。太宰只是在等死。可实际上，他又一次开始支持运动了。尽管如此，他已经受过一次伤害，因共产主义产生了沉沦意识，并且永无治愈之日。"既是叛徒，就该有叛徒的样子。"他再次难以忍受，终于自首。从那以后，他就走上了一条永不回头的灭亡之路。

> 死了最好。不，不只是我，至少对社会进步起消极作用的家伙们统统死掉才好。（《叶》）

他认为，死亡才是给予背叛者的唯一道路，也是一条颓废的道路。

可是，在决定自杀之后，太宰的心情变安定了。于是他带着"还有这般肮脏的孩子"的赎罪意识和小小的叛逆心情，决定留下一封"不掩饰恶劣"的遗书。他渴望将一直以来独自痛苦的自己记录下来，留在世间。

"排除与反抗"的时代——前期

太宰"排除与反抗"（《一日的劳苦》）的前期还可以分为创作《晚年》作为遗书的前半期与《卑俗性》以后的后半期。在前半期，他脱离了共产主义运动，决心以"灭亡之民"的身份留下"不掩饰自己自幼之恶劣"（《东京八景》）的文字，换言之，那是一个忠实于自身宿命的时期。后半期则是积极自我破坏，令自己在无赖中堕落的所谓"反立法"时期。

太宰以遗书的形式创作了最初的作品《晚年》，这点非常重要。他找寻不到通过艺术主张自我的理由，最终以自我了断为前提，才终于得以写出作品。面对逼近眼前的死亡，一切都能得到宽恕。身为人类，站在牺牲自己至为重要的生命这一决定之前，一切的伦理观念都不得不退入阴影之中。不，他是以自己的死为媒介，将一切伦理观转化成了追求艺术完成度的热情。

> 而我，当时正把自杀视为处世之术一样的算计。
> （《叶》）

换言之，他认为自己即将自杀，因此背上了记录将要灭绝之人的真相这一历史使命，将针对社会的一切负罪感转化成了让遗书趋于完美、让艺术精进的燃料。另外，"用上我人生所有的热情来编织这一卷书"（《二十世纪旗手》）的杰作意识也起到了促进作用，使他尝试了一切小说的形式。可以说，《晚年》是濒死的天鹅之歌，是哈姆雷特式的自恋文学。同时，它也是背叛的罪恶感与艺术野心的纠结对抗，是一种忏悔。

太宰将自己身为"灭绝之人"的生平客观地书写下来，成为《回忆》。它与《无间奈落》《人间失格》被视作同时期的作品，但又最为坦率和轻松。它已经不再是"书写罪恶"，而转向了书写"回忆"的抒情之美。他与初恋之人美代一起去摘葡萄的场景充满了色彩与抒情，是一种至为美好的青春文学。追忆自己过去的艺术，从旧作中摘取片段式的文字组成的《叶》虽然没有连贯的故事，但通过文章的节奏感极为有效地表现了作者的心情起伏。读过这篇文章就会意识到太宰是个高超的语言艺术家。在《列车》与《地球图》中，太宰确定了与"事"和"志"皆不相同的"蹉跌之美"。其中《地球图》所描绘的腰插双刀、立于海滩暮色中的碧眼希诺特的身影，更是在读者心中激起了莫名的悲哀。

以象征主义手法创作的《鱼服记》，用津轻方言咏唱的《麻雀游戏》，这些民间传说故事与作者的心境完美结合。

《猴岛》这篇寓言式作品描写了荒凉的北海自然之景，

同时也有动物园猴岛的光景，它更是太宰自身的心象风景，是对文坛的强烈讽刺与叛逆。将文学青年式的自己加以卡通化创作的《猿面冠者》，让游民青扇过上当下的怠惰生活，从而描写自身心境的《他非昔日他》等等，这些都是太宰充满了幽默感的小说作品。《传奇》这一童话，则是对不写谎言也毫无趣味的日本自然主义文学的反抗。他似乎忘却了一切，深深沉浸在艺术的趣味之中。

可是从《传奇》开始，他的作品中再次出现了越来越浓厚的苦涩、罪恶感和绝望的虚无主义。《阴火》描绘了阴暗的心境；《玩具》剖白出"姿态的完美"与"情念的模范"的相互矛盾，即表现与内在真实、艺术与伦理的矛盾之苦。到这一时期，太宰心中的罪恶感再次超越了文学，并占据了所有思想——艺术的精进，这究竟有什么价值？我难道不是在以自己的罪恶感为催化剂创作吗？这不是名声欲作祟，不是虚荣吗？

实际上，他也许因为自己的杰作意识而过于焦虑了。对此，他自己也曾说：

> 艺术，可不是夺旗大赛啊。就是，就是。真脏。流鼻血了。好好看看吧，你那完美的《晚年》短篇集，好好看看它的冷酷吧。在赤裸和苦痛中，最杰出的范本。（《二十世纪旗手》）

《晚年》中的几篇作品清楚表现了太宰的焦虑和杰作意识。而且因为他过着与社会隔绝、只为完成遗书的生活，这些作品也带有了缺乏血气的虚假特质。

> 但这封遗书反过来又让我特别在意，微弱地点亮了我的虚无。最后也没能死成。对于那一篇《回忆》，甚至还生出一点不满。反正都已经写到这个份上了，那就全部都写下来吧。把到目前为止的生活的全部都和盘托出吧。这也好那也罢。想写下来的事情有很多。（中略）我要被不停吸引我靠近的恶魔给吞噬掉了。我是在螳臂当车。（《东京八景》）

他又一次被逐回了真实的人生中。那里已经不存在《晚年》的温室生活，现实如同狂涛向他袭来。而且他罹患了足以致死的大病，手术后还染上了镇痛药成瘾的恶习。住院时"那个'遗书'终于有两三篇发表在好的杂志上。引起的辱骂之词，还有支持的话语，对我来说都太过强烈。我因为难堪与不安，精神越发不稳定，药物中毒也变得更加严重了。因为对一切都感到太过痛苦，我甚至厚着脸皮来到杂志社，要求会见编辑或社长，请求他们预支我稿费"（《东京八景》）。

一直以来只在自己的观念中单方面接触社会的太宰，至此第一次与人世发生了有机的、实质的联系，并采取了支离破碎的行动。除了灭亡别无他用的自己有了名气,这让他感到不安与愤怒,而愤怒的结果就是太宰的杰作意识与名声欲变得胜过《晚年》时期,最终演变成了有关芥川奖的一系列丑态。自己这种可耻的态度让他无比内疚。在失去了死亡这一前提时,他就失去了自我主张的伦理依据。然而文学这面"一度被扛起的大旗"(《二十世纪的旗手》),事到如今已经无法舍弃。最求艺术成就的欲望或名声欲,面对社会的伦理上的自卑感,以及更强烈的伦理上的自我牺牲的冲动——他就在这些自相矛盾的"野心与献身的浪漫地狱"(《春之盗贼》)中挣扎。他撞上了社会的现实壁垒,因此遍体鳞伤。他出于自身的软弱,在社会上做出了种种愚蠢的行为,并试图借此来了断自己。他"用全身去碰撞"(《东京八景》)社会,用这种姿态去唤醒自己的作品。

什么都别写。什么都别看。什么都别想。活着就好!(《盲草纸》)

斐济人即便是对于至爱之妻,一旦稍有嫌恶即杀之而食其肉。(《雌性谈》)

爱是予取予求。(《创生记》)

生而为人，我很抱歉。(《二十世纪旗手》)

这一时期的混乱作品皆以这样的题记开篇，赤裸裸地呈现出了太宰面对伦理与艺术、社会与自我、生活与作品、真实与表达这些矛盾时，令人为之痛心的努力。该时期的作品混合着神秘性与原始而不加修饰的呐喊，让我得以从中发现太宰最真实的一面。同时，我也在这些作品深处窥见了他源自共产主义的沦陷感，窥见了他苦苦挣扎于深重罪恶感的身影。

他否定了脱离共产主义的自我，试图将其掩埋在罪恶之中，如此一来，他就勉强寻找到了自己针对明日黎明的"反立法"的角色，也找到了自我主张的伦理依据。然而他一旦积极主张自己"反立法"的角色，就会不由自主地感到愧疚。首先，对"反立法"的角色与自我立场的辩解，不正是内心羞愧的证据吗？他反倒更积极地展开了无赖的行动。可是那种行动会伤害到身边的人，他又因此感到难堪，进而一头扎进了更荒谬的生活中。他药物成瘾、酗酒、嫖娼、负债累累，又进一步加深了自己的悔恨。

从客观角度来看，太宰这一时期的生活与精神分裂症患者或药物成瘾者的生活无异。甚至可以想象，他在这一时期实际陷入过精神错乱的状态。那么，他彼时的作品是否皆为狂人之语，没有任何意义？无法否认，他彼时的行动都是错乱而毫无价值的，但是他的作品虽然存在一些错乱的迹象，但也堪称杰作。若更大胆一些，甚至可以说正因为他处在这种状态，其作品才对现代社会具有积极的意义。引用雅斯贝尔斯的话就是："不幸的是，在我们的时代，精神分裂症是唯一可以成为真实的条件，而在以前的自由世界里，一个人甚至不需要生病就可以真实地体验和表达。"[1] 正因为他如此特别，才能看见普通健康人看不见的人间真实，因而难以适应强迫人们变得虚伪的社会环境，得以赌上自己的全部存在反抗那样的社会。这虽然是极大的不幸，但是从这个观点出发，即使他是一名精神分裂症患者，若在创作时能够克服疾病的障碍，将其转化为具有普遍性的表达甚至思想，那就无法予以否定。

但是在实际生活中受到太宰那些异常行动的影响，并为他的生活和生命安全感到担心的前辈和朋友们，还是哄骗他将其强行送进了精神病院。这件事发生在一九三六年十月十三日夜晚。

试图忠于自我的行动导致了自杀，甚至是被送进精神病院的结果，这在现代可谓极具象征意义。这让我们不禁思忖：身为一个在现代社会具有一定影响力的人，若要自由发挥个性、忠于自己真实的想法，就不得不以自身的死亡，或是被

---

[1] 雅斯贝尔斯《斯特林堡与梵高》（一九二六年，村上仁译，创元社）。

监禁作为代价。(甚至可以说,自杀也是针对这种现象的心理自主性的表现。)在当下这种个人自由完全隶属于恶性政治的时代,忠于自己真实个性而活,便等同于偏离了社会秩序强加的生活规范,于是当然会变成"我永远说实话。结果,人们却说我荒唐"(《虚构之春》),成为被社会抹杀的对象。所以,他以自己的生命作为代价,过起了忠实于个性的自由生活,并得以写出作品。当这个前提消失后,他就被当作疯子送进了精神病院。(在仍健康的中期,他也需要对自己进行一定的伪装,顺从社会的秩序,否则无以为生。)

这次住院给太宰造成了超乎想象的打击。他拼命挣扎,大声控诉。

> 此次入院决定了我的生涯。(《碧眼托钵·颓废之子乃自然之子》)

> 十月十三日,我住进了板桥区的医院。其后三天里,我一直咬牙恸哭。这是钱币的复仇。这里是疯子的医院。(*HUMAN LOST*)

> 五六万人在六七十年的时间里反复对彼此低语了五六百万次的话:"摆正心态。"我还是相信这种安慰吧。我今日不打算落下一滴眼泪。在这里玩上七日七夜,人

也会稍有改变。所谓猪笼,实则悠闲得很。(同上)

至少让我看看,那花丛中转瞬即逝的笑脸吧。啊,将我的花还给我!(我爱你爱得盲目。)牛奶、草原、云朵——(夕阳西下时,我不会哀伤。我已然失落)。(同上)

接下来,便只剩死了。(同上)

惩罚。(同上)

若放而不养,金鱼也不过月余的生命。虚伪有何不可。我的自尊,我的自由,我的青青草原!(同上)

我想到"人权"一词。这里的患者都被剥夺了为人的资格。(同上)

此时,他头一次意识到了社会常识的冷酷。他清楚感受到了来自社会的压力,要剥夺他的自由。以散文诗的形式创作的 *HUMAN LOST* 在叙述一个极为特殊的事件的同时,也成了现代社会中个人主观性真实最为悲剧性的象征,深深打动了我们的内心。他在这里高声提出了自己的主张,向社会发出了大胆的抗议。

可是,他出院后只创作了 HUMAN LOST 和《二十世纪旗手》,其后便停止了一切创作活动。不仅如此,他还与妻子在水上温泉第四次自杀,最终还是未遂,后与妻子分手,保持了一年半的沉默。

一九三八年,太宰凭借《满愿》复出,其风格变化之大,仿佛成了另一个作家。这一强烈的变化从未在其他作家身上出现过,其原因必须从那次住院和为期一年半的沉默中寻找。但是在此之前,我想先回顾一下太宰此前的作品。

文体与方法

哪怕排除太宰治精神混乱的时期,在相对稳定的《晚年》中,他也没有使用任何既有的小说形式,而是创造了独特的手法。这点与他对创作的态度,或者其小说论、表达论有所联系。

归根结底,他只在作品中描写自己。他的作品本质上由独白组成,几乎不存在对话。也就是说,太宰的自闭性格与只将自己视作关爱对象的自恋心理,导致他对与自己无关的外部世界极为冷漠,它们不值得他去描写。有一种作家会去描写他人的姿态、心理、行为、秘密,甚至社会和事件。不仅如此,他们还会以一种执拗的态度去深入分析、暴露、塑造。这种热情的根基处必须存在对他人的好奇、喜爱或是憎恨,也就是虐待狂式的力比多,否则无法成立。我认为,作家的特质可以分为两种。一是上述的特质,另一种则是描写自己,用称赞或虐待的方式进行自我表白,以此寻求他人的爱,也就是受虐狂特质。太宰当然属于后者。相比外部世界,他自身的观念和内心的真实要重要得多。他这样的创作态度在面对发生在外部世界,也就是发生在社会上的现象和事件时,不会像照相机镜头一样如实描写,也不会在那些外部事物中提取思想,反而会为了表达自己的内心真实和概念,去创造出与之相应的事件和故事,又或是采取借用的方式。"二十世纪的写实或许是概念的实体化。"(《女人的决斗》)正如太宰所说,他的作品就是将自己的主观真实具象化的产物。可以说,这一事实与他认为文学就是自我主张的看法相对应。他认为,如实描写外部世界是无聊至极,而且毫无意义的。

值此离别之时,我要骄傲地对各位读者宣称,在这十八页稿纸的小说中,我虽然举出了不可胜数的自然草木名称,却没有浪费一行,甚至一句话,去违心地描写它们的姿态。再见,去吧!

"流水本无形,随君之器成。"(《盲草纸》)

他认为描写外界，反倒是在用自己的主观和思想评判他人，此举违反了他缺乏自信的态度，是一种大逆不道的行为。

可是，他虽然只以自己为对象，却从不向私小说作家那样如实描写自己的真实生活。首先，他本就不喜欢自己的真实生活。将自己不喜欢的生活写成作品供他人欣赏，此举过于胆大妄为，太宰无论如何都做不到。此外，他还是个非常害羞的人。实际上，他从未描写过任何性行为。从感官而言，他也不敢暴露自己的真实生活。而且，他始终抗拒通过创作直接完成自我救赎。不可否认，一般的私小说作家之所以暴露自己的真实生活，多少带有一点自我救赎的意图，将生活中的苦闷化作文字以求排解，或是将对他人的仇恨化作文字以求抒发。而太宰非常抗拒这种行为。

既然如此，是否可以使用西欧的创作手法，在社会上寻找一种依托，将自己的主观真实融入其中呢？然而，日本的社会风土甚至不允许人们自由地生活，自然很难寻觅到能够让他融入心中所想的承托之物。（太宰这样擅长洞察心理的人之所以没有去创作心理小说，可以说是因为日本并不存在探讨心理的空间。）他迫切需要表达心中的真实，必须将它诉说出来，这使他再也没有余力去寻找那样的空间。

于是，他面前只剩下一个方法，那就是描写可能的自我。换言之，就是把作为愿望的自我塑造成主人公。除此之外，他找不到任何人来接纳自己心中的主观真实。其结果正如太宰本人所说："你似乎太自以为是了。看你两眼充血地追逐着波德莱尔作品中的人物，是以为自己足够理解他喽。自己既是鲜花又是花匠，既是伤痕又是刀刃，既是施暴的巴掌又是挨打的脸颊，既是四肢又是刑具，既是死刑犯又是刽子手。那不现实。的确如此啊，近来称你为作中人物式作家，以扇遮面，暗中相顾苦笑的作家老师为数日增。"（《虚构之春》）这从形式上符合中村光夫曾在《风俗小说论》中指出的、自田山花袋以来私小说作家往往会犯的一个错误，即对作者与作中人物的误读。这种误读可以说是明治时期日本社会的落后所导致的必然，但中村光夫的论述也能用来评价昭和时代的太宰。

但是，太宰既然能说自己是作中人物式作家，就不可能没有意识到这点。尽管如此，他却偏偏要成为作中人物式作家。对他来说，这是必须要做的事情。这也证明了太宰持有的主观真实极具先驱性。同时还证明了对太宰而言，必须讲述内心真实这一伦理必然性有多么强烈。像他这样的作家，唯有这样才能写出作品。他无法忍受躲在作品背后，如同木偶师一般操纵作中人物，只以作品和作中人物为媒介接触读者的正统派写作手法。他为了表达内心的真实，必须亲自在作品中登场，站到读者面前。他身为一个性格独特之人，要准确无误地向读者表达自己所理解的独特的真实，就不能使用任何既存的形式,或者说"他人之器"。他要以作者的身份，亲自出现在自己的作品中。但他并没有莽撞行事，而是做了充分的计算。他始终用批判的目光来审视作中的自己。在这一点上，他与私小说作家存在明显的差异。在他身上完全找不到私小说作家特有的无批判的自我肯定。他不仅仅是作中人物。他"既是鲜花，又是花匠"，既是作中人物，也是操纵人物的作家。可以断言，他绝不会陶醉于自己的小说，陶醉于作中人物的命运，绝不会被一种恶魔般的力量所掌控，在非自我的状态中创作。无论哪一部作品，他都以一种精确到了极致的、警醒的意识来完成。他的特质与其说是小说家，更应该说是批评家，甚至是思想的诗人。可以说，他是一个批判意识过于强烈的自我中心式人物。

正因为他是这样的人，才理所当然地会以批判的形式描写作中人物，也就是不断进行自我批判。法国评论家蒂博代曾说："小说的发展包括对小说的批判。"既然如此，作家内心根基处的批判精神又会以什么样的形式呈现在作品中？以小说来说，它必须将批判的精神直接体现在内容之中。换言之，就是采取堂吉诃德式的理想小说形式。太宰的小说正是如此。作者创造小说式的主人公（而且那个主人公还是以自己为蓝本），然后加以批判。具体来说，就是描写主人公在现实条件中受到挫折的过程。以自我否定的形式主张自我，也就是无自信的自我（而他主动追求这样的自我）唯一能发挥的方法。从这个意义上说，他的小说也可以被视为对传统小说的批判。

可是，这种扎根在作者内心深处的批判精神不仅体现在作品内容里，也会体现在作品风格上。内容与风格是绝对密不可分的两种要素。或者应该说，只有作品的风格才最能明确表达作者的精神结构。太宰以批判，甚至叛逆的精神破坏了既存的小说定式，从而塑造了自己的风格。那种不稳定的、错综复杂的风格最鲜明地体现了他的主观真实。

在《小丑之花》中，作者或者说作者的自我意识亲自登场，对作品进行注释和批判，同时追求内在的现实与外在的现实；在《卑俗性》中，作者分身为四个人展开漫才式的对话，并且有意识地混合了现代主义与古典日式情调；在《狂言之神》中，他倾向于森鸥外的风格，并有意识地通过虎头蛇尾的形式将其破坏；在《虚构之春》中，他通过编辑自己收到的信件强化了表达效果，并借此展开了强烈的自我批判，还包括潜藏在神秘主义表象下的自我表白等等。这一切都可以说是为了表达自我的真实而对新风格的尝试与摸索。在文体方面，他同样做出了多种尝试，常常抗拒流畅感，故意错用标点，或是极端省略助词，同样做出了多种尝试。这些尝试的必然结果就是让他的文体变得越来越难理解。

他的主观真实渐渐无法再用小说来清楚表达，因为这种形式存在着名为"描写"的制约，过于缺乏效率。他的内在必然性必须通过具体的事件方能成立。也就是说，他的观念必须要达到凝聚成某种具体事物的明确程度，否则无法成立。而小说这种形式已经无法满足这一要求。他试图将自己的观念以及未定型的东西原封不动地表达出来。他的《创生记》、HUMAN LOST、《二十世纪旗手》等作品在形式上几乎等同于散文诗。（接下来当然应该走向小说概念的变革，但是他并没有这样做。因为他对小说抱有一种如同信仰的特殊感情。这一难题使得他的分裂性气质进一步深化，这种性格特有的对外做一般表达的难度也逐渐增加。精神分裂症患者写的诗性文字酷似象征主义及超现实主义的诗，这是普遍存在的现象。）

最后将他从因追求自我真实而越发晦涩，甚至发展成不可理解的创作中拯救出来的，是他的他者意识。或者可以说，正因为他本身明白唯有用这种奇特的风格方能让那个时代的读者产生深刻共鸣。（无论从什么角度来看，太宰都是本质上对时代最为敏感的作家。）从文学史的观点来看，我们也不能低估了太宰在风格上的前卫尝试。甚至可以断言，若《卑俗性》发表在今日文坛，其前卫风格仍可以超过现在的任何作家。

他在风格上做出努力，其实就是为了使内心微妙的主观真实尽量普遍化、客观化，以至于可以激发读者的共鸣。他在这种表达上做出了超乎寻常的努力。因为像他这样拥有分裂性气质的人有着不同于他人的自我世界和思考方式，要表达自己的内心世界极为困难。

> 不仅在你身上,而且在你们这个时代的所有人身上,思想及其表达几乎没有停顿地发展,让我们瞠目结舌。在思想与文字表达之间,你没有丝毫的犹豫,也不见一丝讨价还价的痕迹。莫非你们一直在用话语来思考?莫非你们一直在同时展开思想的训练与话语的训练?莫非在你们看来,一个笨口拙舌或者文笔不通的口吃之人,就没有思想吗?所以你们才会说什么都一口咬定,毫无保留。哪怕是孩子气的、众所周知的事情,也会得意扬扬地显摆。而这种态度又对我们充满了吸引力,让人伤透了脑筋。怎么说呢,我们是在"感受思想",思想的运行不需要话语。而话语总是无所适从。我心里明白。话语太吵了。(中略)话语离我的感觉足有千里之遥,缓慢得令人难以忍受。(《风闻》)

思想与话语的乖离,这既是分裂性气质的特征,也是我们这个时代的特征。既有的话语和既有的表达已经不足以体现自我的真实,他在以往的表达方式中感到了矫饰主义。曾经客观的现实主义及自然主义表达,对他而言就像苍白的诳语。盲目使用既有的表达就是对既存秩序的屈从。本就理所当然之事,偏要得意扬扬地说;本就已经得到认知的真实,偏要重复强调。他认为这是一种懒惰与狡猾的行为。

> 有时明明很喜欢,却要故意说讨厌他,着实不够干脆。思想与话语之间相隔着三四个小小的齿轮。然而请相信,那些齿轮都是微妙而精确的。我们的话语乍一听可能都是胡言乱语,但是只要仔细研究,就会发现它们总是环环相扣的。这也许是生活上的差异。(《风闻》)

这里说到的小小齿轮就是自我意识。"羞于严肃探讨真实,故意化为戏言"的含羞文体也许来源于自身的内疚和缺乏自信。可是他忠实于那种内疚,认为既有的表达里"称美为美的内心定有谎言。这也肮脏,那也肮脏"(《传奇》),并从中嗅出了自我保全的自恋式算计。就算其中没有一丝虚伪,他依旧能看到自我中心式的坦诚的暴力。他怀有"为他人"的强烈伦理观,认为表达不能只为了自我的真实,不能是自我中心式的伦理洁癖,而应该服务于他人,甚至取悦他人,"要知道故意搞砸的乐趣。祝贺你美丽的失败"(《创生记》)。为了他人而鼓起指虚伪为真实的勇气,这便是文学的使命。从这里生出了新的表达的伦理。

然而,他为表达所做的努力中,潜藏了太宰式的严格戒律,以及纯粹的态度。

> 我对我的作品，哪怕有一句的解释，半句的辩白，也是身为作家的致命耻辱。文不达则性不至、究之深而无邪、独处而不怨人、我自肃然精进，这便是我成为作家十年来的金科玉律。(《创生记》)

他绝不在作品之外注释作品。他严格排除了艺术表达以外的赤裸裸的呐喊。就这样，他贯彻了《晚年》的创作态度。"你们禁食的时候，不可像那假冒为善的人，脸上带着愁容。"这是太宰最为惧怕的《圣经》内容，这会让他连对自我真实的表达都产生内疚。对太宰这种克己之人来说，他的作品和表达一旦不被接受，他就会干脆地放弃。

可是，太宰"为他人"的伦理观及其自我意识甚至对这种干脆的态度都产生了质疑。这莫不是出于自我的尊严？艺术的良心？其中难道没有隐藏着期待后世有人认同的侥幸？

> 投珠与渊，投珠与豕……（不被认可之事）……我虽知如此，珍珠之雨，日后为我而鸣的勃兰兑斯老师，恐怕，在我死后……讨厌！珍珠之雨。无言的包容。要知道，这一切的慈悲，是出自不再天真的倒错的爱情，发自无意识的婆婆妈妈的复仇心。(《创生记》，括号内为奥野加注)

相比艺术的良心，他更重视"为他人"，甚至可以为此舍弃自己的戒律。为艺术的良心殉身：

> 这乃是不正之心，故从今往后，我将爱惜每一颗珍珠，我要细致耐心地启蒙教导：猪，你可看好了，这是珍珠，跟路边的石块、房顶的瓦片不一样。我定要叫他们理解。那将是痛苦万分的荆棘之路，但我坚定不移地相信，其中蕴含着希望的萌芽，蕴含着创生的气息。
>
> 自今日始，以后将是堂堂正正的自注，此即其一。（《创生记》）

太宰为了他人，不惜牺牲自己的艺术良心也要自我注释，去关心微不足道的启蒙。他这种致力于表达自我内部真实的上进，试图获得他人理解的努力，不如说做得过于好了。（至少他是这样想的。）

> 我急红了眼，一心只追求真实。现在我追到真实了。我超越它了。而我还在继续奔跑。真实，现在似乎跑在我背后了。这可不是笑话。（《碧眼托钵·论某男子的修行》）

表达超越了真实，这也意味着作品超越了实际生活，作中人物超越了作者。他所表达的真实已经不是自己心中的真实，而是更酷似真实的东西。这便是真实的小说，是日本从未有人创作过的真正的文学。可是他为此感到了羞愧。尚未走出私小说浪潮的读者将他的小说当成了原原本本的事实。"我是否在骗人？"这个恐惧让他因作品并非事实而感到羞愧。

于是，他就发出了"琴盒远比小提琴重要"（《虚构之春》），也就是外形比内容更重要的辩解。他还断言："爱是言语。（中略）不能用言语表达的爱情，实在不是深爱。"（《创生记》）并且"崇信巧言令色之德"（《创生记》），发誓忠诚于自己表达的谎言。他只存在于作品中，真实只存在于话语，也就是文学中。他说："作品就是全部，作者除作品以外，不可创作任何杂文。"由此可见，他希望身为作者的、实际存在的自己等同于无。

然而他又说过："作者其人才是全部，作品则毫无意义。纵使再好的作品也无法超出作者的所知所能。所谓的超越之作只是用以迷惑读者的伎俩。"（《阴火·纸鹤》）如果他持有这种想法，面对追赶不上作品的真实生活，应该会感到不安。

由于伦理洁癖，他不断试图让自己的真实生活靠近作品，以承担起表达的责任。也就是说，他根据自身愿望创造的作中人物反过来规定了他的实际人生。他的人生是遵循作品的人生，是成立于虚构之上的人生。艺术与生活的混同，这对太宰来说是无可避免的宿命。他立志到达一个前所未及的高度，那就只能这样做。他怀有的内部主观真实过于超前，必须拿到自己的实际人生中一一验证，否则将无从表达。与此同时，他又身在尊崇私小说式传说（不相信虚构、更重视实际生活）的日本，只能以这种形式让读者相信自己的真实。

然而，他创造的作中人物都是出于愿景，并非现实中存在的人物。而且，那些都是先于他的脚步展开了自我破坏的下降式人物。太宰在追逐那些人物的同时，其身为作家的主体自然也会濒于毁灭。而且，要想维持作家的立场，必然会走向自我与作品的乖离。因此，太宰立下了不可能完成的志向。

> 我倒不如成为自己作品中的人物。吊儿郎当的花花公子。（*HUMAN LOST*）

可是他最终没能完全成为作中人物，这使得表达成了一种伤害，生活成了无限的悔恨。

他将上述作品称为"悔恨的文学"，并且这样写道：

> 我浅尝辄止。好管闲事。生活即作品。无所适从。我写的东西究竟是什么形式？也许，应该是忠实于我全部存在的东西。（《一日的劳苦》）

到最后，太宰决定忠于自己的全部存在。为此，他被送进了精神病院。

变　容

太宰治经历了一年半的沉默，并且在沉默的前期和后期发生了剧烈变化。构成其原因的事件只有两个。

首先是被送进精神病院之事，其次是他住院期间，妻子初代与他人发生了不纯洁的关系。这两件事让他产生了人类绝对不可信的想法，同时也明确认识到了自己所处的冷酷现实。也就是说，他遭受了无法愈合的心灵创伤，那创伤又决定了他的后半生。

从某个角度来看，此前太宰的一切努力都可以被视为相信人类、关爱人类的，令人感动的努力。他生来无法融入正常人的生活，认为世上只有自己格格不入，因此极度恐惧人类。尽管如此，他还是不断努力，希望像（他自以为的）别人一样，能够坦诚地相信人类、关爱人类。他努力对人类抱有全无算计的绝对信任。他在生活中从未有过利己主义的念头，实际上如同孩子般善良。住院前不久的作品《喝彩》就充满了他对前辈和朋友纯粹的信任。

可是，他被自己最尊敬、最信任的前辈和朋友欺骗了。

他被那些人强行打上狂人的烙印，甚至从一开始就被视作疯子。这对太宰来说是个足以致命的事实。突然坠落到如此冷酷的现实中，他对此能做的解释只有两个：一直以来自己的一切都是错的，或者周围所有人都是错的。要么对自己彻底失去信任，要么对他人彻底失去信任，他被迫从两者之间做出选择。即使任何一种他都无法忍受，但对他来说，除此之外别无选择。

他天生的性格、后天的体验，还有其他一切相融构筑而成的思想——要将由这些因素组成的自我的全部存在完全扭曲，是绝对不可能的事情。如果这一切遭到否定，他也许会甘愿选择死亡。他处在人类存在的极限状况下，看到了前辈和朋友，甚至所有人类心中潜藏的本质之恶。他感受到了令人厌恶的利己主义所诱发的无意识的打击。他拼命努力去相信，但最终自以为总算可以信任的人类彻底背叛了他。这件事给太宰植入了人类的一切皆不可信的观念，并发展成了到死都不曾放下的自卑情结。

送他去精神病院本是依照常识展开的必然行动，而且是为他着想的行动。为精神病患者或是药物成瘾患者治疗本就无法得到患者本人的配合。除了骗他前去，没有别的办法。然而这对患者本人来说，也是极为深重的打击。这是无可避免的悲剧。因为这件事，他对那些人产生了深刻的仇恨。

"I先生，这是我毕生的请求，进去吧。"感谢你如此诚恳的请求。我为何如此用情至深呢？（*HUMAN LOST*）

不言而行是一种暴力。是一种束缚。是一种鞭笞。（同上）

为何不说"鞭尸"。为何不说"落井下石"。（同上）

耽于一时情念，泪眼婆娑，长叹老矣。（同上）

真正的坏人是什么，竟是那生神活佛、良心之士、温厚之辈。其私下里无一例外，都是些公然使坏的天才。（《二十世纪旗手》）

太宰恢复健康，具有常识判断能力后，似乎试图忘却这件事，忘却当时的仇恨。他相信了那些人对自己的善意，甚至称其为"毕生的恩人"（《归去来》《故乡》等）。但是，他内心阴暗的自卑情结从未消减过。

我既不是鸟儿，也不是走兽。同时，我也不是人。（中略）四年前的这天，我得到允许离开那家不祥的医院。（中

略）我打算再过五六年，待生活稍微平静一些，再细细书写那时的事情。我已经定好了题名，就叫《人间失格》。（《俗天使》）

"求求你！让我再住一晚吧。玄关的夹竹桃是我栽的，院里的青桐亦是我栽的。"我曾对那个人苦苦恳求，痛哭流涕。这一切我都想遗忘掉。（《十五年》）

直到事情过去了十年，他意识到自己死期将至时，终于放下一切做出了反抗。他在《人间失格》中首次创造了身为"他者"的角色——堀木和比目鱼。他把这些角色塑造成了心怀恶意的典型，可谓是绝对恶人的形象。

堀木（中略）脸上泛起了我从未见过的至柔的微笑。那温柔和煦的笑容让我感激又兴奋，甚至情不自禁地背过脸潸然泪下。仅仅因为他那温柔的微笑，我便被彻底击败，然后被强行葬送，离开了人世间。我被送上了汽车。你要先住院治疗，后面的事情交给我们就是——"比目鱼"平静地规劝我。（他的语气如此平静，我甚至想用"慈悲"来形容。）我像个没有意志、没有判断能力的人，只知道小声哭泣，最后还是唯唯诺诺地听从二人的安排。（中略）我以为这是结核病的疗养院。（中略）随即大门轰然上了锁。原来这里是疯人院。(中略)看着堀木不可名状的美丽微笑，我感激涕零，丧失了判断力，放弃了反抗，坐上汽车被拉到这里，成了一个疯子。即使从这里出去，我还是会被人在额头烙上"疯子"的印记。不，是"废人"的印记。我丧失了做人的资格，我彻底成了一个非人。(《人间失格》)

"我问神明：信任难道是罪过吗？""我问神明：不抵抗难道也是罪过吗？"这就是《人间失格》的反抗。这种反抗在《如是我闻》中进一步爆发，最终发展成了遗书中的"大家都既卑劣又贪婪。井伏先生是恶人"。我对太宰怀抱了十年的强烈自卑情结感到万分害怕。可是让他对人类失去信任的事情不止这一件。

> 事实上，这还不算尽头。那年早春，我做梦也没想到某位西洋画家会突然来找我商谈。他是我最要好的朋友，但我听了他的话几欲窒息。H早已犯了让人悲痛欲绝的错误。(《东京八景》)

太宰讨厌人，而且极度自恋，因此缺乏本能关爱的能力。尽管如此，他还是尝试去爱一些具体的个人。他赌上了性命去爱自己的妻子。一个自恋之人要将对自己的爱转化为对他人的爱，几乎要付出无限的努力。他只能通过抹杀自己，才能将对自己的爱完全投射在对象身上。而且由于他的分裂性气质，那个对象还会被高度概念化。他将理想化的，也就是纯洁处女的概念投射在了曾经是艺伎的妻子身上。他爱的并非真实存在的妻子，而是被自己理想化的概念。他自认并不具备的纯洁信任在妻子身上理想化了，然后他一味向妻子寻求信赖感。身为自恋之人，若不能从对象身上得到正确的自我评价，他的自我就会不断受到伤害。但是妻子只是个平凡的人，自然无法理解他这种特殊的爱情。他对爱的尝试反而伤害了自己和他人。

太宰住院期间，她竟随随便便地与一个无聊的男人出轨了。他对妻子的信任遭到了彻底的背叛。身为自恋之人，他唯有通过重新封闭自己，将爱情重新投向自己，才能治愈这样的伤痛。可太宰始终在努力破坏对自己的爱，将自己视作：

> 我也逐渐明白世人究竟如何看待我了。我是个无知傲慢的无赖，是个白痴，下流狡猾的好色男，伪装成天才的骗子。（中略）世人用嘲笑、嫌恶、愤怒的语气谣传我的种种。我被完全埋葬，受到废人一般的待遇。（《东京八景》）

> 你现在已是个人渣。你还不懂吗？
> 我懂。我怎能不懂。（中略）"雷火毁家屋，只余丝

瓜花。"古人诗句中令人鼻酸的凄楚，我理解得很透彻，内心因此深感焦灼。我连做人的资格都被剥夺了。（中略）旁人压根不愿理睬我。不管我说什么，他们都只会露出怪异的眼神，窥看我的脸，然后不予理睬。（中略）根据谣传，我是个彻底的疯子，且是天生的疯子。得知这些传言，我从此成了哑巴。我再也不见人，再也不说话。就算被人说了什么，我也只在表面上回以微笑。我变得温柔了。(《海鸥》)

太宰对一切都绝望了。他失去了对人类的信任，也没有反抗的气力，只能像哑巴一般沉默地生活。

　　我学会了喝烧酒，牙齿逐渐脱落，变得面目可憎。我搬进了公寓附近的房子，那是最下等的租屋。我觉得那种地方才适合自己。这就是世界最后的模样。我站在门边，月影与枯叶连成一片，松树高耸入云。我常在四叠半大小的租屋里独酌，醉了便走出去，靠在门柱上，低声嘟哝着胡言乱语。(《东京八景》)

但是，他说"我变得温柔了"。他遭到背叛，被打上疯子的烙印，然后变温柔了。这是他由衷的举动吗？他在这一时期创作的唯一作品是《灯笼》，其开篇就写道："越分辩，别人越不信我。我遇见的每一个人都提防我。哪怕只是出于怀念，想见个面而去拜访，人家也以'你来做甚'似的目光迎接我。真受不了。已然哪儿也不想去了。"在这段让人印象深刻的文字之后，他又以安静的幸福感做了结尾："如坐针毡的日子一天天过去，天已变得如此之凉。（中略）我们的幸福终究不过是给房间换个灯泡罢了，心下倒也并不如何凄怆，反而觉得，我们的家点亮了这朴素的灯泡后就像格外漂亮的走马灯一样，于是有宁静的喜悦泛上心头，令我甚至想对庭院里的鸣虫说：要看就看吧，我们一家人是美好的。"这是放弃了一切之后的幸福感吗？他是否抛弃了自己的理想？

他因无意识的伤害拾起了武装。为了不再遭到背叛，而"穿上了盔甲"。

> 激情到了极致时，人会摆出什么表情？无表情。我成了微笑的面具。不，我成了残忍的雕鸮。无须畏惧。我终于知晓了世事，仅此而已。（《关于晚年》）

他头一次认知到世界的可怕和奸诈，于是戴上了微笑的面具，表面上装出过着小市民生活的样子。与此同时，这也是支撑他全部作品，甚至支撑他全部生活之价值的唯一证明手段。

他最惧怕的是自己根本就不具备过日常生活的资格，

自己也许是个性格破产者。也许就是因为自己无法作为普通人生活，所以才会把下降、反立法、自我破坏的行动作为借口。但他并非如此，而是出于"为他人"的伦理观故意做出自我破坏，并反叛了社会。他必须证明自己的诚实。换言之，他必须通过实践证明自己随时可以当普通人，以小市民的身份生活。唯独这一点能够支撑他此前做过的所有努力。

此时，我最迫切的希望就是让自己的话语具有权威。如果无论说什么都要被当作疯子，都得不到正视，我干脆保持沉默。激情的尽头是无表情。我且成为微笑的面具。要在世上得到发言的权威，首先要经营好谦逊低调的普通市井家庭，在日常生活的形式中无欲无求。摆出一副不受任何人指指点点的样子，出于意志的精明与算计。通过睿智严守理所当然的世间戒律。等到那个时候再看吧，不管是杀人小说，还是更可怕的小说及论文，都能自由书写。何等痛快。鸥外着实聪明。他表面装作不知，实际总在践行。我也想尝试，哪怕只能达到一半的高度也好。这不是回归凡俗，而是从内心深处对凡俗发起压倒性的报复。就让它适得其反吧。这种事常有。罢了，罢了。心中固然有这样的声音，然而，我并非要以身犯险。具体说来，就是不要过于依赖世人，如此而已。(《春之盗贼》)

太宰将生活改造成了平凡市民的生活，在其根基之处存在着对作品的自信："更重要的事情在于，我的所谓瓶颈不过是生活上的瓶颈绝非作品上的瓶颈。这五六年间发表的数十篇小说，我至今仍不为之羞愧。"(《春之盗贼》)

然而，这件事发生后，他心中极为戏剧化的"被选中"的意识显著丧失了。他之所以在沉痛反省之后出现这种变化，也许是因为"这五六年来，你们人多势众，我则孤家寡人"(*HUMAN LOST*)，也就是出于与世间对立的意识。不仅是"被选中"的意识，与之相反的"我不同于他人"的自卑意识，其实也是某种扭曲的反映。简而言之，他视自己为特殊之人，轻视世间，酿成了如今的局面，自己并不是脱离世间的对立存在，而是这个名为世间的牢笼里的平凡囚徒。基于这种反省，他试图破坏自己"不同于他人"的自我意识。试图向着平凡小市民、向着凡俗下降。他试图凭借自己的意志，过上小市民谦逊低调的生活。

保持骄傲、舍弃骄傲，两种相反的动机融为一体，让他过上了小市民的生活。

但是，换一种角度审视这个转变，就能把它理解成"当我躺在租屋的一室，连死的气魄都丧失了时，我的身体却不可思议地逐渐强健起来"(《东京八景》)。换言之，他变得健康，开始康复了。他再次具备了创作的力量。与此同时，他的思考也变得有了常识。这让他不再坚持以往极端个性的生活，不再践行只忠于自我内部真实的生活方式。也就是说,他对社会做出了某种妥协。"现实有现实的限度"(《春之盗贼》),生存需要有处世之术。他成了三十岁的大人。也可以说,他的改变受到了中日两国战争爆发的时代影响,从某种意义上说,就是他顺应了不得不向社会妥协的时代。

稳定与绽放的时代——中期

一汪冷潭清水
谁知昔日此地
曾是火山之口

太宰治引用的生田长江的诗句[1]代表了他中期的理想。对共产主义的热情、其后陷落的疼痛、反抗生活的苦苦挣扎、被送入精神病院的怨气——他想忘却过去的一切,若无其事地安静生活。太宰听从井伏鳟二的建议,前往甲州御坂崖疗养,又选择了普通的相亲结婚。他摒除了意志,摒除了情感,压抑自我,规训自我。然而,他还是丝毫未变,依然克己,依然戏剧化。要么不做,要么做到极致。他让自己的生活化

---

[1]《思考的芦苇·给"衰运"的赠言》。

作了完美的平凡。小市民的生活丝毫无法给他带来安然与释怀，那只是他加诸自身的严苛义务。

他为了争取自己的艺术权威，将生活化作了虚构。他意识到真实的自己是难以在世间生存的怪物，于是在日常生活中让自己趋于平凡。普通日本作家为了让本来平凡的自己成为艺术的素材，会故意反常，表演孤高，拒绝世俗。但是太宰对生活的虚构化与之截然相反，反倒贴近于西欧的现代作家。由此可见，太宰并非日本私小说的支流，而是更为超前的、天赋异禀的天才作家。

太宰虽然践行了小市民的生活，但若问他是否明确产生了身为社会一员的连带意识，则很难回答。他此前并非逃避社会，而是从一开始便与社会隔绝。因此对他来说，这不能算是回归社会，只是戴上一张面具，做些虚伪的行动而已。

> 与其关心别人，请先救赎自己吧。(《花烛》)

他将重新起航的目标定为了自我救赎和自我确立，与此前的自我否定与自我破坏完全相反。然而，这是真的吗？

他活着，但已不再是人。

> 我早就已经死了，你们却没发现。只有我的灵魂，勉强苟延残喘。

> 我现在不是人。是一种叫作艺术家的奇妙动物。我打算让这具尸骸支撑到六十岁,让诸位瞧瞧所谓的大作家。就算你们努力试图探究这具尸骸写的文章有何秘密,也是白费功夫。即使你们想模仿那亡魂写的文章也没用。还是趁早死心的好。(《海鸥》)

他没有遵循自我的真实而活,这对他而言,与死亡无异。他已经不是人,而是艺术家,是为了作品而存在的机器。自我救赎和自我肯定不过是为了珍重那个机器式的、创造取悦他人的艺术的自我。换言之,不过是"珍重自己的才能"。我在中期太宰的态度中,看到了他由于共产主义而产生的陷落感和罪恶感。

这一时期,太宰的作品采取了取悦他人、完全服务于他人的玩具式,甚至小丑式的形式。他丧失了反叛社会的积极性。他以平凡市民的身份置身于社会,甚至在作品中也无法摆出与社会对决、批判社会的现代西欧作家的态度。这也许就是日本风土的悲哀,同时也可以说是过于在意自身不自由的太宰的性格宿命。他在开始小市民式的社会生活之后,也就是成为现实生活一员之后,就失去了生活。换言之,就是失去了融入自我内部的真实体验。进入社会的同时,他就再也看不到社会的真实。他成了燃烧过去那些真实体验来创造艺术的尸骸,准确来说,是为了表达而苟延残喘。

纯粹严肃的现实认知止于"二·二六"事件前夜。当下，是表达的时期。(*HUMAN LOST*)

这句话仿佛体现了他在明确把握现实的同时，又陷入了宿命论式的失败主义。他已经把那个时代视作了人类全无自由的时代，并将其放弃，一心专注于艺术的表达。小市民生活对他来说就是逃避现实。或许也可以说，是为了不受今后还会延续多时的邪恶时代的影响，因而采取的拟态。尽管如此，当他不再是狂人之后，也就无法维持真实的生活，而且无法看清社会，这正可谓是现代的悲剧。

处在那样的自我状态和社会状态中，太宰自然会想到至少应该让作品变得明快起来。他只关注世间的明快、美好和善意，只考虑那些方面，并创作了《满愿》《富岳百景》《黄金风景》《新树的话语》《关于爱与美》《美少女》等一系列作品。这些作品多少都体现了太宰希望仅依靠明快与美好生存下去的祈愿。在题材上，他也回避了自我和社会，去探寻女性与身体相关的心理。《女生徒》《叶樱与魔笛》《皮肤与心》《无人知晓》《千代女》等作品中已经找不到晦涩难懂的表达，其文体浅显易懂，让人感受到了细致入微的体察。他此时的风格与前期截然不同，而且至少在他的作品中找不到任何伦理表达。他既没有上升也没有下降，换言之，就是不再具有伦理性。

妥协，对时代的妥协，的确可以这么说。但是作品中没有伦理，只追求对明快与美的感受，这其实就是对那个时代的反叛。不久之后，太平洋战争爆发，时代充斥着政府强求的虚伪伦理。在这个时代不谈论伦理，在一片灰色的肃穆中带来小丑式的明快，这便是在那个不仅无从反抗，连作家的基本自由都不复存在的时代，唯一能做到的反叛。也许听来矛盾，但没有伦理正体现了他下降式的伦理性。（将其与这个时代其他作家的懒惰相比较，就非常明显。）

对伦理的疏远竟意想不到地让他的艺术绽放出了艳丽的花朵，并结出丰硕的果实。此前，他的一切行为和文学都被近乎戒律的伦理观所束缚，没有行动的自由。如前所述，过度的伦理观对个人而言绝非理想的状态。他在疏远伦理之后，也得以从死板的束缚中解放出来，自由发挥才能。

这同时也是因为他的分裂性气质变得不再显著，成了一个健康的人。强烈的分裂性气质在创作作品时会陷入严苛主义甚至琐碎主义。那会让他无法容忍细微的破绽，过度关注细节，难以把握全局。这就如同在精神世界的羊肠小道上奋力开拓，越走越深、越走越窄。他在恢复健康，拥有正常的思维和常识后，开始对形式变得宽容，并得以展开广泛的艺术活动。可以说，他的才能从克己禁欲和自我意识中得到了解放。

他割离了现实，转而在古典作品、民俗传说和他人的日记中寻找题材。那至少不再是自己的经历，与自己的生活没有直接关联，因此他得以从异常强烈的羞耻心、伦理性和自我意识中解放出来，反倒能够自由地表达自我。身为作者的自我放逐了曾经真实的自我，戴上他者的面具，以作品的形式存在。他在这里寻觅到了自我身为作家的"关键"。他开始游刃有余地不断展开一生的主题和华丽的变奏。

　　排斥转变为亲和，反省转变为自我肯定，绝望转变为革命。一切都猛然转变了。我是个单纯的人。浪漫的完成或是浪漫的秩序这种概念能够救赎我们。费心整理那些让人烦心讨厌的事物，并努力将其一一排除，如此做下来，太阳早就下山了。不能憧憬希腊。那是永远不会回归的东西。必须放弃。必须舍弃。(中略)接受一切，容纳一切，背负着前行。这是长生之路，这是发展之路，亦可称为浪漫的完成，浪漫的秩序。这是崭新的东西。若是被拴上了锁链，就拖着锁链前行。若是被钉上了十字架，就拖着十字架前行。总是被关进牢笼，也不去打破它，而是带着牢笼前行。不可以笑。我们只有这一条生路。你现在笑得欢实，将来总有一天会产生同样的感慨。剩下的不是失败的奴隶，就是死亡和毁灭。(《一日的劳苦》)

浪漫的完成，亲和与肯定。正如旋转的舞台，前期的可怕杀伐因为那个事件藏到了背后，另一个春霞缭绕、平和唯美的场面出现在我们面前。纵使台上的演员始终是太宰，他也像变了个人一般，释放出了一直压抑的闪亮、天真、坦率和明快。换言之，他身为良家子弟的纯良，以及津轻人的健康爽朗都浮出了表面。这一时期是他离死亡最远的稳定时期。从这一时期起，他的耐性显然有所增长，不再只创作短篇，也写出了长篇佳作。用他的话说，就是"曾经风驰电掣的五十米赛跑选手转生成了稳重如老牛的马拉松选手"（《答案落第》）。

一九四〇年开始连续发表的《越级申诉》《奔跑吧，梅勒斯》《女人的决斗》《盲人独笑》《清贫谭》，乃至《新哈姆雷特》《正义与微笑》《右大臣实朝》《新释诸国话》《御伽草纸》《竹青》等一系列作品，都是日本前所未有的，结合了知性与感性，叠加了教养与才能，融合了西欧与日本的优秀作品。这个时期太宰治的多产可谓令人惊叹。而且，他并非仅靠才能写作。他希望表达的依旧是自己毕生的真实，及其世界观的丰富变奏。

例如《越级申诉》中耶稣与犹大的对比，它与《右大臣实朝》中实朝与公晓的对比是相同的。《女人的决斗》讲到了艺术家的宿命性悲剧，女人盲目爱情的可怕，并提出了罗列素材并非作品的小说论，还用作品本身试验了这种小说论，其形式可谓巧妙。《正义与微笑》以下降式自我的形成及《圣经》为重要主题。这一时期的最高杰作《新哈姆雷特》则是一部典型的现代心理小说。他在现实社会中未能寻找到心理学的空间,于是借助莎士比亚的戏剧,将其完美改编成了现代的心理小说。在这部作品中,性格异常者与普通人的争端、忠于自我真实的艺术家与浑浑噩噩的俗人的争端(然而俗人克罗迪斯依旧带有一些太宰的色彩。他在那一时期还无法描写社会人新型的恶与决定性的他者)、对现代秩序的反叛、论爱的表达,甚至对战争的怀疑,作者巧妙地安排了这些要素,没有一丝多余之处。

要讨论这个系列的作品,仅此一篇就能写出长篇大论,因为其中融入了无数重要的问题,我不禁为太宰的才能、学识和思想之丰富而倾倒。我在此处多费口舌讲解也没有任何用处,只能推荐各位读者亲自品读他的作品。

危 机

但是,这些作品全都是太宰燃烧了过去的真实生活体验孕育而成的。过去的真实总有一天会燃尽。从决心过上小市民生活的那一刻起,他的一切真实体验都中断了。他没有真实地生活。太宰重新出发时犯的第一个错误逐渐显现在现实中。他在《春之盗贼》中预感到的"适得其反"就这样应验了。

虽然太宰主动选择了小市民的生活，然而，怠惰的日常不可避免地渐渐改变了他的思想。因为除了写作，他绝不从事任何社会活动。对现实生活丧失抵抗，极有可能让他的作品，尤其是日常速写风格的作品，变得浅薄安逸。安逸的生活容许怠惰，而那种生活必然潜藏着向沙龙式知识分子阶级转变的危险，同时心中也会肯定憧憬沙龙的自我的现状。正因为他清楚地知道自己承受不了这些压力，所以将其视作了危险并拒之门外。生活虽然开始变好，但是自己与常人无异的认知催生了他的上进心，让他产生了在普通社会出人头地、成为名人的上升感性式欲望。"那家伙也逐渐变成庸俗之人了。"（《东京八景》）太宰得到了这样的评价，但他绝没有肯定现状。他只是放弃了斗争，只能以这种方式在现实社会苟延残喘。他为《春之盗贼》添加的副题是"我的狱中吟"，对他来说，这种小市民生活如同囚徒的生活。他憧憬着曾经能够真实生活的时代，强烈厌恶现在的生活。就这样，他对生活始终怀抱着不安。

> 他还能前进。还能活下去。纵使在一片黑暗中，尚能看清眼前的一寸风景，尚能向前走上一分。没有危险。只要一点再一点地前进，就不会出错。这是绝对没错的。然而，这绵延无尽、没有丝毫变化的纯黑色风景究竟是

怎么回事？啊，这绝对不存在变化的光景。莫要说光，连风也没有。笠井在黑暗中摸索着，一点又一点，像蠕虫般前进，渐渐意识到了脑中无声的癫狂。这可不行。这也许是通往断头台的道路。这么一点一点地向前走，说不定何时就要走进自我灭亡的绝处。啊，不如放声高喊。然而不幸的是，笠井卑微地活了太久，早已忘却了自己的话语。他发不出呐喊。不如向前奔跑吧。即使被杀了，也无所谓。人为何非要活着？他突然想到了这个单纯的命题。如今身在这片黑暗中，他连再走一步的力气也没有了。五月初，他带着所有的钱踏上了旅程——这场逃亡若是有错，就杀了我吧。哪怕被杀，我恐怕也会微笑。如今，我要在此处斩断顺从的锁链，就算为此堕入何等悲惨的地狱，我也不会后悔。不行。我不能再卑微下去了。我要自由！（《八十八夜》）

我厌倦了。若是这样，我便对现实这东西厌倦了！我有深爱之物，难以割舍之物。就算是那无赖的盗贼，也觉得这个世间何等无趣，何等扫兴。悄然而来，掠走金钱，悄然归去。事情本该如此，不是吗？这世上不存在浪漫，唯有我是特异之人。然而，我如今也在碌碌无为地经营着小市民的生活，成天尖酸悭吝。我不要。哪怕只有我一人也罢。我要再一次投身那野心与献身的浪

漫地狱,死不足惜!不可能吗?不可以吗?(《春之盗贼》)

碌碌终生,在贫困中忍受煎熬,倒不如豁出一切,自由而尽兴地活着。可是——

现在不可以。可悲的是,并不可以。(同上)

——如果照你说的做,我恐怕又得去坐牢了,恐怕又得去投水自杀了,恐怕又得发疯了。即使到了那种时候,你也不会逃走吗?(《追思善藏》)

如此一来,他只能在生活中融入一些不起眼的颓废和抵抗。他必须依靠不超出界限的小小颓废,给过于安逸的生活注入能量。同时,他还要依靠曾经短暂体会过的真实生活时期的感觉,来尝试评判现在的自我、现在的生活和作品。他还要尝试否定安稳生活中必然产生的种种上升感性。

他在《追思善藏》中谴责了不知不觉开始梦想衣锦还乡的自己,在《新郎》中反省了盼望物质性的家庭幸福的自己,在《八十八夜》中打破了越来越卑微的自我,还创作《蟋蟀》谴责了憧憬沙龙式名人,渐渐变成俗人的自己。《懒惰的歌留多》《畜犬谈》《海鸥》《春之盗贼》《乞食学生》《风闻》《小相簿》,这些都是以前期的意识批判中期的自我,并为之悔恨的作品。但是,这些作品里已经看不到曾经那种燃烧自我的强烈意志。事实上，他正是通过这些作品激发了现在的自我，才得以创作出《新哈姆雷特》类型的艺术作品。可以说，这些作品起到了支撑其艺术的生理调节作用。

但是从一九四一年前后开始，悔恨系列的作品显著减少，而速写风格的轻松作品逐渐增多。由此可以判断，他渐渐向社会妥协了。

从《东京八景》（这是中期以常识回顾前半生的自传式作品，与《虚构的彷徨》《人间失格》题材相同，但内涵截然不同，属于自我肯定的作品）开始，他进入了转变期，随着《漫谈服装》《香鱼千金》《耻》《新郎》《十二月八日》《律子与贞子》《归去来》《故乡》《佳日》《黄村先生》的脚步，他快速地堕落了。（当然，也要结合当时杂志的言论控制进行探讨。他的作品针对不同的杂志有所区分，主要分成了赚取稿费维持生活的作品，以及无处发表的作品这两类。而在那个时代，就连他的第一种作品都绝对称不上受欢迎。）

《耻》讨好了健全安逸的家庭生活，《十二月八日》讨好了战争，《归去来》《故乡》讨好了故乡、原生家庭和用人，也就是讨好了封建秩序。

他曾经那样叛逆，那样坚持下降，为自己的理想熊熊燃烧。莫非他渐渐被自己亲自选择的小市民生活侵蚀了本质吗？我们至少可以看出，这些作品都体现了他为了生活无可奈何的疲惫。

人类从一开始就没有什么理想。纵使有，那也是顺应日常生活的理想。远离生活的理想——啊，那是通往十字架的道路。没错，那是圣子的道路。我不过是一介凡夫俗子，整日念叨着一日三餐。我最近逐渐成为一名踏实过生活的人。成了在地上匍匐而行的鸟，天使的翅膀不知什么时候不见了，再怎么挣扎也没有用。这就是现实，无从辩驳的现实。（中略）人类，嘴上说得再好听也没用。他们都拖着一条生活的尾巴。(《正义与微笑》)

了解生活，这不如说是一种进步。可是在此之前，他明明做的是背负十字架的准备。

在这邪恶的现代秩序之中，为了以常人的身份生活下去，这也许是一种无奈的必然。太宰彼时已经成了一个孩子的父亲，有了成年人的思想。然而，他不仅肯定了生活在那种环境中的自己，还试图肯定邪恶的时代秩序。

你不相信秩序的必要性吗？这是瓦莱里说的话。（中略）法律、制度、风俗，自古以来，但凡有些头脑的思想家都会对它们发起攻击、出言轻蔑。事实上，揶揄这些东西的确让人爽快。然而你必须知道，那些揶揄是何等轻松又危险的游戏。因为你无须负责。法律、制度、风俗，这些东西无论看起来多么无趣，没有了它们，

就难以想象知识和自由。就好像身在大船之上，却要羞辱大船。若是跳进海里，只会必死无疑。(《乞食学生》)

这其实是时代的影响，也是战争的影响。为此，我不得不思索时代与现实对人类思想产生的影响有多大。然而，哪怕在几乎所有文字工作者都声称要顺应时局，乘上新体制的浪潮时，尤其在转向学者否定自己曾经的共产主义思想时，太宰也从未说过共产主义的不好。同时，他也从未陷入过支持侵略战争的法西斯哲学和八纮一宇的皇国哲学。时势的变迁与皇国思想的流行可以让人忘却背叛共产主义的罪恶，甚至能将那种背叛转化为正当的行为，他却全然不为所动。他坚持了共产主义思想的正确性，并且始终没有放下背叛共产主义的罪恶感。可以说，这是一种惊人的壮举。同时，这也证明了太宰对共产主义的感情何等真挚。

关于太宰与战争。他的中期创作伴随日本侵华战争开始，并随着日本战败结束。尽管如此，他的作品却不会明确提到战争。他从未写过战争小说，也从未赞颂过战争，同样没有成为从军作家和御用文人。他对战争的态度一以贯之，那就是暗含了否定的无视。太平洋战争爆发前的一九四一年，他在《新哈姆雷特》结尾处写道："'他也许想利用这场战争遮掩自身的内疚。说不定这是——'(中略)'为了国家的名誉，为了这至高无上的旗号而战吧！'(中略)'难以置信。我到死都将怀抱这样的疑惑。'"他通过这些话语表达了对战争的强烈质疑与否定。在那个时期，我找不到第二个像太宰治这般明确否定战争的作家。然而，这已经触及了底线。若再写下去，他只能被开除国民身份，投入监牢。

他内心否定了战争，故意不去关注战争。他持有的世界观让他对这一切不忍直视。一旦直面现实，他将活不下去。可是就算假装不看，他也一直深陷在现实中。

> 我随波逐流，忽左忽右地无力漂浮。或许，我只不过是那"团体"中的一人罢了。如今，我似乎被迫搭乘一辆速度惊人的列车。这辆列车将开往何处，我不知道。还没有人告诉我。火车奔驰。发出轰隆巨响。"越过山间，越过海滨，越过……"（中略）不断向前奔驰，啊，奔驰而去。（中略）"越过山间，越过海滨"——从车轮咆哮的最深处，我听见小女孩楚楚可怜的声音唱着那首儿歌。（《海鸥》）

日本裹挟着他，向战争狂奔而去。他如此无力，什么都做不到。不，全体国民正在万众一心，讴歌"圣战"。而他感觉这一切都错了。他本身就怀抱着与生俱来的异于常人的恐惧，面对无辜同胞为了所谓的报效祖国而不断战死，他自己却始终旁观，固执于自我的艺术——太宰具有如此强烈的

"为他人"伦理观,恐怕为此感到了沉重压力。在同胞面前的自卑,面对战争时对自身立场的不安,这就是导致他的作品渐渐堕落的原因。不仅如此,这些感情甚至一度扭转了他的下降式世界观。

他希望为同胞出一份力,便要介绍战地士兵写的小说,"可惜写得并不好"(《海鸥》)。但只要是"为了那些也许见不到明日的生命",他也甘愿出力。尽管如此,他还是无法高唱赞歌。

> 为什么我要对战地那里的人如此卑躬屈膝?我不也是在投注心血,努力试图留下美好的艺术吗?如今就连那唯一的小小骄傲我都打算抛弃了。(《海鸥》)

若要创作御用文学,倒不如干脆舍弃文学。可是舍弃了又能做什么?他还是只能创作。创作让人们忘记烦恼,获得片刻欢愉的作品。

> 或许除了继续拉我的小提琴之外别无他法。火车的去向就交给仁人志士吧。"等待"这个字眼突然以特大字体闪现额前。到底要等待什么?我不知道。然而,这是个高贵的名词。哑巴海鸥徘徊在海边,我如此暗想,却默默无语,只是继续徘徊。(《海鸥》)

他试图将社会、政治和战争强行逐出自己的内心。

可是我错了吗？我误解了艺术吗？（《海鸥》）

源于自卑的动摇与即便动摇也要坚持创作的矛盾使他短暂倾向了感觉主义。不知为何，"日子只能一天一天好好地过，别无他法。别烦恼明天的事。明天的烦恼明天再烦。我想开心、努力、温柔待人地过完今天一天。最近的天空总是湛蓝的、迷人的，引得人想去划船。山茶花的花瓣像是粉色的贝壳，花瓣随风落下的时候，我听到了清脆的声音。这是我今年第一次看到这么美丽的花儿，有些着迷。所遇到的一切都让我念念不忘"。《新郎》中呈现的清澈的虚无让人感受到了某种异样的美。而那种富有张力的美转变为了心理上升快感——"我把腹部、胸部都用纯白的棉布缠上。总是，纯白的。连内裤也是纯白的平织棉布做的。这也，总是纯白的。夜晚的时候，一个人睡在纯白的床单上"。这对他来说无疑是最危险的状态。

关于爱——战争末期

从战局日益恶化的一九四三年开始，太宰渐渐找回了自我。从被禁的文章《日出之前》,到《右大臣实朝》《津轻》《惜别》《御伽草纸》等作品,这一趋势逐渐显露。战局的恶化、随时可能死去的日常,这些都将他再次推到了人类的极限状态。日本败北的预感带给他一种末日观,驱散了对战争的自卑感,令他得以平静下来。他重新找回了创作《晚年》时的心境,决心尽量多写作品留存于世。他将完成自己的艺术称为"唯一的生存之道"(《右大臣实朝》),全身心地投入其中。

平家光芒万丈。
那万丈光芒是否勾勒了毁灭的姿态?(《右大臣实朝》)

他选取了自己自青年时代便视作理想的形象——精神贵族"实朝",并将其宿命描绘得美丽无比,意图留下一丝日本残火的光芒。

一九四四年,他决定在有生之年启程,去探访他一生最大的支柱和敌人,也就是他的故乡"津轻"。那双淡泊的眼睛不带任何自卑和恐惧,而是从容地发现了同样存在于自己心中的"津轻人的反骨"、荒凉的北海风景,以及人情的稚拙之美。与《归去来》《故乡》的时期不同,此举绝非对封建性的臣服,而是带着批判性的现实审视。《津轻》是太宰作品中最不造作、最成熟的小说。它既是一篇行记,又完美勾勒了自己的心象风景。其中,太宰与乳母阿竹的重逢更是整部作品中最为感性唯美的抒情诗。

这次旅行似乎让他得以进一步平静。毕生宿命式的芥蒂不复存在，从而得到了质朴而超然的名为故乡的心灵寄托。他一头扎进了与战争全无关系的西鹤《新释诸国奇闻》与日本古典故事中。从伦理到心理，从心理到性格，在《御伽草纸》中，他第一次放手创作，写出了中人类永恒的悲伤，以及人类宿命式的性格戏剧。我会毫不犹豫地将充满幽默感的《御伽草纸》评为太宰治最高的艺术杰作。《摘肉瘤》将人类的悲伤和寂寥凝聚成了一种洗练而纯粹的形态。《噼啪噼啪山》讲述了超越人类善意的可怕爱憎和冷酷。他摘取出了人类从不改变的根源性原型，以一种古典式的简洁将其融入日本民间传说中。这部作品中没有"被选中"的造作，没有杰作意识，也没有"为他人"的刻板观念，同样，也绝没有妥协和臣服的姿态。

该作前言还写道："'啊，打响了！'说着，父亲放下钢笔站起身来。仅仅是听到空袭警报，父亲是不动身的。可一听到高射炮的射击声，就得赶紧给五岁大的女儿套上防空包头，抱着她钻进防空洞。这时，母亲早已背着两岁大的儿子在防空洞的尽头蹲着了。"当时正值日本遭到空袭的时期，太宰一家辗转三鹰、甲府、津轻，不断遭受战火侵袭，而且市面上全无可发表文章的杂志，作品不知何时才能问世。即便如此，他还是像着了魔一般写出了一篇又一篇作品，其热情甚至让人感到异常。(当时除两三个特例之外,几乎所有作家都停止了创作。)

他此时到达了一个境地,到达了道路的尽头。也就是说,他放下了自我之爱。

在这里,我要重新探讨太宰心中的"爱"。他怀抱的"为他人"的伦理观念在前期体现为共产主义思想及其实践运动。这些运动破产之后,那个观念又体现为对强大与邪恶的反叛。按照这个思路,太宰的中期可谓爱的时代。他意识到反叛不合理甚至邪恶的社会秩序,在现实中几乎无法实现,或者说,他处在不容许反叛的高压时代,爱成了"为他人"的唯一方法。他的前期说到底不过是自娱自乐,沉醉于"忘却了睿智的激情"。不仅如此,"自己一个人的正义观会破坏他人平稳的家庭生活"(《新哈姆雷特》)。通过这种反省,太宰的"为他人"转变成了对他人的爱。到了中期,基督教,或者说《圣经》的影响明显增大。难以消除的罪恶感促使他开始寻求上帝。

太宰本身是自恋人格,又本能地缺乏爱他人的能力,他将爱视作一种义务,因此显得崇高而艰难。换言之,太宰的爱并非性欲的爱,而是灵性之爱。而且出于分裂性气质特有的观念与行动的乖离,以及他奇特的表达障碍体验和斯多葛精神,太宰认为默默藏在心中,绝不表现在语言和行动上的纯粹精神,才是爱的实体。他以神明的绝对大爱,而且是"纵使不言不语，总有一天也能得到理解"的爱为理想。但是，经历过种种痛苦的体验后，他也忍不住开始怀疑那绝对的大爱。

"啊，果然，爱是言语。（中略）……无言的爱的表达之类，难道不是至今仍未被证实吗？（中略）不甘心，太遗憾。"他在《创生记》中的现实认知到《新哈姆雷特》便发展成了"无言之爱过去从未有过实例。因真爱而缄口，这是异常顽固之人的自以为是。说爱会感到羞耻。任何人都这样。可是，爱情的实体就在于紧闭双眼强忍羞耻，带着纵身跃入狂涛的觉悟高呼爱的话语。之所以沉默，说到底是爱得不够。是利己主义。是算计。是害怕过后的责任。这种行为能叫爱情吗？因害羞而不能开口，说到底就是更在乎自己，不敢纵身跃入狂涛。如果真的爱，就会下意识地说出爱的话语。哪怕口齿不清，哪怕是只言片语，那也是水满则溢的话语。（中略）若没有了话语，这个世界也会失去爱情。若你认为爱除了话语还有别的实体，那就大错特错了"。这些文字完美体现了拥有分裂性气质的人的自我意识导致的表达障碍及表达错乱，还有他对自我之爱的抵抗和百般烦恼。他在《津轻》描写过"切碎了给你，拔干净给你，摘下来给你，最后恨不得把心掏给你"这种津轻人令人困扰的"爱情表达"，最终到达了这样的哲学："礼的思想至微至妙。用哲学式的说法，就是爱的思考。人类生活的痛苦，以爱的表达之困难为最。

这种表达的拙劣或许是人类不幸的源泉。若能解决这个问题，君君、臣臣、父父、子子的秩序就会自然形成，人类就能从一切屈辱和束缚的痛苦中解脱出来。"(《惜别》)

事实上，他毕生的努力就是向人类求爱的努力。他的理想是人人由衷信任彼此的世界。他的烦恼是对人类的不信任、不理解，也就是与他人的隔绝。这成了贯穿其一生的重大问题。此时，他将唯一的解决方法寄托在了话语的表达，也就是文学之上。但是，太宰在中期开始承认人性本善、人有真爱，不再怀疑人的本质，还原原本本地接受了"君君臣臣"的既存秩序，希望仅以个人之间的表达解决问题。这样的妥协特质中包含着一个谬误。

然而，这个世界观或者说伦理上的谬误并没有立刻体现为作品的优劣之差。至少在表面上，伦理与艺术并不相关。艺术由作家根本的创作态度决定。将现实或伦理与艺术相结合，这是作家的深层意识问题。这一时期他之所以创作了诸多杰作，取决于他精神内部的一种态度得到了妥善处理。

> 可以说，我的全部苦恼几乎都集中在那个叫耶稣的人所提到的"爱邻舍如同自己"的难题上。(《如是我闻》)

也许没有人能想象得到，太宰究竟对这句话展开了多么深入的思考。可是一谈及爱他人，他就不可避免地陷入概念性的思考。就连苍白无趣的女人都能对丈夫怀有盲目而专一的爱情。他对自己爱他人的能力绝望了。这乃是他的生理问题，没有解决之术。

但是太宰在放弃爱他人的同时，也封禁了自我之爱。这是对自恋的破坏。他试图将自我的感情化为虚无。不爱自己，这就是他最终到达的境界。那已经不是自我牺牲。当他不再爱自己时，"为他人"这一戒律，以及"被选中"的宿命，所有造作和杰作意识，也就是与自我感情的一切搏斗都消失无踪了。现在的他已经不再因为自己而感到内疚，可以写出为自己的文学了。《津轻》以后的作品都具有轻快洗练的气质，那就是自我感情消失后的轻快。但是这种完全破坏了自我的状态蕴含着本质性的危机。也就是说，他已经没有下降和反叛的对象了。但是在这一时期，战争及对战争的反叛还支撑着他。

如今通读太宰治全集，会发现他几乎没有受到战争的影响，仿佛战争从未发生过。他始终贯彻着对战争暗含否定的无视态度，可以说，太宰治是日本唯一一个将思想实体化，并坚持下去的作家。但是反过来说，也是战争支撑了他一以贯之的态度，以及他的作品。对战争的下降式审视让他的作品始终没有走上错误的道路。换言之，战争促进了太宰治的多产。甚至可以得出一个悲剧性的结论：对他这样的作家来说，邪恶的现实是产出艺术的必备条件。

战败与新现实——后期

太宰治先后在三鹰和甲府遭遇战火,最后在津轻老家迎来了日本战败之日。在那场残酷的战争中,他在作品中贯彻了对战争暗含否定的无视态度,因此有人会想象,他对战败也不会表现出明显动摇。可是日本战败之后,他受到了超乎想象的打击。随着战争的失败,他在空袭中坚持不懈的创作活动戛然而止,每天在故乡坐看世间的一切,过着无所事事的生活。

> 日本无条件投降。我心中只有羞耻。羞耻得说不出话来。(《苦恼的年鉴》)

> 不是战败,而是毁灭。(同上)

这两句话代表了太宰当时的心情。前者是对战争失败的坦率的生理反应。"八纮一宇、圣战、皇军、必胜、一亿玉碎",曾经如此口出狂言的日本就这样投降了。这让他感到无比羞耻。他无法将战败视作自我世界之外的一个现象。他将其当作了自身的羞耻。经历战败,沉睡在他体内的天生的高傲、洁癖、爱国之心,以及封建式人格猛然抬头。他对养育了自己的古老日本的热爱,以及对同胞的热爱顿时激荡起来。他体内的古老封建式人格甚至说出了"越来越多人责骂天皇。可是唯有到了这种时候,我才意识到自己一直以来多么深爱着天皇"(《苦恼的年鉴》)。乍一看,太宰似乎因为日本的战败而转变为了天皇主义者和保守反动派。然而,这其实是他内心的陈旧部分做出的生理反应。

与之相反,"不是战败,而是毁灭"这句话代表了他的理性现实认知。一直以来养育自己、支撑自己的亲切事物,层层叠加、压抑着他的沉重事物,或者说,整个古老的日本彻底毁灭了。这句话既表达了深重的绝望,同时也隐含了全新的希望。太宰深受共产主义的影响,曾经说过"我相信唯物史观。(中略)这是我十年来的信条,甚至已经融入肉体,十年后也不会变"(《虚构之春》)。在他看来,帝国主义战争的失败自然意味着明治以后封建式资本主义国家日本的灭亡,而且这样的国家必须灭亡。他开始相信,此刻正是实现理想新社会的时候。

> 新现实。
> 全新的现实。啊,我要用更响亮的声音高喊这句话!
> (《十五年》)

他认为,旧日本的秩序已经灭亡。人们已经不需要"爱的思考"这种沉重战争中的姑息之举,而是得到了同时进行社会变革与人类变革，甚至超越变革，创造全新的、不存在污浊的社会与人类的唯一机会。他曾经脱离了共产主义，陷入永无天日的黑暗，始终抱持着罪恶感，过着隐忍的生活。他相信，这是推翻一切的唯一机会。

他还出席了青森地区的共产党重建会议。他怀抱着革命将近的希望，比其他作家更早一步开始创作小说。他于战败那一年十月在地方报纸上连载的第一部新闻小说《潘多拉的盒子》，有着此前绝对不可能看到的明朗而积极的风格。那是在结核病疗养院经历过死亡与虚无，最终重生的青年写下的一封充满希望的书信。"人类绝不会断绝了希望"，这是向深陷在昏暗和迷失之中、尚未找到自我的人们直接发出的呼喊，这是一种指导和启蒙的语调。他一直以来的否定和下降的思想与文体变成了肯定和上升的思想与文体。

> 我的周围已经跟我一样变得明快起来。接下来就无须任何话语，只须迈着既不快也不慢，至为理所当然的步子向前行进。这条路通向何处？你不如去问蜿蜒伸展的植物藤蔓。藤蔓定会回答你："我什么都不知道，但我伸展的方向，总会有阳光。"（《潘多拉的盒子》）

这是太宰道出的第一句积极的话语。一切都直截了当，健康向上。《潘多拉的盒子》通篇都是这种轻快而肯定的态度。

但是他在写作的过程中，突然产生了无聊寡淡的心情。他在写给井伏鳟二的书信中提到，自己中途改变了构思，不得不匆匆结束。他一开始明明如此积极，为何会变成这样？

那是因为太宰重新认识到，自己在听闻日本战败时预想到的现实与实际的现实全然不同。旧日本非但没有灭亡，甚至毫无改变。人类旧态依然，还在死守着旧习惯与微不足道的利己主义，可谓纹丝不动。无论在故乡津轻这种乡下，还是怀抱期望前去的东京，情况都是如此。

> 这个都会虽有了些形而下的变化，但形而上的本质却是不变。可谓笨蛋不死，则无可救药。（《圣诞快乐》）

所有应该主导变革的领导者和文化人几乎都是搭便车主义者，满足于在浅显之处空费力气。所谓的新现实只存在于搭便车主义者的白日梦中。然而，他也曾高唱过那个新现实，这就导致了他对自己的无比厌恶。

> 我突然感到异常忧郁。
>
> 我又想迁怒于人，喝酒解闷了。因为我看到，日本的文化又要进一步堕落了。近来所谓"文化人"高叫的什么主义，对我来说都充斥着沙龙思想的臭味。他们若无其事地想，若能搭上这股风潮，或许我也能当个成功

人士。然而我只是个乡下人,做那种事实在过于羞耻。我无法隐瞒自己的感受。我只觉得那些主义早已失却了被发明时的真实意义,就像游离于这个世界的新现实之外,正在徒劳地空转。(《十五年》)

最让太宰感到失望的或许是当时共产主义者的态度。太宰认为,战败之后,传统的统治阶级崩塌,自然而然会爆发革命。可是统治阶级在茫然自失的同时,共产主义者也在茫然自失,只顾着为占领军带来的解放欢欣鼓舞,仿佛世界迎来了春天,忘却了反抗精神,高唱起和平革命。

现在就连社会主义也堕落成沙龙思想了。我仍然无法赶上这个时代的潮流。(《十五年》)

在领导者堕落、主义思想空转的期间,千载难逢的社会革命、人类革命的机会就这样溜走了。没有人像太宰那样,对长年抱有的根本问题、思想挫折、罪恶感、人类的软弱,以及从它们出发的全新伦理进行过深入的思考。

我不禁感到,我们目前最记挂的事情,最让我们内疚的现实,都没有得到日本"新文化"的关注。它就这样一掠而过了。(《十五年》)

于是，他产生了日本还将继续变坏的预感。

> 这样没有意义，再回到十几年前灯红酒绿的时代毫无意义。若到了最后，反而战争的时代更有意义，又是何等凄凉。一不小心，真的会变成那样。(《十五年》)

时至今日，我悲哀地发现，他对日本未来的预感竟全都应验了。针对日本战败之后犯下的历史性错误，这是最快而且最精确的批判。这种清醒而厌世的现实认知使他再也无法继续创作充满了积极倾向的《潘多拉的盒子》。

自《冬日烟花》开始，明亮的希望变成了暗淡的绝望，上升转为下降，善意转为恶意，一切如同雪崩，转眼之间变得再不相同。这一激烈的转变是因为太宰对现实的绝望再认知与他对自己的绝望再认知纠结在一起，形成了相乘的效果。

这种转变源自他对写下《潘多拉的盒子》那个上升式的自我，对《潘多拉的盒子》中展现的陈旧的自我产生的否定认知以及难以抑制的厌恶。事实上，如今重读这篇作品，我也可以说，它是太宰笔下最无聊的一篇。作中暴露了太宰身为作家的真实、矛盾的弱点和陈旧的认知。这点在文章的下一个部分也表现得十分明显：

所谓自由思想（中略），其本来面貌就是反抗精神。或许也可以称之为破坏思想。它并非摆脱了压制和束缚之后才开始萌芽的思想，而是与压制和束缚同时产生的反应，是斗争性质的思想。（中略）有了空气的阻力，鸽子才能飞翔。没有斗争对象的自由思想，就像在真空中振翅的鸽子，根本无法起飞。（中略）可以说，每个时期的自由思想都有不同的内涵。（中略）容不得一天的安宁。其主张会每日更新，也必须每日更新。

身处现在的日本，再去痛骂昨日的军阀官僚，已经不是自由思想了。那叫搭便车思想。真正具有勇气的自由思想家现在最应该高声呐喊的是"天皇陛下万岁！"。这在昨天尚且陈旧，不仅陈旧，甚至有欺诈之嫌。可是到了今日，它便是最新的自由思想。（《潘多拉的盒子》初版[1]）

太宰一直以来坚守的作家的真实及自由精神，正是因为有了战争这一邪恶的抵抗对象方得以存在。如今没有了战争的压制，而且那种压制还被来自外部的力量驱除，他就再也无法飞翔。引用文字的前半段体现了明确的认知，那是对日

---

[1] 河北新报社刊行的初版。一九四七年双英书房再版时，作者将这部分删除。其中一部分在《十五年》中有引用。

本战败后的悲剧性矛盾的认知,是对自由思想家及革命家的严厉批判。但是与之相对,后半部分的倒错(文章再版时,太宰亲自删除了这段文字)就是他在日本这片土地上成长时形成的陈旧的尾巴。拖着这条尾巴高呼革命,这里体现了他的本质性矛盾。

这便是太宰对自身的否定式认知。他受到敬爱天皇的传统思想束缚,拖着封建的尾巴,沉痛地发觉自己已经是注定灭亡的,甚至已经灭亡的阶级的一员。"漫长的冬天,不分昼夜,埋在雪下面忍受着,究竟是在等待什么啊?令人毛骨悚然啊。雪消失后,以这样显得肮脏的面貌出现时,生命并不能复苏,只能就此腐烂下去。纵使迎来了春天,对于这些枯旧的落叶而,也毫无意义。在雪下坚持了很久很久,是为了什么呢?雪消失了的时候,这些枯叶什么也做不了。这叫作无意义。(中略)十年,甚至更久,忍耐着,坚持着,仿佛虫子,感觉好不容易活了过来,(中略)宛如走进了毫无意义的命运哪。"(《春天的枯叶》)

自己分明是这样的存在,却一度误以为自己是新人类,违背真实,装出一副领导者的模样,对人们高声呐喊,一如那些堕落的、抱持沙龙思想的领导者。他对《潘多拉的盒子》中暴露的,沉醉于上升感性的自己产生了无止境的自我厌恶。也就是说,他意识到,面对日本战败后的现实,必须以下降的目光,而非上升的目光来审视。他意识到,自己必须否定再次走上了错误方向的日本。

可是仅仅这样还不够。他也有写不出来的东西。他在《春天的枯叶》中写道："你可听过'那个人／不是你／那个人／不是你／我等的人／不是你'的歌曲？这是近来流行的歌，名叫《打开门扉》。你不知道吗？没听过吗？真让我意外。相比通篇充斥'怠慢'二字的法国革命史，现代的流行歌曲对我们而言至少更重要，不是吗？（中略）'那个人／不是你／那个人／不是你／我等的人／不是你'，这歌词真不错。听说这是失恋的歌曲。多可怜呀。来，喝一杯吧。"曾经，太宰私下偷偷告诉我的朋友吉本隆明："这里的'你'是指美国。"带着这个想法去读，就会发现太宰那个时期的作品有很多让人恍然大悟的地方。太宰十分气愤国土被美军占领，因此他认为，自己必须反对由于美国占领政策而被生造出来的日本新文化。基于他青年时代养成的唯物主义世界观，这是理所当然的结果。同样，他在日本战败后突然高喊天皇万岁，强调爱国精神，也可以理解为他对美国占领日本的不满，对日本人卑微之态的反叛。

可是，当时的我们只能将其理解为一种保守的，甚至反动的态度。这也证明了那个时期针对美国的批判需要克服何等微妙的困难。困难在于日本没有靠自己的力量获得自由，而是被美国解放，而且自由思想、民主主义，甚至共产主义，都与美国的资本主义秩序融为了一体。这便是日本战败时的复杂形势。在当时，针对美国、针对新文化的否定都被视作了保守甚至反动。而且太宰的反抗中还残留着封建式的民族主义，更容易被人误解。他看穿了日本必须由美国主导民主革命的悲剧宿命，同时对日本人的态度感到了绝望。（仔细一想，太宰看待文明的态度源自他的性格特征，可以说与美国的文明存在着本质上的对立。）

破　坏

就这样，太宰出于对现实的认知，展开了对现实的反叛，出于自我厌恶，展开了自我破坏，换言之，就是同前期一样，开始了剧烈的下降运动。《冬日烟花》《春天的枯叶》两部剧本可以说是下降运动的宣言。针对《潘多拉的盒子》中描绘的甜美梦想，他用"桃源乡、乌托邦、老百姓，多么愚蠢。一切都愚蠢至极。这就是日本的现实。来吧，日本的领导者们，请拯救我们吧。你们能做到吗？能做到吗？哼，随你的便吧。我要去东京找我的相好。我要堕落到最底层。要那思想做什么。（中略）不要，不要，这不是好事。现在的日本，没有一个人能带来好消息，肯定都是不好的消息。啊，这也是烟花，冬日烟花。我憧憬的桃源乡，可悲的决心，全都是愚蠢的冬日烟花"加以推翻，做出了全盘否定。

与此同时，短篇作品的样态也发生了剧烈的转变。战争刚结束时，太宰写道："这下我终于可以随心所欲地创作。"（《十五年》）并写出了宛如重回中期伊始的明快、体现了艺术至上主义的短篇（即《津轻通信》这篇以不同人物心理为题材的作品），但是到了这一时期，他的文字渐渐变成了冷笑式的、暗含文明批判的东西。《亲友相处》《男女同权》《叮叮当当》《圣诞快乐》《母亲》《磷光》《犯人》《女类》《候鸟》等作品都暗中讽刺了战败后临时拼凑的民主主义和新文化。这些看似聊天的短篇（不容忽视的是，他的所有短篇创作都带有浓重的落语的影子）十分潇洒巧妙，然而触动不了读者的心弦，宛如隔靴搔痒的风格主义。

没错，当时的新文化不足以承受他的恶意。那不过是一夜之间构筑起来的、美国产的肤浅新文化，没有诋毁它的必要。诋毁了也没用，相反战败之后的现实秩序充满了善意。站在他的世界观角度，无法真正反对这种至少是向往着民主革命的善意。如果反对那种善意，这意味着成为旧秩序的同盟。他对在根基处构成了国际资本主义一环的占领政策固然心怀猜疑，却无法将其嗤为具体的邪恶征兆。而且当时还不存在批判的自由，于是他的目光渐渐离开了迟缓的政治和社会，转向对他来说更为本质性的人类，以及自己的内部。换言之，他的转变来得太快了。

对于自我，只要处理好《潘多拉的盒子》中的上升感性和因为希望而膨胀的自我感情，就不再有任何问题。仅凭《冬日烟花》和《春天的枯叶》两篇作品，仅凭表明意志的宣言，就足够了。因为他那自我感情的昂扬不过是一时的迷失。然而一旦完成了处理，他就会迎来根本上的危机。那就是在战争末期，自恋被破坏殆尽之时就应该到来，但后来因为持续反对战争而有所拖延的，自我内部可破坏之物不复存在的危机。而且社会秩序不再像战争期间那样带有明确的邪恶性质，反倒存在着善意，成了不堪一击的东西，于是他的外部也不再存在任何值得反叛的东西。换言之，他的下降已经到达了尽头。那个短篇中呈现的风格主义，就是在创作《冬日烟花》和《春天的枯叶》之后，出于惯性掩盖停滞的根本特征。

事到如今，他只能赌上自己，转向积极的对外进攻。他要挖掘出每个人内心潜藏的邪恶和伪善、躲藏在虚伪幸福的阴影之中的恶意，对其发起攻击。他开始认为，现代的根本危机、阻碍理想社会发展的东西，并非政治和社会制度，而是每个人心中潜伏着的陈旧吝啬思想和奴性。他为了挖掘这些东西，已经顾不上"也许会破坏他人的幸福家庭"。太宰引用了《圣经》中的句子："你们不要想我来，是叫地上太平。我来，并不是叫地上太平，乃是叫地上动刀兵。"彼时他心中所想的一定是用鞭子赶跑商人、踢翻卖鸽人板凳的耶稣形象。

太宰"为他人"的伦理观到这里转化成了揭发他者之恶。这是将他从根本性停滞中拯救出来的唯一道路，是打破艺术瓶颈的唯一方法。太宰若欠缺了伦理性，则无法存活，若没有伦理的支持，则无法创作。

他的攻击集中在"沙龙的伪善""重视家庭的利己主义"以及"奴性"之上。尤其是针对"炉边的幸福"，他发出了"家庭幸福乃万恶之本"（《家庭的幸福》）的呼声，立下了破坏它的壮志。因为这是他最崇敬的目标（甚至是中期的生活理想），而且他确信这是盘踞在自我内部最为根深蒂固的愿望，所以更要将其视作"敌人"。他认为家庭幸福的愿望会从根基处摧毁所有人类的崇高决心，会成为滋养旧道德的温床，是人类的脆弱之处。（然而他此时尤其针对"家庭幸福"的态度与嫉妒无异，确实显得异常。说句有点涉及私事、让人不愉快的话：在得知他曾经难以忍受不能说话的长子，甚至想过与之同归于尽的事实［《樱桃》］之后，我产生了太宰果然也是"人子"的感慨。）

为此，他首先必须破坏自己的家庭幸福，必须牺牲他深爱的妻子，否则没有资格攻击他人。事到如今，他已经别无选择。只能说这是他的伦理洁癖导致的悲剧。

舞台继续旋转，前期被隐藏的阴森杀伐再次来到正面。而且这次不仅是他一个人，还多出了妻子和儿女，因此笼罩上了前期所未见的凄绝阴暗。内心脆弱的他牺牲了家庭。"为义而玩耍，在地狱的心境中玩耍，拼上了性命玩耍。（中略）义。义是什么？我不明白。但是亚伯拉罕意欲刺杀独子，宗吾郎上演了与子别离的场面，我必须凭着一腔意志，毅然投身地狱。"（《父亲》）他深知故意破坏的行为何等残酷，"于我个人而言，正因为有了父母，孩子才无法成长""所谓义，正如男人无法忍受的可悲弱点"（《父亲》），因此，他才会用伤口流出的鲜血创作了《父亲》《维庸之妻》《阿赞》《女类》《家庭的幸福》《樱桃》等作品。

在这一时期的作品中，太宰的价值观念完全颠倒，善恶异于寻常，令我不由得感到惊讶。"父母比孩子更要紧"（《樱桃》）、"为义而玩耍"（《父亲》）、"家庭幸福乃万恶之本"（《家庭的幸福》）。因为爱，所以要杀害；因为美，所以要覆灭。《女类》《家庭的幸福》之中甚至体现了让人不禁掩面的阴郁。要反抗一切既存的秩序，并将其破坏，这便是作品流露的太宰舍命式的下降姿态，而在这种姿态中潜藏着极深的冲动。这种冲动激发了我内心世俗的卑微和怯懦。这是针对既存道德、秩序和价值的一柄利刃，剖析出了它们的虚伪性。

但是此时，太宰的真实生活却处在自我与他人相混淆的状态。他接受报刊杂志的邀稿，写文章赚稿费，被一群人簇拥着，四处请客，花钱如流水，就像一个毫无意志的人，过着完全丧失了自我感情的生活。我认为，他此时再次进入了精神异常的状态。从《叮叮当当》的倦怠的虚无感开始，他逐渐表现出了症状。因为不断煎熬自己的强烈伦理观,因为面对无可救药的现实而生的绝望感,也因为报纸杂志催稿的压力,以及胡乱注射药品,他主动加重了自己的病情。《维庸之妻》的文字看不到一丝意志与感情,透着随风飘摇的异样感。其后期作品几乎都有一种轻浅、无抵抗的特征,又随处体现出天才灵感,整体看上去像是放弃了一切结构,完全不像正常人所写的文字。在此之上,他还抱持着具有极强伦理性的主观性,体现出倒错甚至病态的自我中心,既有超乎寻常的敏锐,同时也伴随着迟钝,已经是分裂症患者的普遍症状。如此说来,从读者的角度去看,他的作品也散发着一种让人毛骨悚然的感觉。

对他来说,日本战败是难以言喻的打击。其后的日本社会和日本人又给他造成了超乎想象的绝望。他的眼光过于透彻,意识中全然不带自我感情,因此过于清楚地看到了战败后的日本全无希望,到处充满了不好的征兆,因此只能"不断喝酒,昏沉度日"。

而且,他自己深知毫无用处,只是为了反叛而表达出来的倒错的伦理观念和价值观念,竟在表面上轻易被社会上的人所接受,甚至没有一丝悖论式的意义。他不再是少数派,不再是反立法者,而成了社会典型为大众所接受。他一跃成为文坛的宠儿,成为流行作家,让他更是狼狈不堪。不仅如此,他带着毁灭的心情写下的陈旧之物、没落之物,以及悲怆的抒情之美，都激发了当时处在虚无状态的人的共鸣。就这样，他成了战后派，甚至是肉体派！他被贴上了种种标签，并遭受到立足于错误评价之上的左翼的公式化批判，所有这一切都产生了与他的意愿相悖的结果。就连他殚精竭虑写出来的艺术作品《斜阳》也不能例外。

此时，他预感到了自我精神的破灭、肉体的衰亡（肺结核病情正在加重），以及死期的临近。他再次寻回《晚年》的心情，决心行事。

他试图让《斜阳》成为自己最杰出的艺术作品。面对这个与自我的异常性过于相似的社会，他反其道而行之，颠覆了自己的玩具箱。他试图通过《斜阳》寻觅到让缺乏生命力的自己活下去的价值，寻觅到拼命活下去的艰难道路。他想开辟一条突破瓶颈的新的下降之路。他在和子身上寄托了"人正是为了恋爱和革命才来到世上"的思想，为此"可以无视旧的传统道德"，在这个邪恶的社会上"温厚驯良如鸽子，敏慧灵巧如蛇"那样活下去，这便是他赌上了一生得到的新的下降、战斗的伦理。然而，他吹响的战斗号角是何等无力啊。缺乏生命力的太宰只能将和子、将新的伦理作为可能性去想象。然而事与愿违，他寄托在母亲身上的，自《实朝》以来便憧憬的精神贵族的美丽灭亡，寄托在直治身上的，对前期的自己过于强烈的亲近感，以及寄托在上原身上的，徒有工匠形骸的、宛如黄昏的疲劳感，都掩盖并削弱了和子身上的希望。换言之，交响乐式的艺术性与"希望没有立足之地"的绝望反而浮出表面，冲淡了新的希望。但正因为如此，作品才被赋予了宛如天鹅绒的细腻触感，可以称得上真正的艺术品。

太宰用短篇的细腻笔触书写了长篇。他是一个典型的短篇作家，在动笔前便已计划好了最后一行的写法。为此，《斜阳》的后半部分也呈现出了他对长篇结构的生疏。可以说，他并非逻辑型作家，而是感觉型作家。他的本领在于优美的字句。他绝不把话语视作单纯的材料。"随时都与齿轮正确联结"（《风闻》）的话语是唯有太宰才能写出的东西。试问，《斜阳》这个标题在当时打动了多少人的心？

    生命的黄昏。艺术的黄昏。……于特里约……衰弱。霜。Frost。

这样的话语不仅存在于《斜阳》，而是遍及所有作品，如同一个共鸣体。其中凝聚了他的全部存在，让我们的内心无限震颤。我之所以认为他与其说是小说家，不如说是思想的诗人、话语的艺术家，原因就在于此。

他自觉到自己并非逻辑型作家后，便极度畏惧逻辑性、合理性和科学性。他恐惧将自己定义为狂人的科学。他认为，在艺术的范围以外，感觉说到底并非逻辑的敌人。他很害怕主观的真实在常识面前会彻底崩塌。那已经是一种被害妄想。所以，除了艺术作品之外，他不做任何发言。不仅如此，他在生活中也一直抗拒逻辑性。所以他才会将生活与艺术混淆。但这只说明了他的思考并非源自理论，而是直观和感觉，他依旧是日本唯一的思想型和伦理型作家。

然而，"过往岁月，我抱着独自战斗的想法一路走来。如今却觉得自己随时可能败下阵来，越发难以克制心中的惶恐不安。（中略）我的战斗——用一句话来说明，即与因循守旧者之间的战斗。与人们司空见惯的装腔作势战斗，与显而易见的阿谀奉承战斗，与狭隘之物、狭隘之人战斗。我敢对耶和华起誓，为了战斗，我已经赌上了自己的全部。即使如此我依旧落得孑然一身、嗜酒如命的下场。事到如今，似乎已是穷途末路"（《美男子与香烟》）。

这是从一开始就明知没有胜算的战斗，但他还是没有投降。他第一次在作品之外的场合，在对他最不利的场合，发起了针对因循守旧者的战斗。《如是我闻》是对那些东西的最后反抗，是他倾注了迄今为止所有伦理的抗议。他对代表"沙龙的伪善"的法国文学家，对代表了传统家庭利己主义与暴力的志贺直哉破口大骂。他没有用逻辑，而是用痛快的咒骂发出了反抗。他最憎恨的就是沙龙中怀抱出人头地这种令人羞耻的上升愿望，戴着白手套的伪善学者，还有除了重视家庭的利己主义之外毫无伦理道德可言，唯独自信过剩，对弱者施加暴力的假冒文学家。他将这些人视作毕生的大敌。如今，他对那些人痛快地抒发了愤怒，又预感到自己的死期将至，只剩下最后一项工作。

《人间失格》

此时，太宰治眼中的一切都是邪恶的征兆，他再也找不到丝毫的希望。时代违背了他的预想，一味朝不好的方向倾斜。他感到，现实的一切都成了自己的敌人。他只能不断反抗，不断保护自己，然而精神和肉体已经疲惫不堪，再也无法承受那样的重压。他破坏了炉边的幸福，痛骂了沙龙的伪善，攻击了卑微的奴性，他的声音渐渐变得近乎悲鸣。而且流行作家的生活也在慢慢侵蚀他的身心。他甚至忍不住说出了"如今却觉得自己随时可能败下阵来，越发难以克制心中的惶恐不安"。

再这样下去很危险，他会在重压下崩溃。此时此刻，太宰清楚地意识到，自己面临着此生最大的危机。

他决定再一次深入挖掘并检讨自己的一生。自中期以来，不，应该说在整个生涯中，他都在拼命压抑一种自卑。现在，他要将它尽数吐出。他要向整个社会揭示自己毕生的苦斗，自己的真正面貌，自己心中的真实。他要通过这一举动，向世界、向全人类、向神发起正面的反抗。他要再一次"为自己"去否定一直以来"为他人"的伦理，并寻觅埋藏在前方的、对真实人类的爱。他要纵情批判并否定自己的一生和自我，并将其打造成最完美的艺术，使之成为永恒。

太宰治决定赌上一切，创作《人间失格》。

但是，我似乎没有必要在这里重新讨论《人间失格》。因为此前写下的一切都可以称之为"《人间失格》论"。至少我是带着这个意图展开论述的。如果太宰没有写《人间失格》，我绝不会这样去理解他。

然而，他遇到了危机。他的死远远比他预料的要早，肉体的衰弱也出乎意料。人类一旦下定这样的决心，死期就会迅速逼近。而如果死期没有逼近，人也不会下定这样的决心。《人间失格》就是这样的人类悲剧。其内容极其深刻，但是在艺术成就上，却体现出了笔力的衰竭。这就是太宰直面的悲剧性事实。

"我曾看过那男人的三张照片。"读到以这句话开篇的前言时，我为那种不知该如何形容的、苍白的虚无感震颤不已。那种感觉我永远都无法忘却。在此之前，我从未读过能让人瞬间陷入某种感觉的文章。我意识到，这个作家经历了我们无法想象的、充满了深重苦恼的人生，一直沉浸在与常人全然不同的深刻的精神生活中。出于这种确信，我写下了这部评论。

在《人间失格·手记之一》的开篇，太宰写道："回首前尘，我的人生充满了惭耻的记忆。对我而言，究竟应该拥有怎样的人生，我完全参悟不透。"他通过主人公在人类社会生活中形同异乡人的设定，将这个社会的一切既成价值观——日常习惯、道德、制度、法律等概念还原到原始状态，并从自身的主观角度出发加以批判，使得揭穿其假面成为可能。他描绘了主人公忠于自我、忠于自身的感觉（将主人公设定为必须忠于这些），同时也试图忠于社会、忠于现代，始终无法舍弃对人类的真正求爱，因此痛苦一生，并被人类社会葬送、且行且败的过程。

《人间失格》既是太宰治经历过独特一生后的艺术式精神自传，也是普遍的人类精神史。若从不同的角度加以审视，它又是拥有分裂性气质的人毕生真实的自我告白。从这个意义上说，《人间失格》塑造出了所有时代共通的人类形象，同时也通过对照突出了压迫人类存在的社会秩序的残酷，因此可以说是象征了现代社会秩序对人类施加的最为严重的暴力。它并非十八世纪以来社会上升期中所谓的教育小说，即自我形成与自我成长的自传，而是逐渐丧失、逐渐崩坏，最后不再能被称为人类的自我的自传，可以说最为迎合现代这个衰亡的时代。（我认为，现代社会的现实结构酷似分裂性气质的心理结构。在这个意义上，太宰也是典型的时代之子。）

太宰不仅在《人间失格》中尝试了对自我的完整塑造，

还第一次塑造了与自己完全割离（而非分身）的他者。他将堀木和比目鱼描绘成了被自己视作毕生大敌的、具有常识且擅长算计的利己主义者，也就是在《新哈姆雷特》中试图用克罗迪斯这一角色来表现，最终却未能成功的社会人丑恶的典型形象。那是几乎每个社会人都拥有的无意识的恶。人们本来甚至不认为那是一种恶，而太宰通过伤害主人公大庭叶藏，将那种恶与其纯洁的形象进行对比，强行把读者吸引到主人公身上，通过他的双眼让读者看到这些人的恶，最终得以将这种恶揪出来摆在众人面前，清晰地勾勒出它的形象。这一成功的刻画甚至让我忍不住为堀木和比目鱼这两个被塑造成永恒恶人的人物默默祈福。

自从二十七岁那年的 *HUMAN LOST* 事件以来，太宰就不再有作为人类而活的认知。而四十岁的他在文章结尾写下了"我今年才将满二十七岁，（中略）人们大都以为我已经四十有余了"。并且，他还巧妙地用《人间失格》去呼应 *HUMAN LOST*，通过二者的重叠整合了自己的前期、中期与后期。

他将自己中期以后，甚至迄今为止发表的全部作品蔑称为"漫画"。他声称自己唯一的杰作是想象中的"失落的杰作""怪物的自画像"，就像"一杯饮剩的苦艾酒。我暗自在心里用这个词来形容那永远无法弥补的失落感"。创作《人间失格》对他而言就是喝干那"一杯饮剩的苦艾酒"。

极度恐惧同类的人反倒更渴望亲眼看见恐怖的妖魔，越是神经质而易受惊的人就越渴望暴风雨变得更强烈一些。啊，那一群画家被名为人类的怪物所伤，饱受惊吓之后终于开始相信幻影，在白昼的自然中看见活生生的妖魔。但他们绝不会对眼前的光景装聋作哑，而是努力将自己的所见表达出来。正如竹一所说，毅然画成了"妖魔画卷"。

这就是他创作《人间失格》时的决意。

停笔之后，那竟是一幅连我自己都为之震惊的暗淡凄惨的图景。然而，这正是我多年来深藏在心底的本来面目。

这可以说是太宰写下《人间失格》的感慨。

他第一次没有创作"为他人"的漫画，而描绘了"为自己"的自画像。

这样的《人间失格》不论好坏，都展现了太宰的一切。如今翻开再读，《手记之一》《手记之二》暴露了他的众多弱点。他为了让读者理解自己是对"人类的营生"懵懂不知的特殊人类，很多笔触都过于刻意，显得不自然。另外，他的名门心理这一可悲弱点直到最后都无法消散。前半部分的低调可以理解为：书中描绘的那个时期的太宰的战斗是与世界的战斗。也可以说，那是太宰面对世间的目光，不得不装成小丑的性格弱点。

但是，从《手记之二》的后半部分读到《手记之三》，那样的弱点就完全隐藏了起来，转而呈现出让人不自觉被吸引的感动，如同清冽的池水将你不断推向深处的静寂。与主人公投水殉情的常子那秋天一般的孤寂，主人公心中所见的比目鱼母子悲惨的生活，静子母女俩小小的幸福，良子如同青叶瀑布那般具有纯洁的处女之美，这些都深深渗透到了我的心底。我的感动完全来自太宰纯粹的心灵之美。放眼别处，哪里还能找到如此完美地咏唱了自身灵魂之美的艺术？

《人间失格》是内心真实的美好和正义，与由堀木、比目鱼所代表的俗世之恶的战斗。主人公在外界的常识性目光中，是个无比愚蠢的人，但是通过作者内心的真实力量，他激发了读者深深的共鸣。主人公对人类的爱显示出了无与伦比的美。

对人类罪恶本质的追求。对懒惰敷衍的堀木的由衷愤怒。彼时尚未学会怀疑他人的良子因为不懂得怀疑而遭到侵犯。为何美丽的事物和纯粹的事物竟要遭受责罚？

纯真无瑕的信任是一种罪过吗？

我问神明：信任难道是罪过吗？

太宰将自己的全部存在都押在了这几句话中。他对真实的信任被彻底打破。他为此苦恼万分，却被人视作狂人，可他依旧信任自己的朋友，因此被送进精神病院，剥夺了为人的资格。

我问神明：不抵抗难道也是罪过吗？

于是，太宰提出了毕生的疑问。他靠自己已经无法解答。

此刻，他第一次呼唤了神明。那不是既存的神，而是超越了自己、超越了人类极限之处的绝对的存在。他在乞求，如果神真的存在，请回应他的呼唤。

针对这样的作品，人只能发出"是"或"否"的回应。要么肯定太宰的全部存在，要么将其全盘否定。

放眼全日本，我从未见过如此深入探究了人类存在本质的作品。我相信，纵使《晚年》《新哈姆雷特》《御伽草纸》《斜阳》最终会被人们忘却，但唯独《人间失格》将被人们常读常新，永世流传。

太宰写完《人间失格》后，恐怕只剩下等死。可以说，他此时已经丧失了曾经将他从死亡线上拉回来的东西。尽管如此，他也找不到主动寻死的积极理由。

如果他能够从伴随完成《人间失格》的充实感产生的疲劳中恢复过来，或许会再次开始积极的活动。但是由于纯粹的肉体上的衰弱，他感到死期将至，便为《朝日新闻》向他邀稿的连载小说起了 *Goodbye* 的标题。（这部未完成的作品最适合展示太宰光明的一面充满了什么样的幽默感。每次读到这部作品，我都会不由自主地露出笑容。）

此时，他已经不在乎世间之事。他此时一心等待的就是上天降下责罚，用不灭之火将他的身体与灵魂焚烧殆尽。摘自《圣经·诗篇》的《樱桃》题记"我向山举目……"让我产生了无限感慨。太宰并没有写下后半句"我的救赎从何而来"，由此可以窥见他的决意之深。

后来，碰巧迷恋上他的女人（在《人间失格》中，她被描写成骗主人公服下了海诺莫丁的老女佣）因盲目的爱情对他产生了独占欲，加之他天生性格软弱，实在无从躲避，于是以最符合"恶习之子""灭亡之民"的、无比愚蠢的方式终结了自己。他出于戏剧性的自我限制的习惯，在烂醉中被拖入深水，最终在一众媒体的嘈杂批判中了结了生命。如他所愿，他被架上了"颓废的十字架"。然而，他彼时正处在完成了《人间失格》的充实的虚脱状态，毫不在乎这一切。

但是，对我们而言，对必须生活在太宰所预言的邪恶现代的我们而言，他的死是一件天大的憾事。从那以后，我们再未遇到过像他的作品那般引人共鸣的文学，再未发现过像他那样纯粹而真挚的作家。面对今日的现实，太宰用其一生实践的强烈下降道路使我们确信：今时今日，必须让太宰治得到正当的复活。本书开篇的文字正是这个意思。

其实，太宰治的一生，可以说是一个性格软弱而孤独的人，为了忠于自己的宿命和伦理，不得不进行苦斗的生涯。他始终没有隐瞒自己的软弱，以及对自己不同于他人的恐惧，反而将其深化了。为此，他的真实人生屡受挫折，最终失败。但是，他通过深化这种欠缺，得以将自己的苦恼作为普通人类的本质问题加以表达。我们阅读太宰的作品时，都会为他笔下堕入极限状况的人类的真实姿态感动。太宰治终其一生所追求的目标就是为软弱之人寻觅真实的救赎，是创造软弱之人也能生存的理想社会。他拼尽所有，向阻挡自己的邪恶社会、道德和秩序发起反叛，而他的反叛又让弱小但美丽而真实的人拥有了勇气。太宰治提出的这个问题是人类最大且永恒的课题。

三　太宰治的作品

正如众多研究家所指出的，从年代顺序来看，太宰治的文学大体可分为三个时期。

前期以昭和七年（一九三二年）的《晚年》为始，到昭和十二年（一九三七年）的 *HUMAN LOST* 为止，为期五年。中期以昭和十三年（一九三八年）的《满愿》《姥舍》为始，到昭和二十年（一九四五年）的《御伽草纸》，也就是日本战败为止，共持续七年。后期从战后的昭和二十年（一九四五年）的《潘多拉的盒子》开始，到昭和二十三年（一九四八年）的《人间失格》、*Goodbye*，也就是作者去世为止，合计三年。

太宰治的文学由终其一生不曾改变的独特主题和强烈个性组成，其风格和氛围则被这三个时期明显划分。前期与中期、中期与后期还呈现出风格的明显对立，前期与后期既有微妙的交错，又呈现出一定的重叠。在《晚年》之前，还有一系列从少年时期开始的习作，以及受到马克思主义强烈影响的《学生群》等初期作品。这些作品在研究作者的成长过程、思想体验和文学形成时很值得参考，但真正能称为文学、可供赏读的作品，还要等到《晚年》以后。

太宰治以前——初期习作

昭和八年（一九三三年）二月，津岛修治二十三岁时，第一次以太宰治的笔名发表了作品《列车》。而与《列车》同一时期，或者较之稍早，也就是从昭和七年秋天开始创作的各篇，以《回忆》为始收录在《晚年》中，后来都以太宰治之名发表。因此正确来说，作家太宰治的作品从《晚年》开始，到 Goodbye 为止。作者本人也将自己第一次以太宰治之名创作的《晚年》称为处女作。

但是在《晚年》以前，作者还用另外的笔名创作并发表了诸多作品。这些作品与《晚年》以后的作品存在着很大的质量断层，其创作态度、构思及目的皆与后期大不相同，艺术完成度也相对较低。太宰想必不希望人们将这些作品列入作家太宰治的作品行列。然而，它们终究是津岛修治创作的东西，在研究太宰治的性格与文学形成时，它们都是非常重要的资料，起到了不可或缺的作用。这些作品尽管并不成熟，但也呈现出了后期太宰文学的萌芽，同时，它们也包含了作家成为太宰治之后舍弃的要素，极具研究意义。

于是，我决定将作者使用太宰治这一笔名之前，在同人杂志及其他媒体上发表的作品统称为太宰治初期作品，对其进行一番论述。（但不包括他就读中学时写在预习本上的二十篇作文及其他未发表在杂志上的非文学作品。）

太宰治的初期作品可按照倾向分为两个时期。第一时期从大正十四年（一九二五年），作者十五岁时发表的《最后的太阁》到昭和二年（一九二七年）十七岁时发表的短剧《名君》，这一期间的小说、剧本、散文可以说是追求艺术性的少年习作。第二时期从昭和三年（一九二八年）十八岁时发表的《无间奈落》到昭和五年（一九三〇年）二十一岁时发表的《学生群》，这些都是受马克思主义思想强烈影响，展示了阶级意识和社会问题意识的独特小说，在太宰的作品中呈现出了与众不同的色彩。

无法确定太宰治从何时开始对文学产生了兴趣，又从何时开始主动创作小说，但他的自传式小说经常提到，他从小学开始就喜欢书本和文学，并很擅长写作文。在《回忆》中，他写到了升上初中三年级的春天："我对一切都不满足，所以总在空虚地挣扎。我脸上贴着十张、二十张面具，看不清哪个有多悲伤。终于，我找到了一个排遣孤寂的渠道，那便是创作。那里有很多同类似乎都和我一样，凝视着这莫名的惴栗。当作家吧，当作家吧。——我暗中如此希望。"

太宰升上初三的春天，也就是大正十四年的春天。从这时起，他开始在校友会杂志发表作品，与朋友和兄弟策划各种同人杂志。这里收录的作品便是太宰暗中希望成为作家时进行的创作。

《温泉》是发表在《蜃气楼》大正十四年十月号上的作品，执笔时间为大正十二年十月十五日。当时太宰正在县立青森中学上初中一年级，这篇文章可以称之为作文。但是，太宰后来还是将它刊登在了《蜃气楼》上，可见他对这篇文章投入了心血，难以割舍。文中使用了众多拟声词，乍一看没有什么优点，但对皮肤感觉的形容和对心境的描写已经闪现出了太宰后来的才华。当时的津轻乡间普遍使用方言，一个在那里长大的少年用标准语创作文章，其艰难程度想必与用外语创作无异。

《蜃气楼》是他与弟弟津岛礼治、青森中学校友中村贞次郎等十人共同创办的同人杂志，于大正十四年十一月上旬创刊，创刊号为十月号。该杂志只有二十页左右，但是太宰积极参与编辑工作，每月都发表了众多作品。杂志在昭和二年二月太宰升上弘前高中后停刊，一共办了十二期，持续了一年又四个月。除了收录在该杂志里的作品，太宰还会撰写每一期的编辑后记，以及《同人诸价值表》《同人因果账》等幽默的杂文。

《最后的太阁》发表于青森中学《校友会志》大正十四

年三月号，是一篇充满文学少年炫学气息的作品。

剧本《虚势》于大正十四年七月执笔，发表在《星座》上。剧本以眼病治愈，但是不愿感恩的儿子的扭曲心情为主题，夸张地表现了主人公对家人怀有的自卑、对他人怜悯的反感等具有太宰特质的心境。《星座》是太宰与青森中学校友阿部合成等四五人在大正十四年夏天合办的同人杂志。

《角力》发表于青森中学《校友会志》大正十四年十月号。文章描绘了主人公故意输给兄长的心理，以及此事被朋友看穿的场景，让人很容易联想到太宰后来的作品，尤其是《人间失格》中的竹一。

《牺牲》发表于《蜃气楼》大正十四年十月号，这篇文章也描述了朋友之间的微妙心理。

《不服输与败北》发表于《蜃气楼》大正十五年一月号。四篇小文表达了必须优于众人，以败北为耻的少年太宰的高傲心境。与此同时，也能窥见他认可对手之才能的直率。

《地图》发表于《蜃气楼》大正十四年十一、十二月号合刊。文章依托历史故事的形式，同样描述了自尊心与败北的主题，可以发现它与《地球图》的思想连续性。

《我的工作》发表于《蜃气楼》大正十五年二月号，《侏儒乐》发表于《蜃气楼》大正十五年二、四、五月号，散文风的《佝偻》则发表于该杂志的大正十五年六月号。其主题是对容貌的过度自卑、常识性思考与心理的逆转。虽然稚气未脱，但是前者已经出现了小说的构思，后者则成了后来的格言式作品的原型，极具研究价值。而且，作品中还体现了太宰对天皇和皇室的异常关注。

《针灸师圭树》发表于《蜃气楼》大正十五年四月号，谈论了所谓美谈背后的真实。

《瘤》发表于《蜃气楼》大正十五年五月号。作品使用心理逆转的手法描述了对兄长的憎恨和不甘。

《将军》发表于《蜃气楼》大正十五年六月号。作品描写了主人公参观乃木将军遗物展览会时感觉上的厌恶，以及得知将军也是邋遢的人类一员时的喜悦，形成了描写上的对照。

《引人哄笑》发表于《蜃气楼》大正十五年七月号。作品描写了对用人的矛盾心理，构成了太宰众多作品中的女佣、书生、男仆的原型。以上几部作品皆以心理的逆转作为作品的主题。

《口红》发表于大正十五年九月刊行的《青子》第一期。作品主题是对容貌的自卑感，拘泥于装束却错过了真实，体现了烦恼"内在与外表哪个更重要"这一极具太宰特质的自恋风范。

《弥补》《再弥补》分别发表于《青子》第一期和大正十五年十月发行的第二期，都是格言式的散文。也许是同人杂志的性质所致，文章具有令人惊愕的锐利感和区分感。

《青子》这份同人杂志由当时正在就读美术学校的三哥圭治主编，以津岛兄弟为中心，吸纳了《蜃气楼》的中村贞次郎及圭治的朋友八木隆一郎等八名同人，于大正十五年九月创刊，十月第二期即停刊，太宰以辻岛众二的笔名在杂志上发表了作品。

《摩纳哥小景》发表于《蜃气楼》大正十五年十月号。这是一篇他炫技式的作品，用新感觉手法描绘了两个人的竞争意识。

《怪谈》发表于《蜃气楼》大正十五年十一、十二月号合刊。虽然随处可见炫技式的表现手法，但它也是一篇让人联想到《逆行》和《阴火》，以异常感觉为主题的作品。

短剧《名君》发表于《蜃气楼》昭和二年一月号，是一部才华横溢的剧本。

以上习作都充满了早熟的文学少年气质，从中可以窥见太宰欲创作别致文学作品的才气。但是，其中也出现了不少《晚年》以后的作品主题原型，其感觉之敏锐超乎常人。

昭和二年四月，太宰进入弘前高等学校（旧制），他初中时参与的同人杂志就此停刊。经过大约一年半的沉默，他开启了初期作品的第二时期。在此期间，芥川龙之介自杀，使太宰受到了极大震撼。他拜竹本咲荣这位女师父为师，学习净琉璃的义太夫节，还光顾青森和浅虫的料亭，结识了艺伎小山初代，过着颓废的生活。但是，他也接触到了当时在青年和学生之间如同风暴般席卷的马克思主义思想，为自己身为地主之子备感苦恼甚至恐惧，同时渐渐接近了那种运动。昭和二年到五年的弘前高中时代是太宰感受性最为强烈，从少年蜕变为青年的人格形成时期。

昭和三年一月，太宰治策划纯文艺杂志，吸纳同学三浦正次、菅原敏夫、小泉静治、服部义彦为同人，于五月创办《细胞文艺》，并包揽主编等一切工作。创刊致辞如下：

> 我们钟爱细胞那骇人的神秘性。你可记得，一个肉眼不可见的细胞在无声中逐渐分裂成一百万个细胞？有你这般洞察力的人想必已经猜到我们要说什么了。尽管如此，还是明说吧。我们想说的是："我们或许只是一个小小的细胞，可是且看，未来必有可期。"
>
> 虽然不逊，但我们对创作这门学问抱有怀疑，因此我们对"文学"一词感到单纯的厌恶。我们坚信，"创作不过是伎俩"。
>
> 我们要站在这引人发笑的文坛面前，完美地上演一连串极尽荒诞的杂技，最后扔下瞠目结舌的文坛，扬扬自得地拂袖而去。
>
> 至于这场傲慢无礼的闹剧中究竟会出现什么东西，就要交给聪慧的你来想象了。

该杂志从昭和三年五月号发行到八月号，七月号又有上田重彦（石上玄一郎）、小林伸男、南部农夫治加入社团，还得到了井伏鳟二、久野丰彦、吉屋信子、舟桥圣一、北村小松、八木隆一郎、井上幸次郎等作家的投稿。太宰每期都以辻岛众二的笔名发表作品，同时还撰写编辑后记和杂文。

《无间奈落》第一回发表于《细胞文艺》昭和三年五月号，第二回发表于六月号。据说第三回已经写成，但是没有发表，且《细胞文艺》六月号已经遗失，至今未能发现。

该小说以太宰的原生家庭和父亲为原型，描写了其幼年时期的环境，相当于《回忆》《人间失格》等后期自传式作品的原型。而且，他在本作中正面描写了父亲的角色，夸张地表现了大村周太郎这个人物及其非人的阴暗面。由此可以看出，太宰对身为地主的父亲及自己的原生家庭怀有怎样的矛盾心情和自卑感。此外，还可以看出他认为自己体内留着淫荡的血液，并从中察觉到了宿命性的东西。不仅如此，文中还描述了对容貌的自卑和对自身才华的优越感，讲到了女佣房、男仆、曲艺团和父亲的死，这些都是后来出现在《回忆》等作品中的题材。

该小说创作于著名的"三·一五"事件之后的三月二十一日，这一创作时间也包含了各种暗示。可以说，它是了解太宰文学形成过程的重要资料。

《俯出胯下》发表于《细胞文艺》七月号。这篇实验性作品以新的视点和方法描写了韩信受胯下之辱的故事，体现了太宰强烈的发迹欲望和报复心。

《他们与亲爱的母亲》发表于《细胞文艺》昭和三年九月第四期。在初期作品中，这是完成度最高的优秀作品。太宰渴望母亲的爱和亲人的温暖，而他的作品中也充满了那种暗中的期盼。他尝试剥除了大地主家的出身，将自己和母亲、兄长放置到普通中产阶级家庭中。没有学识但是温柔和蔼的母亲，贫困的雕刻家兄长，还有丧失了人生希望的忧郁苦学生主人公，但是，他们的生活中始终流淌着让人难为情的亲人之爱。《叶》引用了这篇作品的几个场面，由此可以看出，这篇作品对太宰来说也是难以割舍的创作之一。

《这对夫妇》发表于昭和三年十二月刊行的《弘前高校校友会志》第十三期。这是他用本名津岛修治发表的文艺作品。文中出现了与《他们与亲爱的母亲》中的人物同名的光一郎和龙二兄弟，但是这次的主人公不再是弟弟，而是靠当写手勉强维生的兄长光一郎。文中不再出现《他们与亲爱的母亲》那样的温情，文体也偏向于流氓语气，毫不掩饰焦躁的情绪。主人公参与社会主义运动，靠贩卖文章生活，住在东京的破烂出租屋里，不时还要靠典当贴补生活。他娶了个无知又粗俗的老好人艺伎为妻，又为还在上学、热爱摄影的弟弟与妻子之间的不伦关系而苦恼，这一设定与太宰治后来的实际经历极其相似——参与非法运动，与曾经是艺伎的初代结婚，为自己视作弟弟、就读于美术学校的亲戚家孩子与妻子之间的不伦关系而苦恼。当时还在就读高等学校的太宰竟正确预知了自己的未来，这种宿命性的巧合让人不寒而栗。

《铃打》以小菅银吉的名义发表于昭和四年二月十九日刊行的《弘高新闻》第五期。作品描写了小丑的悲哀。当时太宰十分崇敬江户风情，想必是为了附庸风雅而写了这篇文章。

《虎彻宵话》发表于青森市的同人杂志《猎骑兵》昭和四年八月第六期，后经过修改，又以小菅银吉的名义发表在昭和四年十二月刊行的《弘前高等学校校友会杂志》第十五期。他描写了违逆时势、心怀恐惧的同时还要四处杀人的新选组，并将自己身为地主之子，在革命前夜的命运寄托其中。由此看来，彼时太宰已经感觉到了革命的必然性。而且，这篇作品也体现了他对江户风情的憧憬。

《哀蚊》以小菅银吉的名义发表于昭和四年五月十三日刊行的《弘高新闻》第六期。文章模仿了芥川龙之介《雏人偶》的文体，以幼年时期梦境般的印象描写了原生家庭凝滞而淫荡的氛围。后来，太宰还在《叶》中写道："他在十九岁那年冬天，写了一篇名为《哀蚊》的短篇小说。那是篇好作品，同时也成为解开他一生混沌的钥匙。"并且收录了全文。除此之外，他还无视整体结构和氛围，在《地主一代》中强行插入了《哀蚊》的全文。由此可见，这是他格外钟爱的得意之作。

《烟花》以小菅银吉的名义发表于昭和四年九月二十五日的《弘高新闻》第八期。太宰在这篇文章中罕见地使用了劳动节的烟花作为开篇，并引出了贫穷的姑娘与烟花供养的浪漫故事，将其放置于伪装邪恶的框架中进行讲述。作品体现了当时太宰内心中理性与美感相矛盾的心情。这个被地主玩弄、感染病毒而死的女仆阿竹的故事与《无间奈落》中被父亲收为妾室，最后发狂而死的女佣阿贞的故事遥相呼应，后来经过美丽的变奏，最终成为《回忆》中初恋的女佣美代，并且演变成了《黄金风景》《花烛》里的女佣。这个故事对他来说印象深刻，在《地主一代》的序章《烟花供养》中，也讲述了同样的故事。

《文艺时评》以大藤熊太的名义发表于昭和四年十月二十七日的《弘高新闻》第九期。他对德永直等人的无产阶级文学及川端康成的《温泉旅馆》等"十月的创作"进行了评价，是研究当时太宰文学观的重要资料。

《地主一代》以大藤熊太的名义发表于《坐标》昭和五年一月、三月、五月号。该作写了序章《烟花供养》、第一章《阿鼻地狱》、第二章《奈落》，但最终没有完结。小说以残忍无道的地主的口吻书写，讲述了主人公玩弄女人并传染疾病令其死亡，将田租翻倍，霸占农田、掩埋鱼塘建造网球场，还与警察和暴力团伙勾结，镇压农民的反抗。其恶霸之态可谓异常，并且显得刻意。可以说，这是地主之子太宰为了夸大地主阶级的非人性，故意用自虐和伪装邪恶的方式进行的描写。作品中地主的弟弟对社会主义的共鸣也显得很不自然。这篇作品虽然随处可见矛盾和不足，但当时太宰忍不住写出这种作品的心情却让人非常同情。创作《地主一代》期间，也就是昭和四年的秋天，二十岁的太宰因为思想上的苦恼，试图服用安眠药自杀。由此可以推断，太宰知道自己的原生家庭是靠压榨百姓发家的大地主，因此感到了愧疚。

《坐标》是集结了青森主要的同人杂志而创办的县内唯一的文艺杂志。大藤熊太这一笔名也体现了当时太宰思想上的剧烈变化。

《学生群》以大藤熊太的名义发表于《坐标》昭和五年七月、八月、九月、十一月号，一共写了七章，同样没有完结。创作时间是太宰进入东大法文系，前往东京后的昭和五年六月到十月。在此期间，其三哥圭治在东京去世，情人小山初代也离家出走来到了东京，太宰则几乎没有去上课，一直投身于共产党的活动。昭和四年二月，因弘前高校同盟反对校长不正当使用校友会费引发了罢课事件。这篇小说就是以此为题材，与《地主一代》同为太宰罕见的无产阶级小说与马克思主义政治小说。而且，《学生群》充满了青春与希望的笔触都是太宰此前和此后的作品中绝对找不到的东西，充分体现了他毅然选择马克思主义立场的勇敢和激情。可以说，这篇小说就是太宰的青春。然而这种积极的文体与太宰的性格并不相符，给人一种勉力为之的感觉。而且作品后半部分极其自然地开始描写叛徒、敌人和间谍，以及无法跟随校长儿子进行罢课之人的心情。最后，他以断更的形式抛弃了整部小说的创作。可以说，太宰的本质并不适合这样的无产阶级文学创作。该小说还发出了对无产阶级小说的批判，由此可见太宰严格区分了文学与政治。与其创作小说，他更愿意以"纯粹的政治家"身份参加革命。但是他在那个过程中写下的《学生群》也是研究太宰精神形成时不可或缺的宝贵资料。

然而，《学生群》等一系列初期作品与两年后创作的《晚年》存在着不容忽视的质量落差。那么，加入非法运动与后来脱离运动的体验给太宰造成了什么样的决定性影响？太宰二十二岁到二十四岁这两年间，从人格到文学都发生了判若两人的变化和成长。可以说，要解读惊艳的《晚年》及其以后太宰的文学，这两年至关重要。

《文艺春秋》昭和九年四月号发表了井伏鳟二署名的《洋之助的气焰》。这篇文章后来在昭和二十八年十二月发行的《文艺・太宰治特辑》中，被纳入了太宰治的作品。井伏鳟二在前言中这样写道："这个短篇是学生时代的太宰君放在所谓'仓库'里的未完成的作品之一。出于某种缘由，我借助太宰君的智慧，接着原文的最后一行进行了续写，并以我的名义刊登在了某杂志上（具体年月我已忘却）。那个'缘由'便是我的私心与太宰君的私心，以及我们二人共同的私心。换言之，就是我代太宰君发表了作品。"当时有一个不言自明的惯例，就是无名新人请文学上的老师代表自己，用老师的名义在商业杂志上发表自己的作品，以获得稿费维持生活。而太宰也遵循了这一惯例。三百零一页第十行"——这是我曾经的辉煌故事"到三百十一页第五行"带着这个想法，我没跟阿进见上一面就走了，可是我一路都想着方才在林中做的这样那样的事，回到家后也心神不宁，无法入睡"，这个部分为太宰所写，其前后部分则为井伏鳟二所写。客观来说，井伏写的前后文让小说的轮廓骤然清晰起来，因此即便其中包含了太宰的构思，它也不应该算太宰的小说，而是井伏的作品。如果只看中间的主要部分，这部作品也应该归入初期习作。太宰应该写了很多这类习作，只不过其中大部分都被他烧毁了，只将得意之作纳入《晚年》进行发表。这部分内容很容易让人联想到《猿面冠者》和《逆行》，通过疯子的一段独角戏反向批判了作者的文学青年特征和造作气质，反倒让疯女人展现出了一丝真实，可谓极具太宰特色的主题。

《晚年》《虚构的彷徨》——前期 I

太宰发表的第一部创作集,即处女作集《晚年》其实是一部遗书。这是理解太宰文学的关键。太宰治很少谈论自己的作品,或者说耻于为自己、为作品辩解,因此不允许自己做这种事。但唯独对《晚年》,他少见地反复提及过多次。

> 检察官的调查告一段落,我没有死成,又一次走在东京的街头。能回去的地方,除了 H 家别无他处。于是我急急忙忙去了 H 家。那是一场落寞的再会。我们对彼此卑微地笑着,无力地握了手。我离开八丁堀,在芝区白金三光町找到一处宽敞的空房子,租了里面的偏房。故乡的兄长们虽然对我无奈,还是悄悄寄来了生活费。H 已经重新振作,像什么事都没有发生过一样。而我似乎从呆蠢中一点点醒悟过来了。我写下了遗书,即题为《回忆》的一百页稿纸。如今,《回忆》已成了我的处女作。我用不加掩饰的文字记录了自己从小到大的罪恶。那一年,我二十四岁。
>
> (中略)
>
> 可是人生并非戏剧。无人知晓第二幕的情景。有的人顶着"灭亡"的角色登场,却直到最后都没退下。我本想留下一封小小的遗书,用幼年及少年的自白向世人

宣告还有这般肮脏的孩子。但那封遗书反而让我格外在意，用微弱的烛火点亮了我的虚无。我没死成。我渐渐不满足于只有一篇《回忆》。既然已经写了这么多，我想干脆都写下来，把我迄今为止的生活全部揭露出来。这些事，还有那些事，我突然有了许多想要写下的东西。首先要写镰仓的事件，但是不够，总觉得漏掉了什么。于是又写一篇，还是不够。长叹一声，又提笔写下新篇。迟迟打不上句号，只能不断地勾勒逗号。恶魔永不停歇地对我招手，我就要被它吞噬了。我是在螳臂当车。

（中略）

在恨不得去死的猛烈反省、自嘲与恐惧中，我没有死成，却在推敲着一连串任意妄为的、被我称为遗书的作品。最后写出来的东西也许不过是青涩而做作的感伤。但我却为这些感伤拼上了性命。我写完的作品已经装满了三四个大纸袋，数量越来越多。我用毛笔在纸袋上写下了"晚年"二字，算是这一系列遗书的标题。它意味着，一切都到此为止了。

（中略）

那一年的晚秋，我终于写成了。接着又从二十几篇文稿中挑选出十四篇，剩下的作品连同写坏的稿件一并烧了。加起来的量足有一件行李那么多。我全都拿到院子里，将其付之一炬。

"哎，怎么都烧了？"那天晚上，H突然问我。

"因为不要了。"我微笑着回答。

"怎么都烧了呀。"她重复着同样的话,还流下了泪。我开始整理自己周围的生活物品。(《东京八景》)

为了这本短篇集，我虚掷十年光阴。整整十年都没有和一般市民一样安心享用过早餐。就为了这本书，我流离失所，自尊心不断受伤，饱受世间的寒风折磨，只能这样四处徘徊。……口干舌燥，心焦如焚，故意把自己的身体损害到无法恢复的地步。(《思考的芦苇》)

《晚年》是我的第一本小说集。那时我把它当成了自己唯一的遗书,于是将其命名为《晚年》。(《关于〈晚年〉》)

通过这些片段，大致能看到《晚年》的形成过程。太宰治是以断绝自己的生命为前提开始创作小说的。这与普通文学创作者写小说成为作家的愿望不同，体现了太宰非同寻常的文学出发点。

那么，太宰治为何在那段时间想要了结自己的生命？原因恐怕有很多。《小丑之花》《虚构之春》都提到了他在镰仓投水自杀未遂，只有同行的女性失去了生命。可以认为，他的想法来自对她的罪恶感。应该也有相当于被故乡与家庭放逐的内心绝望。在此之上，他不惜遭到放逐也要与之结为伴侣的女性竟被他人玷污，得知此事的悲痛也成了原因之一。太宰治生来欠缺活下去的欲望和生命的活力，又对将来的生活、金钱，以及药物成瘾的状态感到恐惧。所有这些因素，再结合太宰在他赌上一切的马克思主义非法政治运动中受到了巨大的伤害，形成了他寻死的原因。政治上的幻灭、源自运动的背叛者意识，还有自己乃是"破灭的人类""灭亡之民"的深切自省，都把他逼上了绝望的自杀之路，而自杀的决意反过来促成了文学上的最后反抗，令他决心表达自我主张。有的读者或许会想，这样审视太宰文学未免过于夸张，但在形成自我人格的青春期经历的挫折往往会决定人的一生。太宰从挫折与绝望中逆袭的文学让同时代的青年、体验了战败崩坏感的青年、对战后革命运动幻灭的青年，以及最近经历了反安保斗争挫折的青年感到异常亲近，因此每每能够得到新的追捧，这是不可忽略的事实。

不管怎么说，太宰治的处女作集《晚年》是决心向死后"用上我人生所有的热情来编织这一卷书"（《二十世纪旗手》），拼尽了全力的自我主张、自我告白是天鹅的歌声。但是，《晚年》并没有遗书式的阴暗，反而格外明快，书写了绚丽的青春。里面充满了千变万化的才能、大胆的尝试、多角度的自我表达，仿佛展示了后来的太宰文学的种种可能性。《晚年》中收录的是从昭和八年的《列车》开始，到昭和十一年为止发表在同人杂志、文艺杂志上的作品。昭和十一年六月二十五日，砂子屋书房将这些作品集结成册，配以优雅的法式装帧出版发行，成了太宰治的第一部创作集。

《叶》发表于昭和九年四月的同人季刊《鹡》，题记摘选了魏尔伦的诗句"被选择的狂喜和恐惧同时存在"。这句话完美表达了太宰的心境，给人留下了很深的印象。该作应该是从《晚年》以后的初期作品，或是烧毁的小说中挑选了一些难以割舍的断片，也就是最精彩的部分，排列成了格言式的文章。虽然它作为故事并不连贯，但以完美的节奏勾勒了作者心情的起伏，给读者带来迫切的感动。从"本想去死"开篇，突然开始讨论别人送的麻料和服，最后决定"那就活到夏天算了"。处在极限状态的伦理和心理通过日常的感觉之美悄然闪避，反倒形成了更为殷切的表达。黄昏中兄长手里扇子耀眼的白色带来的感伤与毕生对抗忧郁并走向死亡的危急保持了平衡。而且他又通过一句"造访的人不在"，骤然斩断了那短暂的幸福。简洁的描写勾勒出的心理变化可谓惊艳，不得不说，太宰的确是文字的魔术师。

"艺术之美，归根结底是服务于市民的美。""为花痴狂的木匠，耽误事。"文章中还插入了这些理解太宰文学的重要语句。

《回忆》发表于同人杂志《海豹》的昭和八年四、六、七月号。这是一部讲述了作者幼年时期和少年时期的自传式小说,可以说是构成了《晚年》核心的处女作。太宰习作时期的《无间奈落》与后来的《人间失格》(《手记之一》与《手记之二》的前半部分)都讲述了与该作内容同一时期的自己,但那两篇作品都以自我贬低式的变体写就。《人间失格》通过彻底的自我分析和彻底暴露本质的意图,到达了旁人无可比拟的深度。与之相对,《回忆》则是轻松写下的坦诚的自画像。尽管作者的意图是"不带任何粉饰地写下我从幼时开始的罪恶""宣告还有这般肮脏的孩子",《回忆》的文字中却找不到一丝罪恶与肮脏。文章原原本本地描绘了少年时期懵懂的成长,以及敏锐又混沌的感性,是罕见的既没有陷于感伤,也没有自我贬低的罕见的少年时期文学。尤其是与初恋美代摘葡萄的场面,更可以称为色彩丰富、充满抒情的美好青春文学。正如龟井胜一郎指出的,太宰在文章中灵活运用了津轻方言,让文字具有了现实感。不为人知的自卑、必须优于众人的精英意识、家人和朋友的疏离、不顾一切的自我丑化、对弱者和受虐者的共情、自我独立世界的形成、宿命感等等,这些太宰文学的重要元素都体现在了文章中。

《鱼服记》发表于昭和八年三月的《海豹》创刊号。小说以故乡津轻的自然和传说为背景,以童话的笔触描写了孤独的野性少女诹访的天真、纯洁憧憬、女性觉醒、绝望和变身。他避开了露骨的说明,以象征的手法加以模糊化,只突出了纯净的少女感。该作发表后，井伏鳟二大加赞赏，而且在太宰去世后，坂口安吾也将这篇作品称为他的最高杰作。诹访最后没有变身为大蛇，而是成了一尾小鱼，着实可爱又惹人怜惜。

《列车》发表于昭和八年二月的《SUNDAY 东奥》，是以太宰治的笔名发表的第一篇作品。而且作品开篇对列车的描写显然受到了新感觉派的影响，风格较为奇特。它讲述了对弱小而饱受摧残的美丽之人的无限爱怜，那种唯美而温柔的心境反倒会伤害他人，也伤害自己。

《地球图》发表于《新潮》昭和十年十二月号。故事借用了芥川龙之介历史小说的形式，尝试表达了作为太宰文学主题之一的"蹉跌之美"。意大利人施劳特"苦学二十二年"，被派去日本传教，用古早的书籍《词典》学习了日本语言，远渡重洋前往日本。可是他刚踏上日本的土地就被抓了起来，此前所学皆成徒劳。站在树木的阴影中，腰间挎着一把刀，目光忧郁，还喃喃着奇怪日语的施劳特在读者心中激起了不可名状的悲伤。通过这篇作品，可以窥见作者不得志的挣扎与放弃的心境。

《猴岛》发表于《文学界》昭和十年九月号。开篇景观的描写让人联想到北海雾气弥漫的荒凉自然，中途宛如揭秘般变成了对动物园猴岛的描写。那种荒凉的风景实际就是太宰自身的心象风景。本以为人类是有趣的"好戏"，实际自己才是给人看的"好戏"。这既是对文学创作者宿命的认知，也是对文坛的强烈讽刺。

《麻雀游戏》发表于《作品》昭和十年七月号。这是一篇用故乡津轻的方言写就的美丽诗歌。在讲述北国的自然和故事时，也融入了被孤立的少年的忧愁，还有错过的爱。用津轻的腔调朗读，会有种不可思议的音乐效果。

《猿面冠者》发表于昭和九年七月的《鹡》第二辑。它一面戏剧化地描写小说制作过程的秘密和作家的内情，一面展开了浪漫的《风闻》的故事。从中可以窥见被自我意识困扰的作家在摸索方法上所下的苦心以及其中的矫揉造作。

题为《逆行》的四篇短文中，《蝴蝶》《决斗》《黑鬼》发表于《文艺》昭和十年二月号，《盗贼》发表于同年十月的《东京帝国大学新闻》，还成了第一届芥川奖的候选作品。这些都是色彩鲜明的超短篇小说，丹迪主义的文风中不时闪过虚无的心境。

《他不再是他》发表于昭和九年八月的同人杂志《世纪》。他将自称"游民的虚无""愚蠢的时代"的自己加以戏剧化，描绘成了青扇的怠惰生活。小说所描绘的作为一家之主的"我"与青扇的奇妙交往，就像透过双面镜观察自己的脸，映出了悲伤的滑稽。文章标题取自初中时期英语教科书上的句子"He is not what he was（他不再是他）"。

《传奇》发表于昭和九年十二月《青花》创刊号，那是太宰等人怀着巨大的热情创办的同人杂志。后来作者写道："《传奇》之类虽然充满了滑稽和荒诞，但笔法荒芜，不甚推荐。"但还是可以说，这是太宰治充分发挥其奔放才能的初期杰作。若今日有新人拿着这般异想天开又充满幽默的作品登上文坛，想必会万分振奋人心。由此可以看出，太宰能在那个时代打破无限推崇现实性的纯文学意识，其才华可谓人间少有。《仙术太郎》《打架大王次郎兵卫》《说谎的三郎》都散发着不得志的蹉跌之悲，又试图在感伤中实现自暴自弃式的振作。可以说，它在一片戏谑中表达了现代青年的虚无心境。

《玩具》与《麻雀游戏》同时发表于《作品》昭和十年七月号。该作首先刻画了那一时期的焦虑心境，然后以虚构的片段形式回忆幼年时期。作品谈到了"情念的模范"与"姿态的完美"等创作的矛盾，透露了作者苦闷的心情。

《阴火》发表于《文艺杂志》昭和十一年四月号。它由四篇超短篇小说组成，用简洁的问题深挖了男女的心理危机。该作与《逆行》成对，《诞生》与《蝴蝶》都描述了失去壮志的痛苦老人的精神状态，以及自我虚无的未来形象。《尼姑》是一篇幻想作品，与《逆行》中的《黑鬼》一样，表现了作者内心深处潜藏的对女性的情欲主义，是较为罕见的作品。

《盲草纸》发表于《新潮》昭和十一年一月号，在《晚年》中是最后写成的作品。后来作者写道："写《盲草纸》时，心情万分悲痛，但是现在重读，也发现不少幽默之处。看来悲痛超越了上线，就会扬弃成滑稽的姿态。"文章如实祖露了他在药物成瘾的船桥时期痛苦而纷乱的心境。虽然该作没有采取普通小说的形式，但也可以认为，他为了表达难以描述的内在，刻意使用了凌乱的笔触。文中讲述了"我哪怕死了，也难改巧言令色"这一小说家太宰治的悖论式的"铁的原则"。

《虚构的彷徨》被纳入新潮社版新选纯文学丛书，于昭和十二年六月一日发行，并将《卑俗性》收为附录。他在该书的《解题》中讲道："若我的老读者有心，恳请按照顺序再阅读一遍这一系列的作品。相顾无言，唯有最伶俐、清净的读者，方能在这好似醉酒的手记深处，寻觅到永远的爱与悲愁，发出无限的叹息。"书中收录的《小丑之花》《狂言之神》《虚构之春》都是通过各种方法上的冒险和形式上的摸索，以及各种技巧尝试去表达难以祖露的内心秘密和微妙的内部真实，可谓前卫小说。在某种意义上说，它们都是最能体现太宰特征的作品。《小丑之花》发表于《日本浪漫派》昭和十年五月号，最开始被收录为《晚年》的一篇，后来在构思《虚构的彷徨》三部曲时重新被收录其中。小说以昭和五年十一月二十九日，作者与一名银座咖啡厅的女性结伴在江之岛投海自杀的事件为题材，一开始采取了以大海为题的普通小说形式，但是由于受到纪德的影响，这种形式最后被彻底撕碎，形成了全新的形式。其文体与结构直接反映了作者因自我意识、羞耻感与罪恶感而苦恼的内心。除了主人公大庭叶藏，文中还存在以"我"自称的作者，也就是作者的自我意识。这个角色会打断故事，直接在小说中登场，对客观描写的小说进行批判和注释。这种二元性手法同时追求内面与外部的现实性，给小说整体带来了不可思议的效果。

《狂言之神》发表于《东阳》昭和十一年十月号。该作以作者完成《晚年》，就职考试失败后，于昭和十年三月十六日在镰仓山中上吊失败的事件为题材，其中也进行了各种各样的文体尝试。小说开篇模仿森鸥外的文体，写下了"我要记录亡故未久的畏友——笠井一"，一直到"为年轻士兵"为止，继而话锋一转，接上了"说笑的啦"，形成了随意而含羞的文章。接下来又突然变成省略了助词的独特的轻快文体（他自称浪漫调），有意识地使用了虎头蛇尾的风格。穷途末路时目睹的菊五郎的表演，被雨淋湿的女学生，等等，其刻画极为生动鲜明。

《虚构之春》发表于《文学界》昭和十一年七月号。作品采用了罕见的写作方法，将腊月上旬到元旦期间寄给主人公的书信编辑成长篇小说。在明显是现实人物实际写下的书信中间，作者还插入了众多虚构的书信。他假借这些写给自己的书信，从外部强烈地批判了自己，并表白了难以言说的内心秘密。他躲藏在他人寄来的书信这一形式之下，躲藏在一种神秘色彩中，讲述了对左翼运动的背叛意识、对女性的负罪意识等重要的内心真相。

从《卑俗性》到《灯笼》——前期 II

此时，太宰治遭遇了让人意想不到的事件，生活上和精神上都迎来了最为混乱的狂风暴雨的时期。昭和十年三月，他在镰仓山中上吊自杀，以失败告终。

> 紧接着，意想不到的命运就此展开。几天后，我突然感到腹部剧痛。……是盲肠炎。脓水已经渗到腹膜，手术极为困难。术后第二天，我咳出了大量血块，胸部的宿疾突然发作了。我奄奄一息，连医生都放弃了治疗，然而罪孽深重的我还是一点点康复了起来。一个月后，腹部的伤口总算愈合了，而我又被当作传染病患者，转移到了世田谷区经堂的内科医院。……五月，六月，七月，到了蚊虫出没的季节，病房里挂起白色蚊帐时，我在院长的安排下转到了千叶县船桥町。在那座海港小镇，我租下了靠近城郊的新房居住。原本是为了换个地方疗养，但那里对我并没有好处。地狱般的大动乱开始了。我在

阿佐谷外科医院住院时染上了可怕的恶习，对麻醉剂上了瘾。一开始医生为了缓解我患处的痛苦，开了那种药给我早晚更换纱布时使用，后来我没有那种药就睡不着觉了。我面对失眠的痛苦极度脆弱，每晚都恳求医生给我打针。那里的医生已经放弃了我的身体，所以总是体贴地听从我的要求。转到内科医院后，我也执拗地恳求院长。只要恳求三次，院长就会勉强答应我一次。那已经不是为了缓解肉体的疼痛，而是为了消除自己的惭愧和焦躁而恳求医生。我没有忍受凄楚的力量。转到船桥后，我又到小镇的医院去诉说自己的失眠和成瘾症状，强行索求那种药物。后来甚至对软弱的小镇医生死缠烂打，让他为我写证明书，以便直接到药房去购买药物。等我回过神来，自己已经是个无可救药的瘾君子。钱很快就花完了。……那年入秋以来，偶尔出现在东京街头的我已经成了灰头土脸的半个疯子。我牢牢记得自己那时的种种丑态，怎么都忘不掉。我成了日本第一丑陋顽劣的青年。每次到东京去，都是为了借个十日元二十日元的买药钱。……我在阿佐谷和经堂住院时，全靠朋友的奔走，在好杂志上发表了两三篇纸袋里的"遗书"，因此受到了诸多谩骂，偶尔也有一些支持的话语。它们都让我狼狈不堪，深陷不安，最后加剧了药物成瘾。一切都过于痛苦，我甚至找到杂志社请求面见编辑甚至社长,恳求他们预支稿费。我因为自己的苦恼而陷入疯狂,全然没有察觉别人也在拼了命生活。纸袋里的作品终究是卖完了,再也没有可卖的东西。我一时半会儿又写不出作品来,因为材料早已枯竭,没有文字可写。当时的文坛评价我是"有才无德",我则坚信自己是"德有萌芽却无才"。(《东京八景》)

这是一段"排除与反抗"的时期。同为前期的作品,《晚年》以自己的死为前提,反倒能够专注于青春的明快感与艺术完成度。但是在完成了《晚年》这一系列遗书,自杀失败之后,太宰再也无法维持新晋作家的身份,或者说没有余力维持。他被赤裸裸地扔到了世间的惊涛骇浪之中。对马克思主义运动的幻灭与挫败、背叛的罪恶感、灭亡之民的宿命感、反立法的角色、走向破灭之路的使命感、对独自死在镰仓海底的女性的悔恨、被原生家庭切断联系的不安、对妻子的幻灭、对自身生存能力的绝望感逐渐增强,并且在此之上,他还对羟考酮药物成瘾,陷入了精神错乱与债台高筑的地狱。希望写出划时代小说的野心与自身注定是灭亡之人的失落感在他心中不断交战。

《晚年》以后的这一时期的作品交替出现着虚无感与使命感、绝望与希望。以灭亡之民的身份自我毁灭的反立法式使命感与破罐子破摔的破灭感不断交错。他的字里行间都体现出了失去生存目标的荒凉心境。作者一直拥有极高的自我意识，又是小说创作的名家，但是在这里，他忘却了自我，屈服于狂乱。我认为这些错乱的文章中恰恰表露了太宰平时不会写进作品中的真实面貌，并为之感动不已。从某种意义上说，那是最符合太宰治内心真实的、不顾一切的姿态。

《卑俗性》发表于《文艺春秋》昭和十年十月号，与第一届芥川奖排名第二的高见顺、衣卷省三、外村繁同台竞技，后来又作为《虚构的彷徨》三部曲的附录出版。"卑俗性"是即德语的"Das Gemeine"，有通俗、卑俗之意，太宰读到科贝尔《席勒论》中的这句"根据人性中的卑俗性，使其回到原初状态"后，在《思考的芦苇》中写道："这种想法之悲哀，始终萦绕在我脑海的一隅。"他一边用漫画式的夸张手法批判当时丧失了人生目的和理想的青年们那悲哀的虚荣与自我意识，一边尝试在这种现象深处寻找一丝真实。佐野次郎、马场、佐竹、太宰这四个特立独行的艺术青年都是作者的分身，他们有来有去的漫才式对话发挥了极致的幽默感。"琴盒远比小提琴重要，我从出生到临死一直演狂言戏。知性至极的无间地狱，市场上盛装打扮的草莓的悲哀……"这些滑稽的话语中隐藏了作者反复思索后得出的艺术观和人生观。此外，听完法国抒情诗的课，哼唱着小曲"梅花已开了，樱花还没开吗？"走进上野酒馆，在铺着红毛毡的长板凳上坐下的情景，还体现了作品中古代日本风情与西欧现代主义浑然一体的独特氛围。就像《传奇》一样，作品中洋溢着作者奔放不羁的才华。直到现在，这篇作品都可以被称为最前卫的文学杰作，无论重读多少次都能让人感到开怀，所以这也是我最喜欢的作品之一。

《雌性谈》发表于《若草》昭和十一年五月号。作中讲道："这是丧失希望的人阅读的小说"，诚如其所言，小说中存在着虚无主义、颓废主义与疲劳的浓重阴影。在"二·二六"事件之夜，他回避了越发黑暗的政治，开始想象朋友与自己喜欢的女性。作者依赖其堪称病态的敏锐纤细的感觉，对生与死的毫发之厘都进行深入探究，让读者不禁毛骨悚然。这篇小说的背后也许还潜藏着对独自死在镰仓海底的女性的负罪感。总而言之，作品充满了无法得到救赎的黯淡。

《创生记》发表于《新潮》昭和十一年十月号。在太宰治的所有作品中，最混乱、最缺乏完成度的小说可以说就是这一篇。作者在精神、身体、生活的痛苦中挣扎，丧失了自我与他人的远近感，以错乱的形式表达了他纷乱的内心世界。这篇小说也是羟考酮成瘾期间的作品。然而，那种孤注一掷的错乱结构和表达中包含了太宰声嘶力竭的呐喊与祈祷，还有隐藏在背后的心灵告白，让我深受触动，并与之共鸣。他赌上性命守护着自己的主观性真实与宿命，而他的痛苦，可以说是向世间倾诉那些真实的痛苦。开篇写到潜水员的座谈会，讲到溺死者的沉思，这些都是普通作家绝对无法表达出来的异样感觉。他最大限度地省略了助词，从联想中生出联想，用看似破碎的话语，只表达内在的真实，这种文体给人留下了很深的印象。"看破真伪之良策，乃在于用一部作品衡量失去的深度""爱是言语""巧言令色之德""不要如实准确地言中真相，要知道故意搞砸的乐趣"等等，文中随处可见太宰毕生的文学思考，也可以称之为太宰的文学论。另外，小说后半部分的《山上通信》引发了诸多误解，宫本百合子评价佐藤春夫与太宰的师徒关系"令人心酸至极"，又促使佐藤春夫发表了名为《芥川奖》的小说，给文坛留下了太宰治是一名性格异常的天才作家这一盛行多年的印象。

《喝彩》发表于《若草》昭和十一年十月号。作品以"只把本不想写的东西强忍着去写，只选人人以为困难的形式来创作，将那些提着百货商店的纸袋络绎行路的小市民的一切道德予以否定"这一太宰的文学信条开篇，采取了叙述文学生涯的演讲形式。在自虐式的滑稽文体与颓废的姿态之下，残留了与中村地平的友情这种真情流露的美感。

《二十世纪旗手》发表于《改造》昭和十二年一月号，同年七月出版成册，被归入版画庄文库。全文十二章，讲述了被选为"二十世纪旗手"的自负与题记"生而为人，我很抱歉"的颓废意识之间的割裂，以断片式的马赛克结构表达了现代人的复杂心境。这是他用尽一切手段试图表达自我主观真实的实验作品。在这里，他已经摆脱了狂乱，转而写出经过精心计算、极具创作意识的作品。

另外，最近还发现了《二十世纪旗手》的断片原稿。《二十世纪旗手》中写道："七唱 我的耀日我的梦——东京帝国大学内部，秘中之秘——（内容共三十页。全文省略）。"据推测，"断片"即为其中一部分。另外，《二十世纪旗手》第六章还写道："我想在本社发行的《秘中之秘》十月号中刊载一些符合现代学生气质，反映学生生活方方面面的有趣内容。"第八章又写到了被《秘中之秘》编辑部退稿的情节。《书简集》收录的昭和十一年八月二十二日致小馆善四郎的信中写道："妇人画报社《奥中之奥》给我发来了奇怪的约稿。这是怎么回事？令人费解。"同年九月十九日致井伏鳟二的信中又写道："《奥中之奥》的约稿诚如甘霖，我写了，还费了几番功夫，最后又被退稿了。"

从这些信息推测，"断片"乃是《妇人画报：奥中之奥》发出邀稿后又退稿的部分稿件，而太宰在《二十世纪旗手》中戏谑地提到了这件事。不管怎么说，与《创生记》等作品一样，其文体可见药物成瘾的影响（开篇两个断章可以看作《创生记》的断片），第三个断片描绘了东北饥荒时期帝大学生的心理，很是有趣，但也可以视作有些丧失理性的自我宣传。《余烬》写到了"当时的反动，现在是危险思想"，讲述了河合荣治郎命运的转变，也发人深思。另外，它也与《懒惰的歌留多》中"る：流转轮回"这一节有所关联。

HUMAN LOST 发表于《新潮》昭和十二年四月号。该作品在太宰的作品中与众不同，更接近散文诗的形式。当时太宰药物成瘾症状加剧，常有奇怪的言行，其前辈和朋友担心他的情况，哄骗他住进了板桥的精神病院。此事对太宰造成了难以想象的打击。他试图忠实于自己的宿命，试图以反立法的身份对抗社会的一切常识和共识，实际却被世间看作了疯子。他被剥夺了作为人类的资格。这件事成了太宰终其一生无法愈合的伤口，也是他在战后创作《人间失格》的最大动机。他写道："此次入院决定了我的生涯"（《碧眼托钵》），后又在 *HUMAN LOST* 中提及"这是钱币的复仇""所谓猪笼，实则悠闲得很""若放而不养，金鱼也不过月余的生命"。可见其受到的打击之深。从外部的客观角度来看，这些不过是药物成瘾患者叛逆式的妄想，但深入作品的世界，却能读到现代人试图忠于自我的真实，又被社会排除在外的悲剧式宿命。太宰的文学唯有在超越了世俗的想象世界才能成为真实。这部作品断片式话语在错乱之中深深刺中了读者的灵魂，闪耀着真实的耀眼光芒。

尽管如此，被人视作疯子，因而必须送进精神病院这个事实，还是成了彻底颠覆太宰此前的生活方式及人生观的决定性体验。

不管做什么，我都会失败。我当时就是一副完全被打败的样子。……事实上，这还不算尽头。那年早春，我做梦也没想到某位西洋画家会突然来找我商谈。他是我最要好的朋友，但我听了他的话几欲窒息。H早已犯了让人悲痛欲绝的错误。(《东京八景》)

太宰信赖人类、关爱人类的努力全部失败了。他与H在水上温泉殉情，同样以失败告终。

我们终究是分手了。我再也没有挽留H的勇气。……我独自留在公寓里，开始自己做饭。我学会了喝烧酒，牙齿逐渐脱落，变得面目可憎。我搬进了公寓附近的房子，那是最下等的租屋。我觉得那种地方才适合自己。这就是世界最后的模样。我站在门边，月影与枯叶连成一片，松树高耸入云。我常在四张半榻榻米大小的租屋里独酌，醉了便走出去，靠在门柱上，低声嘟哝着胡言乱语。除了二三难以割舍的好友，谁也不再理睬我。我也逐渐明白世人究竟如何看待我了。我是个无知傲慢的无赖，是个白痴、下流狡猾的好色男，伪装成天才的骗子。过着穷奢极欲的生活，一缺钱就扬言要自杀，吓坏乡下的亲人，像对待猫狗一样虐待娴淑的妻子，最后还将她赶走了。世人用嘲笑、嫌恶、愤怒的语气谣传我的种种。

我被完全埋葬，受到废人一般的待遇。意识到这点后，我再也不想走出租屋一步。没有酒的夜晚，我就嚼着盐仙贝看侦探小说，独自偷欢。报社和杂志社都不向我邀稿，我也什么都不想写，写不出来。虽然患病时的借款无人催促，但我连在梦中都痛苦不堪。我已经三十岁了。
（《东京八景》）

太宰成了彻头彻尾的颓废之人，度过了没有任何作品的沉默的一年半时光。

发表在《若草》昭和十二年十月号的《灯笼》是他在这个时期写的唯一的小说，也是标志着从前期向中期转换的重要作品。他在小说中写道："越分辩，别人越不信我。遇见的每一个人，都提防我。……真受不了。"这句话充分表明了当时太宰的心情。其文体已经看不见《创生记》等作的错乱异常，转变成了《女生徒》等中期作品的平和明快，但心情还停留在前期那种难耐的绝望。最后，他给家里换上了明亮的灯泡，"有宁静的喜悦泛上心头，令我甚至想对庭院里的鸣虫说：要看就看吧，我们一家人是美好的"。从中表现出了在绝望的最深处放弃挣扎，虽然有着淡淡的忧伤，却也泛着幸福的感觉。可以说，这是一个令人深受触动的短篇。

从《满愿》到《乞食学生》——中期Ⅰ

太宰治迎来了创作的中期,也就是"到底为什么会变成这样呢?我觉得自己必须要活下去"(《东京八景》)的时期。《东京八景》提到了许多可能是原因的细节。他最大的自卑来源——原生家庭的没落消除了自己身为特权阶级的内疚、健康的恢复、满三十岁后被激发的对生活的自觉、得知现实世界的限度、对前期狂乱的嫌恶与反省、侵华战争爆发、《圣经》的影响等等,除此之外还可以列举很多。不论原因如何,总之太宰的风格发生了极大的转变。

> 三十岁那年初夏,我第一次真心发愿从事文字工作。如今想来,那个决心下得太晚了。……这次写的不是遗书,而是为了活下去的文字。(《东京八景》)

"激情到达极致时,人会摆出什么表情?无表情。我成了微笑的面具。不,我成了残忍的雕鸮。""要在世上得到发言的权威,首先要经营好谦逊低调的普通市井家庭。""我早就已经死了……我现在不是人。是一种叫作艺术家的奇妙动物。"从这些辩解中,我看到了太宰治引用生田长江"一汪冷潭清水/谁知昔日此地/曾是火山之口"的满腔悲凉。它象征了中期太宰治的一切。哪怕风格发生了转变,太宰文学的根本主题还是没有改变。

《满愿》是发表在《文笔》昭和十三年九月号的超短篇小说。在这篇小说中，太宰的风格猛然一变，开始无止境地歌颂对人类善意的信任。我在这种明快和善意的背后看到了作者潜藏的悲伤，但是转着遮阳伞、蹦蹦跳跳走路的年轻夫人的姿态着实鲜明耀眼，从技法上说，这也是堪称杰作的短篇。

《姥舍》发表于《新潮》昭和十三年十月号。该作以水上温泉自杀失败为题材，淡淡的笔触中隐隐流露出对遭人侵犯的妻子的绵绵爱意与绝望。在这里，作者对风俗与人情的感觉被巧妙地放在了死亡这一沉重现实的对立面，并讲述了他想成为犹大那样的恶人的人生观，丢弃了所有的造作，可以说，这篇作品是悲伤的顶峰。

太宰治在昭和十三年（一九三八年）秋天来到山梨县御坂崖，努力重建自己的生活，并专心写作。翌年一月，在井伏鳟二的介绍下，他与石原美知子结婚，在甲府盖房过上了新婚生活。九月，他们迁居到东京郊外的三鹰下连雀。彼时太宰已年满三十岁。

> 我现在是个靠写文章为生的人。出门旅行时，在旅馆的登记簿上，也会大大方方地写上"职业作家"。即使痛苦，我也不再抱怨。哪怕遇到了比以前更大的痛苦，

我也会佯装微笑。他们都说我成了一个俗人。每天,武藏野的夕阳都很大,红得滚烫沸腾,颤巍巍地落下。我盘腿坐在能看见夕阳的三张榻榻米大的房间里,吃着有些寒酸的饭菜对妻子说:"我就是这样的男人,极没出息,又成不了有钱人。但我还是会好好守护这个家。"(《东京八景》)

如今,太宰就像变了个人,过上了平凡小市民低调的家庭生活。但是他生来缺乏对生命的激情,在生活上几近无能,因此他无法成为彻头彻尾的小市民。

对太宰而言,小市民生活只是一个面具,是虚构的东西。他自觉真实的自己不为世间所容,因此为了生存下去,不得不在日常生活中戴上小市民的面具。"现实有现实的限度。"(《春之盗贼》)

这句话的背后浸透了太宰试图忠于自己的内在真实,因此被世人当作疯子葬送的前期痛苦体验。太宰在实际的人生中放弃了真实地生活,将所有真实赌在了表达的世界。

> 此时,我最迫切的希望就是让自己的话语具有权威。如果无论说什么都要被当作疯子,都得不到正视,我干脆保持沉默。激情的尽头是无表情。我且成为微笑的面具。要在世上得到发言的权威,首先要经营好谦逊低调

的普通市井家庭，在日常生活的形式中无欲无求。摆出一副不受任何人指指点点的样子，出于意志的精明与算计。通过睿智严守理所当然的世间戒律。等到那个时候再看吧，不管是杀人小说，还是更可怕的小说及论文，都能自由书写。何等痛快。鸥外着实聪明。他表面装作不知，实际总在践行。我也想尝试，哪怕只能达到一半的高度也好。这不是回归凡俗，而是从内心深处对凡俗发起压倒性的报复。(《春之盗贼》)

他虽然写到了回归凡俗，但是太宰能够回归的凡俗体验，其实从一开始就不存在。平凡的市民生活并不是能给他的心灵带来快乐和安宁的自然状态，而是凭借意志履行的痛苦义务。日本的普通作家会为了写小说而刻意过上奇特的生活，寻找怪异的体验，太宰则与之相反，是为了写小说而过上与他人无异的生活。可以说，太宰明确地意识到，文学、实际生活的表达，以及现实，是属于不同维度的东西。

可是，一直过着这样的生活，会不会真的彻底颓废？

难道，不会适得其反吗？(《春之盗贼》)

这样的不安，以及并没有生活在真实之中的内疚，纷纷向他袭来。

如今，我要在此处斩断顺从的锁链，就算为此堕入何等悲惨的地狱，我也不会后悔。不行。我不能再卑微下去了。我要自由！（《八十八夜》）

然而，我如今也在碌碌无为地经营着小市民的生活，成天尖酸悭吝。我不要。哪怕只有我一人也罢。我要再一次投身那野心与献身的浪漫地狱，死不足惜！不可能吗？不可以吗？（《春之盗贼》）

太宰渴望抛开束缚的小市民生活，遵从自己的内心自由行动，孤注一掷地对抗伪善的世界。可是——

现在不可以。可悲的是，并不可以。（《春之盗贼》）

——如果照你说的做，我恐怕又得去坐牢了，恐怕又得去投水自杀了，恐怕又得发疯了。（《追思善藏》）

他开始反省，勉强忍住了冲动。

这一时期，他的作品时而符合"一汪冷潭清水"的中期理想，时而体现出打破这一状态的强烈破坏性冲动，形成了令人窒息的节奏。《八十八夜》《畜犬谈》《俗天使》《海鸥》《春之盗贼》《老海德堡》《追思善藏》《古典风》《啊，秋天》

《并非娱乐》等作品的主题都是对向生活妥协,不能忠于自我的悔恨,以及对前期"排除与反抗"的怀念。但是,他勉强控制住了客观审视自我的理性目光,没有让它倾向于破灭之路。反过来说,他通过创作这些作品,回避了现实生活的危机。

太宰治一边通过这些直接表达自我的作品维持平衡,一边歌颂人类的善意与信任,创作出了结构细致的知性作品,以及以想象世界表达思想和心理的作品,充分发挥了多样的才能。

从昭和十四年(一九三九年)到昭和十五年上半年这一年时间里,他创作了三十五篇作品。其中多有《女人的决斗》《越级申诉》《奔跑吧,梅勒斯》这样的短篇名作。*I can speak* 发表于《若草》昭和十四年二月号,讲述了甲府发生的一件小事,歌颂了对人生美好与悲伤的信任,也是一篇极好的作品。

《富岳百景》分两次发表于《文体》昭和十四年二、三月号,是中期的代表性短篇。"富士山的顶角在广重笔下是八十五度,文晁的也在八十四度左右,而根据陆军实测绘制的东西及南北向剖面图,东西纵剖的顶角呈一百二十四度。"文章以这段简短而枯燥的文字开篇,最后写下了远眺富士山的各种心境。他在御坂崖的天下茶屋埋首钻研文学,娶妻安身立命的决心与御坂崖清净的自然和人情形成呼应，贯穿了全篇。但是，文字的深处悄然流淌着一丝悲伤，端正的文体也透露出几缕羞怯与怀人的温情。文中"我深信月见草很适合富士山"那段被刻在了御坂崖的纪念碑上。

《黄金风景》发表于昭和十四年四月的《国民新闻》，与上林晓一道赢得奖项。因为老女佣的出现，自己的过去和现在变得异常鲜明起来。文中有着想要原谅自己的松弛心情，是个让人读来乐在其中的短篇。

《女生徒》发表于《文学界》昭和十四年四月号。文章使用年轻女性的第一人称告白体，由内而外地描写了女性的感觉、心理、生理，宛如自然的潺潺流水，格外细致入微。开篇写到早晨醒来的感觉，是让人过目难忘的经典描写。在那细致入微的笔触中隐隐渗透着孤独和悲伤。

《懒惰的歌留多》发表于《文艺》昭和十四年四月号，但其构思和大部分原稿应该成形于《晚年》时期。文章夸张地刻画了无事可做的虚无主人公，借助假名纸牌的形式，讲述自己绝望的心境。"い"：不念生息，不急感怀（生きることにも心せき、感ずることにも急がるる）。"ろ"：牢房暗无天日（牢屋は暗い）。"は"：母亲啊，为孩子震怒吧（母よ、子のために怒れ）。"に"：越遭憎恨，越能变强（憎まれて憎まれて強くなる）。通过这些以假名为首字发音的句子，想象出自由但颓废的故事。可以说是太宰的独角戏。

《叶樱与魔笛》发表于《若草》昭和十四年六月号。这个故事表达了信任他人的极致浪漫主义中的神秘，文笔透着淡淡的忧伤。

《关于爱与美》在昭和十四年五月由竹村书房出版，是包含五篇文章的短篇集。《秋风记》是对作者幼年时期暗恋的理想女性的柏拉图式幻想，该人物有可能是《二十世纪旗手》中出现的萱野秋。文中透露了作者对母亲式女性，以及长姐式女性的依赖。《雌性谈》中生与死的微妙关系，到这里发展成了生的救赎，是一篇名副其实的清爽而悲伤的故事。

《新树的话语》与《黄金风景》属于同种构思，讲述了与原生家庭断绝关系，身处异乡的作者怀念故乡、家庭和童年的故事。该作的写法类似心境小说，但并非完全符合事实的私小说，而应该是借用了那种小说外形的虚构故事。开篇写道："把高筒礼帽倒放过来，在帽子的底部，立着一面小小的旗帜。要这么形容甲府，才算得上准确。"这种表达令人惊艳，体现出了天才的文字感觉。从幸吉兄妹的开朗中，能窥见作者对新生活方式的摸索态度。

《花烛》亦与《黄金风景》《新树的话语》属于同种构思，是一篇关于改过自新的小说，讲述了对未来的期待。但是被称为男爵的主人公，在其夸张的过去和现在的姿态中，也融入了太宰遭遇挫折的悲哀，戏谑的文字表达了严肃的人生观。这个男爵与陀思妥耶夫斯基在《白痴》中描绘的梅诗金公爵不无相似之处。愚钝而善良的颓废男爵受到知名女演员的青睐,字里行间体现了作者身为良家子弟的大度,是个暖心的故事。

《关于爱与美》与《浪漫灯笼》皆为一家人按顺序讲述故事的小说,可谓太宰独特的作品形式。在这种形式中,太宰体验了各种浪漫的乐趣。家人之间的气氛与他们讲述的浪漫故事重叠在一起,形成了多重唱的效果。故事中处处体现了作者对和睦家庭的憧憬。三男讲述的故事中还出现了对高木贞治名著《解析概论》的解说,也有几分趣味。

《火鸟》是一部未完成的长篇小说。通过书信及其他文字可以看出,太宰为这部长篇承受了多少痛苦。我认为,这部小说融入了作者的哀愿,希望在镰仓海中死去的女性像不死鸟般在想象中重生。与此同时,他又通过须须木乙彦的死,戏剧性地埋葬了过去那个非法运动时代的自己,并试图用那个不死鸟般的女性高野幸代努力成为女演员的奋斗过程,表达自己以作家身份活下去的想法。这是太宰少见的,具有严谨结构的长篇作品,最后却未能完成,着实叫人惋惜。

《八十八夜》发表于《新潮》昭和十四年八月号。这年五月,太宰与夫人前往上诹访与蓼科的旅行体验应该是这篇作品的灵感来源。但是,他将与夫人结伴的旅行改写成了逃脱隐忍生活的独旅。文章以"前方是一片黑暗"为开场白,可以说是完美象征了当时作者内心世界之焦躁的散文诗。

上诹访旅馆的服务员阿雪是经常出现在太宰小说中的母亲式女性形象。在描述与声音甜美的服务员令人意想不到的关系发展时，作者采取了夸张的自虐态度，但在读者眼中，那反倒是纯洁而健康的情欲。也许，作者连这一点都有着精准的计算。

《美少女》发表于《月刊文章》昭和十四年十月号。这是一篇在乡间看见少女纯洁美丽的裸体，并在心中将那个景象与少女悲伤的微笑结合起来展开想象，从而写成的速写式作品。

《畜犬谈》发表于《文学者》昭和十四年十月号。战后作者谈论该作品时说道："虽然那篇作品多少有些密集恐惧症的感觉，但是在甲府生活时，野犬真的让我颇伤脑筋。一开始我十分严肃，打算用这篇文章发泄心中郁愤，写着写着就变得滑稽了。"作品开篇就写道："我对犬类很有自信。……必然要被追着咬的自信。"文字略显夸张，富有幽默感地描写了被讨厌的狗纠缠的狼狈过程，让人忍不住发笑。日本小说中有许多描写猫狗等宠物的佳作，这篇小说也将自己过着小市民生活的心境投影在狗的卑微、凄凉和悲哀之上，形成了完美的对照。可以说，文章体现了"艺术家本就是弱者的伙伴"这一太宰毕生坚持的信念。

《时髦的童子》发表于《妇人画报》昭和十四年十一月号，是一篇随笔风格的作品。与《决斗》《漫谈服装》一样，体现了作者对服装的兴趣与审美，展现了太宰"现世唯一的生命就是潇洒与典雅"的性格侧面。不带任何嫌恶的自我戏剧化和客观视角令人感同身受。

《皮肤与心》发表于《文学界》昭和十四年十一月号。文章以女性第一人称告白体写就，细致入微地描写了女性的生理感觉，读来让人感觉自己的身体也像发作了过敏症状。太宰首先从皮肤的感觉入手，直面了人类与现实。文字中透出了静静生活的庶民情感与低调的幸福。

《俗天使》发表于《新潮》昭和十五年一月号。作品风格类似于前期的《猿面冠者》与《盲草纸》，直白地表达了充满苦涩的创作过程与内心世界。"我不是鸟儿，也不是走兽"，他为这首儿歌感到强烈的痛心，回忆起了四年前在那家晦气的医院里经历的"人间失格"体验，继而陆续回忆起药物成瘾时期与银座女人的痛苦往事。"我写下这些文字，就是为了告白自己的耻辱，并为之生出些许的骄傲。"因此他展开了无止境的自虐。在"寂先生"的信中，《女生徒》的主人公再度登场，让人得到了些许安慰。

《海鸥》发表于《知性》昭和十五年一月号。"窸窸窣窣，我听见了什么声音。"该小说以这句题记开篇，散发着比《俗天使》更荒芜的气息，让人感觉到太宰对小市民生活的隐忍已经到达了极限。无言的海鸥、路边的石块、女童"越过山间，越过海滨"的悲哀歌声，都体现了作者孤寂的内心风景。发生在中国的战争，对出征士兵的内疚，如今只能随群众一道被卷入时代洪流的自己。但是，太宰排除了违心的妥协，决心以艺术家的身份生活。"我是吟游诗人，我只能继续弹奏我的小提琴。"面对这个丧失了真实生活的邪恶社会，自己闭上了双眼，已经算不得人类。"我早就已经死了，你们却没发现。只有我的灵魂，勉强苟延残喘。我现在不是人，是一种叫作艺术家的奇妙动物。我打算将这具尸骸支撑到六十岁，让诸位瞧瞧所谓的大作家。就算你们努力试图探究这具尸骸写的文章有何秘密，也是白费功夫。即使你们想模仿那亡魂写的文章也没用。还是趁早死心的好。……因为我已经丧失了自我……"

《春之盗贼》发表于《文艺日本》昭和十五年一月号。从其副题《我的狱中吟》可以看出，这是一首在名为小市民生活的牢狱中吟咏出的憧憬自由的歌。正如解说中多次引用的文字，他用散文或是戏文的风格表达了对市民生活的怀疑和纠结。文中可见作者奔放的联想能力，是研究太宰文学时极为宝贵的作品。

《越级申诉》发表于《中央公论》昭和十五年二月号。根据其夫人的回忆，太宰一口气口述了这篇作品，中间不曾停顿，最后由夫人记录下来。不得不说，作者实在是天才。"启禀大人！启禀大人！老爷，那个人好坏，好坏啊。"这种气喘吁吁的控诉口吻让我联想到了中村吉右卫门的热情演讲。

在充满魄力、令人惊叹的独白体之中，犹大对基督的爱与憎恨发生了剧烈的摇摆。犹大不了解基督的大爱与悲伤，在盲目的独占欲中兀自癫狂。但他对基督小人式的、现实的批判又很正确。基督与犹大的关系后来在《右大臣实朝》中通过实朝与公晓的关系得到再度探讨。在自己心中感应到犹大与基督这两种极端也许是作者永远的宿命。我希望这篇小说能被译介到基督教国家，并观察其反响。另外，该作品还在昭和十六年十二月由月曜庄发行了豪华的线装限定版。

《老海德堡》发表于《妇人画报》昭和十五年三月号。八年前，太宰为了写《传奇》短居三岛，结识了许多欢快而亲切的人。后来他与家人再访此地，却发现已经物是人非。他在文中对比了青春与现在、空想与现实。

《追思善藏》发表于《文艺》昭和十五年四月号。标题里的"善藏"当然是同乡前辈——流浪作家葛西善藏。作品强烈批判了自己不知不觉间梦想衣锦还乡的松驰和天真，流露出悲凉的感情。"没有晚霞，就诞生不出晓云。"他严肃地回忆起了自己的反立法角色。

《无人知晓》发表于《若草》昭和十五年四月号。该作写出了在命运的分岔路口主人公着魔的一瞬，以及人生失之毫厘差之千里的微妙。

《奔跑吧，梅勒斯》发表于《新潮》昭和十五年五月号。作品以希腊传说人物达蒙与皮西厄斯的故事，以及席勒根据该传说创作的诗歌《保证》为题材，表达了人类的信任与友情之美，又提出了对暴政的反抗。文体强而有力，是能够代表其中期明快健康一面的短篇。该作被众多教科书采用，也经常在广播节目中被朗读，是太宰最为出名的作品。但是它不仅仅是单纯的明快，而是在黑暗中强忍痛苦，因此生出的健康和明快让作品变得更有深度了。将它与希腊传说和席勒的诗放在一起比较，就会发现文中存在着极具太宰特色的心理描写和含羞之态，却丝毫没有影响作品的古典美感。太宰提到这篇作品时曾说："青春就是友情的纠葛。努力去证明友情的纯粹，彼此经历痛苦，最终也有可能陷入半狂乱的纯粹游戏。"(《雕鹗通信》)

《古典风》发表于《知性》昭和十五年六月号。贵族与仆人的恋爱自《回忆》中与美代的初恋以来，就成了太宰心中一个特殊的主题。美浓十郎手记的断片恐怕是前期作者写在笔记本上的备忘录。这些文字后来也应用到了《斜阳》直治的《夕颜日记》中。中间穿插的小阿格里皮娜、尼禄等希腊传说中的故事也提示了作者的喜好。

《女人的决斗》发表于《月刊文章》昭和十五年一月号到六月号。在太宰的小说中，这是知性技巧应用最为丰富的小说。作中有文学论、女性论、艺术家论，而且整体也是作家小说论的实践。文章以《森鸥外全集·翻译篇》第十六卷收录的十九世纪德国不太知名的作家赫伯特·奥伊伦贝格所著小说《女人的决斗》为素材，批判性地分析了那部作品，并通过空想加以解释，形成了另一种小说的铺陈。太宰的批判精神与创造精神组合在一起，形成了优秀的作品。艺术家所拥有的宿命式的非人性、女人盲目爱情的恐怖、引用利尔-亚当的小说来说明仅凭素材绝对无法成就艺术的艺术观等等，只要深入阅读，就会发现文中隐藏着各种各样的问题，并得到有关小说结构秘密的重大提示。如此高雅、知性而有趣的小说，在日本可以说无与伦比。只需读过这篇作品，就知道将太宰简单归类为私小说作家或感性的浪漫主义者是一种多么大的误解。

《乞食学生》发表于《若草》昭和十五年七月号到十二月号。它是继《女人的决斗》之后的中篇连载，但与前作截然不同，充满了浓厚的浪漫气息。作者表达了对当下贩卖文字、维持小市民生活的境遇心生厌恶，并怀念起曾经放纵的青春时代。他在玉川上水的岸边遇到了全身赤裸的学生，为其青春的纯粹感到兴奋。作品中途产生了梦幻的氛围，重回青春的感动如一场梦般消散，徒留寂寥的现实。里面讲到的数学家的故事尤为有趣。

这一时期，他还写了被收入《短篇集》的六篇超短篇作品。

《啊，秋天》发表于《若草》昭和十四年十月号。文中收集了关于秋天的断片式文字，有着浓厚的颓废色彩。《啊，秋天》本身便是让人心中刺痛的讨厌标题。可以说，这是太宰敏锐感觉和尖锐表达的范本。

《女人训诫》发表于《作品俱乐部》昭和十五年一月号,《并非娱乐》发表于《文学者》昭和十四年九月号。前者感官式地表达了女人的残酷和可怕,后者则通过一则小故事表达了在痛苦的病人时期自己的心境。

《颓废派抗议》发表于昭和十四年十一月号,《一灯》发表于昭和十五年十一月号的《文艺世纪》。前者提示了作者恋爱的一种原型,展现了梦与现实的断层。后者是身为艺术家的反省,还强调了对兄长的怀念。

《失败园》《丽莎》没有发表在杂志上,而是收录在了昭和十六年五月出版的《东京八景》中。前者通过庭院的植物戏谑地表达了心境。后者是为广播节目写的作品,淡淡地描写了人心之美。太宰的确是这类短篇的名手。

从《盲人独笑》到《耻》——中期 II

从昭和十五年(一九四〇年)下半年到昭和十六年末,太平洋战争爆发前的一年半,太宰创作了十四篇作品。这些都是他三十一岁到三十二岁期间创作的。

到了这一时期,太宰治终于适应了小市民和家庭生活,开始稳定下来。由于战争将至,社会的管制逐渐加强,不再允许放纵的个人行为。处在那个令人窒息的灰色时代，太宰反而表现出了放松下来的感觉。与自我宿命的认知、身为灭亡之人的反立法角色、背叛者的负罪意识混乱纠结的前期不同，在中期这个时候，他已经接受了现实有现实的限度，得以冷静而客观地审视自己。

此前的太宰无论对现实生活还是作品，都试图以施加于自身的下降式伦理来严格自律。那些作品被近乎戒律的伦理紧紧束缚，毫无活动的余地。过度的伦理性使作品的艺术性枯死了。中期的太宰摆脱了文学与生活的一元论，让作品远离了直接的伦理性。于是，此前的伦理禁忌全都隐入阴影之中，太宰天生的爽朗性格与奔放才能得以自由自在地发挥出来，让他的艺术性瞬间绽放。这一时期，太宰的文学可以说是绚烂的花园。东西方的古典作品、民间传说、《圣经》、日记都成了他的题材，而他则在其中恣意展开自己的主题与空想。每一篇作品都充满了趣味和深意，仿佛漫游在艺术的沃野之上。无论在身体上还是生活上，这一时期的太宰都最为健康充实。

从这一时期开始，马克思主义被《圣经》和爱的问题取而代之，后者逐渐成为更大的主题，这成了太宰中期的一个特征。不仅是才华横溢的短篇，他还开始创作更需要耐心的中篇和长篇作品。"论五十米赛跑，本世纪能打破其记录的人并不存在。不仅读者这样想，选手本人也默认了。这就是那位俊敏如隼的年轻作家太宰治。"如今，他正在渐渐转变成了"稳重如牛"的马拉松选手。

但是，太宰并没有变成神经迟钝、厚颜无耻的匠人式大作家。他也不可能成为那样的作家。他的神经依旧纤细，自我意识依旧强烈。只要他被职业作家的安逸、世俗和伪善所影响，马上就会写出《蟋蟀》那种带有强烈自我否定的小说。这一时期，他为了避免被卷入大步迈向战争的邪恶时代，刻意不去关注社会，而在古典的世界中尽情创作艺术至上主义的文学，与此同时又猛烈地鞭打试图安居其中的自己。

《盲人独笑》发表于《新风》昭和十五年七月号。如《序言》所示，该作以伊马鹈平（春部）推荐他阅读的《葛原勾当日记》为原型。他一面模仿其不可思议的哀愁文体，一面大胆改写其内容，塑造了为秘密恋爱与艺术的野心而痛苦不堪的二十六岁青年的形象。他将主人公设定为盲人，通过磕磕绊绊的假名文字鲜明地表达了他的牙痛、暑热、凉寒、无为的悲伤和烦躁。读其随笔《盲人自嘲》，有个小故事也很有意思。《勾当日记》的编者葛原茂向他指出："越后狮子九十遍，那可是闻所未闻啊。"说得太宰面红耳赤，并在作品编入创作集时改成了"四季之景。练琴。三十二遍"。

《蟋蟀》发表于《新潮》昭和十五年十一月号。在创作集《玩具》的后记中，他写道："这段时间我有了一些收入，一次性收到了将近一千日元。这对我来说还是头一回，因此非常不安。最后那些钱很快就花掉了，但我还是担心自己会否因此成了所谓的'原稿商人'，于是写下这篇小说以自戒。该小说发表后，有人谣传文章攻击了文坛的某位流行作家，但我从未理睬过那个人。我只是惩戒了自己心中的俗念。"太宰终其一生，既渴望一流艺术家的声誉，又最害怕因为虚名和物质的幸福而堕落。而且，他将沙龙艺术家和卑鄙的俗人艺术家视作毕生的大敌。女主人公既不追求财富也不追求名望的无偿之爱如此纯粹而偏狭，也许只是不谙世事之人的自我满足。但无论多么偏狭，它都像尖针，深深刺中了我们内心的俗念。这是太宰作品的一个重要主题，并且与战后的《维庸之妻》《阿赞》《美男子与香烟》《斜阳》和《如是我闻》一脉相承。

《清贫谭》发表于《新潮》昭和十六年一月号。该作的灵感来源于《聊斋志异》的一篇作品，作者在其中发挥了丰富的想象力。可以说，它正好与前作《蟋蟀》相反，没有一味地坚守清贫与纯粹，而是主张生活在现实社会，用才能交换柴米油盐，这才是真正的艺术家和真正的人类。菊精姑娘黄英的清纯美艳让人印象深刻。

《东京八景》发表于《文学界》昭和十六年一月号。正如本书已经多次引用的内容所示，这篇自传式作品忠实地记述了太宰治来到东京之后，从马克思主义时代到创作《晚年》

的前期，再到中期的人生经历，是了解太宰生活不可或缺的宝贵作品。太宰终于在精神上和生活上获得了安宁，得以冷静地回顾过去的狂乱时代。该作品虽然没有《小丑之花》《狂言之神》《虚构之春》、HUMAN LOST、《姥舍》那种身在其中拼命挣扎的逼真魄力，但简洁而收敛的文字中隐隐透出了人生受挫的悲凉，牢牢抓住了读者的内心。红到沸腾般缓缓落下的武藏野的夕阳，就是太宰孤寂的内心风景。

《雕鹗通信》发表于《知性》昭和十六年一月号。昭和十五年十一月，他接受新潟高等学校（旧制）的邀请前去演讲，本文记录了那段旅程的体验。福田恒存指出，《东京八景》为太宰治带来了转机。他确实在这一时期突然成熟起来，展示出了冷静的风格。他听见年轻学生讲冷笑话，认为他们没出息，还被学生围在中间，认真地回答他们的提问，这样的太宰无疑高大可靠，难怪会被旅馆的服务员误认为剑道老师。

《佐渡》发表于《公论》昭和十六年一月号。这是与《雕鹗通信》题材相同的旅行记续篇。两篇作品都坦率地表达了太宰忍耐的心情和气魄，让人读来感觉舒畅。文字间已经看不到天真的论调，反而有种坚韧的骨气。渡船若无其事地穿过了他认为是佐渡的小岛，前方云烟弥漫之处现出了大陆的影子。那难道是能登半岛？如果那是佐渡，那刚才的岛是哪里？独自一人混乱狼狈的段落无论读多少遍都让人会心一笑。作者在佐渡孤独地忍受着身为多余者的寂寥，这种心情也如实传达给了读者。

《漫谈服装》发表于《文艺春秋》昭和十六年二月号。从《时髦的童子》中也能看出，太宰对服装怀有极大的关注。他有一件亡父留下的久留米碎纹布单衣，每次穿出去必定会淋雨，有一回还遇上了大洪水。还有一件红色条纹的咔叽外套，象征着曾经的艺术家的矜持。太宰一边谈论服装，一边谈论自我的宿命，以及艺术家和市民的关系，也可以将其理解为一篇文明批评。

《千代女》发表于《改造》昭和十六年六月号。该作以女性第一人称告白体形式，完美地描绘了曾经被追捧为作文天才少女的女孩在成长过程中遇到的烦恼和痛苦。他描写女性的心理如此细致入微，堪称天才。该作的主题也是市民与艺术家、大人与孩子、矛盾与断绝。我每次钻进被炉，都会想起文中那句"被炉是人类的睡箱"。

《香鱼千金》发表于《新女苑》昭和十六年六月号。这是个文笔幽默的短篇，把娼妇的形象描写得美丽而纯洁。文字背后也许潜藏着作者为命运悲惨的女性发出的祈祷。"啊，或许我就是一个俗人。"文末的感叹体现了对现实妥协，甘于过小市民生活的悔恨。

《浪漫灯笼》发表于《妇人画报》昭和十五年十二月号到昭和十六年六月号。《关于爱与美》中的入江五兄妹再次登场，一家人合力创作小说。在这里，和平的市民与艺术达成了一致。太宰满怀憧憬地描绘了全是好人的和睦快乐的家庭生活，并通过这些人之口，讲述了以爱与家庭生活的危机为主题的浪漫故事。兄妹的性格与他们的故事相重叠，演绎了复杂的趣味性。太宰在这种童话的框架中歌颂了关于爱的毕生主题。

《新哈姆雷特》是他第一部直接出书的长篇小说，由文艺春秋社在昭和十六年七月出版。作品以莎士比亚名篇《哈姆雷特》为原型，但并非单纯的新解或注释。他在写给井伏鳟二的书信中写道："我想把过去的生活感情完全整理一遍，化作文字留存下来。在这个意义上，它也许算是私小说。其形式虽然类似戏剧，但我写的并非戏剧，而是新型的小说。"由此可见，太宰通过哈姆雷特、奥菲利娅、波洛涅斯，或是克劳狄斯、乔特鲁德等人物，灵活而略显饶舌地表达了自己的人生观和体验。读了这部作品，会发现里面囊括了对父母的爱与不信任、与原生家庭的纠葛、与人类接触带来的悲凉、爱与利己主义、"爱是话语"这种宿命式的认知等太宰整个生涯都在思索的主题。"我从来没有过轻蔑、憎恶、愤慨和嫉妒。我只是模仿他人，装出了憎恶和轻蔑的模样，实际却毫无感觉。……唯一真实的，此刻正在我胸中激荡的情绪，便是何等可怜。我仅凭这一种感情，活了整整二十三年。"哈姆雷特的这番抒怀其实就是太宰的抒怀，也可以说是通往

《人间失格》的太宰文学的关键所在。

另外，他还在战后作品集《猿面冠者》的后记中写道："《新哈姆雷特》是新的哈姆雷特形式的创造，还有一点，就是通过克劳狄斯来描写现代之恶。这里登场的克劳狄斯与过去的典型恶人大不相同，甚至看上去有点像性子软弱的好人。但他杀死了先王，成功获得了不纯洁的爱情，然后掀起一场遮羞的战争。让我们痛苦不堪的恶人多是这种类型的大人。"克劳狄斯代表的现代恶人就是太宰视之为毕生大敌的伪善社会人、艺术家和庸俗之人。由于太过贴近太宰的心情，这个角色的塑造不能算是完全的他者。直到《人间失格》的比目鱼，太宰才能描写出绝对之恶。

正如作者本人所说，他在莎士比亚身上"感觉到了天才的手笔"，多少有点被《哈姆雷特》拖着走的感觉，但这样反倒使他在保持原著宏伟架构的同时，在故事中畅所欲言，描写了现代人微妙的心理，制造了自在玩耍的效果。不仅是《新哈姆雷特》，在《女人的决斗》《越级申诉》《奔跑吧，梅勒斯》《清贫谭》《右大臣实朝》《新释诸国奇闻》《御伽草纸》这些以名作为原型的作品中，太宰都发挥了奔放的想象力，尽情表达了自我，写出了完全自由的杰作。

波洛涅斯在儿子雷欧提斯出发去游学时的训话，以及剧中剧的彩排场面等等，都充满了让人忍俊不禁的幽默。落幕之际，国王下达了命令："为了国家的名誉，为了这至高无上的旗号而战吧！"对此，他又写下了一句台词："难以置信。我到死都将怀抱这样的疑惑。"当时正值日本举国投入太平洋战争的前夕，他能写出这样的句子，可谓极为罕见的案例，也显示了太宰的反抗精神。该作虽然是案头戏，战后依旧在舞台上演出过两三回。

《风闻》第一部分发表于《文学界》昭和十六年十一月号，中间部分以《旅信》的标题发表于《新潮》昭和十六年十二月号，最后部分则以《秋》的标题发表于《文艺》昭和十六年十一月号。这篇小说采取了木户一郎与作家井原退藏往来书信的形式。但与其说是小说，它更像是一篇文学论与人生论。二者就内在世界与话语表达的问题、自我意识和自信的问题、古典主义与浪漫主义的问题、世代理论等展开了讨论，是了解太宰文学观的重要资料。小说让人联想到太宰治与佐藤春夫、井伏鳟二，或是志贺直哉曾经的关系，以及后来田中英光、小山清与太宰治的关系。但可以认为，木户与井原其实是太宰本人的两个侧面。这一时期，《圣经》成了太宰文学的一大主题。

《谁》发表于《知性》昭和十六年十二月号。作品首尾的笔触轻盈幽默，具有小说的形式，实际上是受到《圣经》启发，探究与上帝相对的撒旦——恶魔之本质的作品。他在这里再次深入探讨了他为自己设定的、犹大之于基督那般的反立法角色。

《耻》发表于《妇人画报》昭和十七年一月号。该作以作家的表达与现实生活的差异为主题，试图通过女性读者的书信这种形式清世人对自己的误解，其中轻微的戏谑和傲慢发人深思。

从《新郎》到《佳日》——中期 III

通过文学年表亦可看出，日本文学的总体倾向就是太平洋战争期间作品数量骤减，而且几乎见不到拥有完整艺术性的作品。战争持续的三年半时间可以说是日本文学遭到破坏并停滞的空白时期。

然而太宰治在此期间完成了一生三分之一的工作。而且，其作品的艺术充实度极高，还出现了好几篇杰作。对太宰而言，战争时期是他能够专注于自身艺术创作的缓冲时期，也是作品的丰产时期。日本竟存在着这样一位作家，应该是值得在文学史上大书特书的事实。

针对昭和十二年（一九三七年）爆发的侵华战争，太宰治始终保持暗含否定的沉默。但是到了昭和十六年（一九四一年）十二月八日，日本与美英开战时，正如几乎所有日本文学创作者一样，他也受到了冲击，陷入了一种兴奋状态。有观点认为，《新郎》和《十二月八日》意味着太宰终于向战争屈服,向时代妥协,但这并不完全正确。与日本发动的侵华战争不同,这次战争的对手是一直以来称霸世界的美英强国,他身为日本人,意识到这回大事不好,不能再这样下去,于是激发起了迫切的心情和强烈的民族感情。我认为,太宰在开战时展示出的昂扬心情是身为日本人理所当然的反应。

但是,太宰没有像别的文学创作者那样陶醉于战争的成果,懒散地创作顺应时代的非文学作品。他将那种迫切的心境投向了自身艺术的确立之上。他在时代的洪流中,非但没有丧失文学创作者的主体性,反而试图确立文学本来的姿态,强调文学的自主性。这一严肃的姿态促使太宰在战争期间坚持了当时罕见的创作活动,令他在恶劣的环境中写出了《右大臣实朝》《津轻》《御伽草纸》等杰作。

然而只要仔细审视就会发现,太平洋战争爆发初期,对艺术家太宰来说是个面临巨大危机的迷茫时期。《新郎》中体现的紧绷而透明的异样心境并非来自战争,而是预感到灭亡的明快的虚幻,是濒临自弃的虚无主义。

> 日子只能一天一天好好地过,别无他法。别烦恼明天的事。明天的烦恼明天再烦。我想开心、努力、温柔待人地过完今天一天。最近的天空,总是湛蓝的、迷人的,引得人想去划船。山茶花的花瓣像是粉色的贝壳,花瓣随风落下的时候,我听到了清脆的声音。这是我今年第

一次看到这么美丽的花儿,有些着迷。所遇到的一切都让我念念不忘。……

我更加用心地爱护我的家人。之前,我会装作没有听到小孩子的哭声,随他在隔壁哭泣。现在,听见哭声我就会起身去隔壁抱他,笨拙地摇着胳膊哄他。我会偷偷在半夜凝视孩子的睡颜,我想一直记住他睡觉的样子。虽然这不会是我们的最后一面,但我还是怀着这样的心情注视他。(《新郎》)

我把腹部、胸部都用纯白的棉布缠上。总是,纯白的。连内裤也是纯白的平织棉布做的。这也,总是纯白的。夜晚的时候,一个人睡在纯白的床单上。(同上)

真是幸福的光景啊。也不知能持续到何时。下一页会是什么样的照片呢?会是意外的照片吗?(《小相簿》)

太宰似乎已经做好了死的准备。就算不是自杀,他也预感到了不久之后的灭亡。那也许是艺术家太宰治的死。这一时期的文章中呈现出的异常清澈的境地,可以说超越了艺术性,更接近于宗教。那是不需要艺术欲求,或者说超越了艺术欲求的信仰世界。

太宰遇到了艺术上的瓶颈。他深陷于否定自己此前的生活方式，否定自己文学创作姿态的冲动。《水仙》《日出之前》都是试图彻底抹杀过去的自己，让人隐隐窥见了人生深渊、虚无世界的可怕作品。另外，《归去来》《故乡》则是容忍一切，对现实妥协的作品。《黄村先生》系列则体现了试图平复那种痛苦的逃避态度。

从这一时期的作品中可以看出太宰治内心的迷茫。时而怠惰，时而严肃，希望与绝望、容忍与抗拒相交错。他被《圣经》的话语打动，也是在这一时期最为贴近基督教信仰。处在太平洋战争这一异常的状态中，太宰内心中临近死亡的位置也发生着安静而紧迫的斗争。

《新郎》发表于《新潮》昭和十七年一月号。末尾附记写道："本文于昭和十六年十二月八日脱稿。……"从文中可以窥见他在太平洋战争爆发伊始的紧张与昂扬。忍受物资不足的现状，清算此前的邋遢生活，每天过得很充实。这虽然是当时日本国民的普遍心情，但正如上文所述，作品以《圣经》的文字开篇，呈现出一种紧绷的情绪和透明的美感，显得格外异样，甚至有种不祥的征兆。文字中混杂着内在的紧张与对一般风潮的妥协，纯朴耿直与不合情理，像一段不和谐的旋律。穿上鹤丸纹徽的和服，乘马车穿过银座八丁，这种愿望体现了太宰在一直否定的事物上的返祖式倒退。

《十二月八日》发表于《妇人公论》昭和十七年二月号。他从夫人的视角描述了开战当天的丈夫及其友人的言行举止，还有镇中居民的氛围。文中罕见地出现了伊马春部、龟井胜一郎、园子等真实姓名。因为借用了主妇的视角，以客观的手法创作，该作不存在其他作家文章中的"圣战万岁""恐惧和感激"等讴歌战争、过后读来让人脸红的语气。文中登场的太宰形象充满幽默感，甚至带有讽刺色彩。战后，由花田清辉、佐佐木基一等人编辑的《日本抵抗文学选》收录了这篇作品，可见从某种角度来阅读，也可以将其理解为批判战争的小说。文章最后描写了饮酒之后大谈（基督教）信仰的太宰，并如此评论道："也不知他有几分疯癫，真让人无奈。"其中巧妙地隐藏了作者的真实想法。

《律子与贞子》发表于《若草》昭和十七年二月号。这应该是以作中引用的《路加福音》第十章的话为基础，通过联想而写成的短篇。性格相反的两姐妹形象被描绘得简洁生动，通篇荡漾着轻松的幽默感，提出了关于爱与表达，人类应该坚守的真实是什么这一太宰重要的主题。

《正义与微笑》成文于昭和十七年一月到三月，同年六月由锦城出版社出版，是太宰第二部完结的长篇小说。后记写道：

> 《正义与微笑》是作者读了青年歌舞伎演员T君少年时期的日记，并在此基础上通过自由幻想写就的小说。

文中的R大学、海鸥座、春秋座[1]皆为作者的虚构。……T君的日记成文于昭和十年前后，因此《正义与微笑》的背景也是当时的日本。

小说以太宰年少时的友人堤重久的弟弟堤康久（当时以中村文吾之名在前进座当演员）的日记为蓝本，主题是《马太福音》中的"你们禁食的时候，不可像那假冒为善的人，脸上带着愁容"。小说标题《正义与微笑》便来自体现了这一主题的主人公座右铭"以微笑行使正义！"。这部长篇小说大量引用了《圣经》，是了解作者对《圣经》的看法的重要资料。昭和十年前后，太宰开始关注《圣经》，并深受其影响，到了创作小说时，《圣经》的基督教思想已经成了太宰日思夜想的一大主题，他的思想和想象也都围绕《圣经》展开。他通过主人公的视角，反省了《旧约·申命记》中摩西的苦心。

> 人类从一开始就没有什么理想。纵使有，那也是顺应日常生活的理想。远离生活的理想——啊，那是通往十字架的道路。没错，那是圣子的道路。我不过是一介凡夫俗子，整日念叨着一日三餐。我最近逐渐成为一名

---

[1] "海鸥座""春秋座"以及下文的"前进座"皆为剧团。——译者注

踏实过生活的人。成了在地上匍匐而行的鸟，天使的翅膀不知什么时候不见了，再怎么挣扎也没有用。

这种自我批判看上去像是对前期忘却生活、甘愿被钉上十字架的狂乱生活的放弃。这也是他卸下了一切造作与自负的告白，承认自己并非被选中的上帝之子，而是平凡的民众。与此同时，还表达了纵使在地上匍匐而行，也想朝着理想靠拢的决心，反映了太宰当时的心境。

小说完美地描绘了人在十六岁到十七岁，也就是少年到青年这一人格形成时期的精神面貌。主人公在善与恶、希望与绝望之间剧烈摇摆。其心性纯洁、正义感极强，又被自我意识所困扰的复杂微妙心理，可以说正是太宰心理的反映。太宰的分裂性气质使得这种青春期心理伴随其一生，并且不断深化，又凝聚成了文学。这是最经典的有着永远的青春文学之称的太宰文学，也是只有太宰能写出来的题材。对教师和同学的反感嫌恶、对兄姐的爱憎动摇，有时还化身演员，假扮成小市民的心理过程令人为之痛心。"他生前最爱为人带来欢乐！"作者毕生的夙愿与小说主人公的心愿完美重合，堪称一部恰到好处的杰作。昭和前十年的学生风俗也得到了巧妙的描画。但是正如开篇的赞美诗所象征的那样，太宰的奉献精神过于强烈，导致作品整体略显浅薄，有一种健康向上的娱乐小说的倾向。

《等待》被收录在昭和十七年六月出版的小说集《女性》中。它虽然只是超短篇小说，但是细读之下会发现许多深层的含义，可算是一篇杰作。人生的本质被凝聚为"等待"二字。这个女性，还有作者太宰，究竟在等待什么？不是上帝或救赎这种轻易能说出口的东西。

《水仙》发表于《改造》昭和十七年五月号。这是太宰罕见的，放飞自我的残酷小说。读完会产生一种可怕的心情，怀疑人类的真实价值是否始终无法明确。"二十世纪或许也诞生了艺术的天才"这一疑问，有可能是否定了前期的自我，过着平凡人生活的太宰发出的，伴随着强烈悔意的心声，他猜测，也许一切的真实、真正的可能性就潜藏在被他否定的前期的自我中。读过这篇小说，我每次吃蚬子汤里的食材时都会突然犹豫片刻。

《小相簿》发表于《新潮》昭和十七年七月号。作者以照片为媒介，以自虐式的幽默口吻讲述了自己的生涯，是继《东京八景》之后的自传式作品，极具太宰的特色。有一次家里来了朋友，我拿出相册给他看时，脑中突然浮现出这篇小说的文字："每次想对他们敷衍一番，冠冕堂皇地把它们赶出家门时，总会冒出相册这种东西。"那一刻，我心中不禁愕然。太宰果真是个口舌毒辣的心理专家。

《日出之前》发表于《文艺》昭和十七年十月号，当时的标题《烟花》由于不符合战争时局，被当局下令全文删除。

战后的昭和二十一年十一月，文章改题为《日出之前》，收录在小说集《黎明》中。太宰通过这篇小说讲述了自己面对身为不良少年的兄长胜治时如何低声下气，因此苦恼万分，还讲述了曾经的自己牺牲家人尽朋友之义时的心情，最后让一个无可救药的人杀死胜治，将其否定了。结尾，他对一心为兄长奉献的美丽妹妹说："不，哥哥死了，我们便幸福了。"其文字形成了强烈的冲击。太宰竟如此希望将自己刻画为恶人，并加以否定吗？该作连文字都极为冷漠无情，读来仿佛窥见了人心的无底深渊，让人毛骨悚然。莫非世上果真存在着不应该降生的人吗？

《归去来》发表于昭和十八年六月发行的《八云》第二辑。这篇作品也站在过着平凡生活的小市民立场上，回想曾经自视甚高的自己给他人造成了许多麻烦，并希望向他们道歉。照顾过太宰的北芳四郎和中畑庆吉都被刻画成了温暖的角色。后来太宰在创作《人间失格》时，将起到与北先生相似作用的比目鱼刻画成了恶人和毕生的大敌，两者形成鲜明的对照。善良的一面与邪恶的一面皆为真实，然而太宰虽在文中表达了感谢，文字中仍有勉强之处。在此谅解之心的延长线上，是返回义绝十年并始终否定的故乡津轻，甚至回到原生家庭请求原谅的心情。北与中畑的关爱，久违的故乡，与亲人的重逢，这些都是令人落泪的动人场面，但是也暗藏着几丝寒意和遗憾。太宰向一直以来支撑他的敌人妥协了，丧失了反叛的姿态。

《故乡》发表于《新潮》昭和十八年一月号。继《归去来》之后，这又是一个与故乡和原生家庭和解的故事，而且以母亲病危为题材，比《归去来》更具紧张感。太宰在这里准确地描写了携妻带子深入敌营的逆子的微妙心理，并且明确提示了自己的心结所在。封建秩序、主从关系、亲人爱憎，他用内敛的文字描写了这些现实的纠葛，让读者心情沉重。作者的视角没有被主观性蒙蔽，正确洞察了一切事物。

《禁酒之心》发表于《现代文学》昭和十八年一月号。作者以极为巧妙的笔法描绘了资源严重匮乏的时代，日本推行酒水配给制度时，酗酒之人可怜又滑稽的形象。竖起茶叶梗的威士忌，关紧门窗战战兢兢饮下不足一合配给酒的场景都描写得令人发笑，实在是一篇诙谐讽刺的作品。

《黄村先生言行录》发表于《文学界》昭和十八年一月号。该作品后来又衍生出《花吹雪》和《不审庵》等一系列黄村先生故事，用一种隐晦的手法描写了难以表述的痛苦的内心世界，以逃避压迫逐渐加重的言论统治。作者用冗长饶舌的文笔讲述了在古典作品和百科辞典中查到的事项，将真实想法隐藏其中，并让黄村先生这个人物插科打诨，展示了高超的写作技巧，试图用理想和现实的落差来表达带有讽刺的笑点。这部沉迷山椒鱼的《黄村先生言行录》，是太宰文学中最为接近井伏鳟二境界的作品。

《花吹雪》被收录在昭和十九年八月出版的作品集《佳日》中。它属于"黄村先生系列",讲述了黄村先生对武术的痴迷,以及"我"滑稽的失败故事。黄村先生系列与伊藤整的"得能五郎系列"、中野重治的"车善六系列"结构相似,可以说是战争期间自我表达的最有效方法。在《花吹雪》中,作者证实了森鸥外的战斗性,还模仿宫本武藏的《独行道》发出了"人生唯有永别"的内心真实想法。

《不审庵》发表于《文艺世纪》昭和十八年十月号。其属于"黄村先生系列",讲述了学习茶道失败的故事。这些作品表面上力求幽默,却暗含着一种叫人抓心挠肺的焦急,既非爽朗的大笑,亦非强烈的讽刺。

《作家手帖》发表于《文库》昭和十八年十月号。作者从七夕的美好幻想回忆起幼年的悲伤,也表达了自己对为成为大众一员而工作的一线工人的亏欠感。作品整体呈现出面对时代和社会的迟疑和悲伤,明确地表露出了作者对战争的妥协。

《佳日》发表于《改造》昭和十九年一月号。作者以幽默的笔触描写了为朋友进行婚礼筹备,但由于不熟悉流程而劳累不堪的场景。故事表达了太宰对古风之大气优美的憧憬,以及对麻木笨拙的朋友的嫌弃,可以说是一篇出于奉献精神的娱乐小说。该作品经过八木隆一郎改写,由东宝制作,拍摄成了名为《四场婚礼》的电影,由入江隆子、高峰秀子主演,是战争中格外明快的喜剧作品。

从《右大臣实朝》到《御伽草纸》——中期Ⅳ

昭和十八年（一九四三年），太平洋战争越发深入，开始出现日本失败的征兆。从这一年到一九四五年的两年间，太宰连续创作了六部长篇作品。昭和十七年末到十八年春，他创作了《右大臣实朝》，十八年秋创作《云雀之声》（该长篇一度被禁止出版，直到昭和十九年末才有机会问世，然而工厂遭到战火波及，不得不等到战后再作修订，后改题为《潘多拉的盒子》，最终得以出版）。十八年末到十九年末创作《新释诸国奇闻》，十九年夏创作《津轻》，二十年冬创作《惜别》，二十年春夏创作《御伽草纸》，几乎没有停顿。与此同时，他在这一时期几乎没有创作短篇，发表在杂志上的文章屈指可数。对号称短篇名手的太宰来说，这是一个特殊的时期，可以称之为单行本长篇的时代。

在战争背景下，日本政府收紧了对杂志出版的控制，文艺杂志接连停刊、整合，更由于用纸紧张导致页数减少，文学创作者发表作品的舞台明显变小了。此外，大部分作品都是歌颂战争的御用文学，除此以外的作品很难登上杂志，因此自明治以来支撑着日本纯文学发展的在文艺杂志上发表作品的方式难以为继。由于外部环境的恶化，众多文学创作者立刻停止了创作活动，只有少数有心之人反而在这一时期不受杂志业影响，主动专注于文学创作，并且不寻求通过杂志发表，转而以直接出版单行本的形式发表作品。太宰治就是那少数没有屈服的文学创作者之一，可以说，他展示了战争时期艺术家的正确态度。

　　昭和十七年、昭和十八年、昭和十九年、昭和二十年，对于我们这代人，真是一个残酷的时代。我被点名了三次，每次被点名都要接受竹枪突击的特训、拂晓动员什么的，其间抽空发表了一些小说，就有谣言说我被情报局盯上了。昭和十八年发表了一部三百页的小说《右大臣实朝》，却被人以愚弄的方式读成了《犹太人实朝》，说是太宰把实朝比作犹太人什么的，别有用心地把我说成是卖国贼。也有一些卑劣的"忠臣"，故意把我当作"非国民"，要揭发我。我的一篇四十页的小说刚一发表，就被命令从头到尾全文删除。还有一篇二百多页的小说，根本没能出版。但是，我没有停止写作。既然都这样了，必须要坚持写到最后。这已经不是什么讲道理的问题了，而是普通老百姓的志气。但我不打算像某人那样说什么"我本不喜欢战争。我是日本军阀的敌人。我是自由主义者"等等，战争刚一结束，突然就开始说东条的坏话，叫嚣着什么战争责任，践行着新型的机会主义，我可没有这个打算。现在就连社会主义也堕落成沙龙思想了。我仍然无法赶上这个时代的潮流。

战争期间我到处宣扬厌恶东条,蔑视希特勒。但是,在这场战争中,我是大力支持日本的。虽然我这样的人就算表示支持,也完全起不到什么作用,但是我是一直做好了支持的准备的,这一点需要明确说明。这场战争从一开始就没有任何希望,但是,日本发动了战争。(中略)

虽然我是"拥护日本"的,但是当时的政府却不信任我。有谣言说我是情报局的危险人物,就没有出版社向我约稿了。说得庸俗点儿,当时生活费不停地上涨,孩子也在增加,再加上几乎完全没有收入,心中无比不安。当时不仅仅是我,所有创作所谓纯文学的人,都是一副火烧眉毛的样子。但是其他人大多都有一些书画古董等财产,变卖掉这些也能救救急。而我没有任何财产。我也想过在此种情形下,如果我应召出征,那么家里人该有多惨呀。不知为什么,我的征兵通知书一直没有来。虽然我并不想信口开河,却不得不承认这是老天助我也。我就一直坚持写小说。(《十五年》)

战后,太宰如此回顾了当时的环境。可以说,在这一期间,太宰治过着最为坚韧而脚踏实地的生活,也最严肃地投身于艺术的创作。他不再考虑文坛的现实名誉和面对世人的姿态,转而专注于自我的内部,试图通过艺术将其完美地表达出来。

"唯有此道,方乃生存之道。"(《右大臣实朝》)除了专注于文学，他别无活下去的办法。太宰如同着魔一般，在战争期间不断将自己的毕生主题写成作品，这种紧张的心理状态，如同不愿浪费每一秒钟的临死之人，又好似暴风雨前紧张收割作物的农夫，呈现出异常的昂扬。他想向着未来永恒的时光，绽放出破灭之前最后的光华。

当时，他对一位前辈秘密透露了内心的想法：

> 我目前正在考虑自杀一事。但是我在忍耐。与其说是因为妻儿太可怜，不如说我无法忍受的是作为日本国民，我的自杀会成为外国的宣传材料。而且那些去了前线的年轻的友人们，如果听说了我的自杀，将会是怎样的心情？想到这些，我只好忍耐着。为什么除了自杀别无选择？这个您应该也是知道的。只是，我没有财产，就比其他人的痛苦更加强烈一些。……事已至此，就是为了争口气。我打算开开心心地活到我去世的前夜。然后，就是一味地写小说。但是，我才不会写讴歌战争的小说呢。

《厚脸皮》发表于《文学界》昭和十八年四月号。与其说这是一篇独立的小说，更应该说是针对《右大臣实朝》的读后感或预告。太宰平时很避讳谈论自己的作品，这次专门以《厚脸皮》这种反抗自我意识的标题写出一篇文章，可见他当时将一切精力灌注在了《右大臣实朝》的创作中，并对该作抱有一定的自信。《厚脸皮》的文字具有自虐、羞怯的风格，少见地让人联想到前期的太宰。作者在文中展开的历史文学论探讨极具深意，接受驻守军人定期点名的轶事也体现了太宰处在当时的环境中，过着怎样难以忍受的生活。

《右大臣实朝》是单行本长篇小说，昭和十八年九月由锦城出版社出版。太宰在昭和十七年十月十七日的信中写道："本月二十日之前，我要将所有短篇收尾，然后正式投入《实朝》的创作。我的心情就像泣血杜鹃。明年我也三十五岁了，因此想留下一篇中期的佳作。"（致高梨一夫信函）他在 HUMAN LOST 中也写过"难忘实朝"这样的话，并且在《厚脸皮》中写道："每当痛苦时，我一定会想起实朝。一直希望有生之年能写写实朝。"源实朝是太宰治自少年时代起便崇拜的偶像，也是他精神上的理想形象。在镰仓幕府以血洗血的黑暗政治和北条氏阴谋的背景下，实朝一心憧憬着京都的典雅，而且他还是个天生的歌者，留下了杰作《金槐和歌集》，其后英年早逝。实朝的命运及其心境也许让太宰产生了灵魂上的强烈共鸣。他试图通过实朝去寻觅与蝇营狗苟的人类及社会完全相反的、绝对不求报酬的精神贵族（这个寻觅延伸到了《斜阳》最后的贵族女性——母亲身上），或者也可以说，他梦想着基督的幻影。当太宰终于有机会实现多年的梦想，他的投入程度可谓非同寻常。"我也算是幸福的男人。……

人的一生能乐在工作的时期并不多。"(《厚脸皮》)从这句话也能看出太宰的兴奋状态。可以说,这是太宰深藏心中的浪漫主义最为高扬的作品。太宰先是引用了《吾妻镜》的简短原文,然后让实朝的近侍回想二十年前的事。可以将《吾妻镜》的原文与太宰在此基础上想象的实朝形象放在一起对比,其效果自不消说,而且从字里行间还能窥见作者敢于挑战历史的自信。在"是也"的讲述口吻中,唯有实朝说的话会换行以片假名突出,这种大胆的手法稍有不慎便会显得装腔作势,但作品完美地发挥了它的艺术效果。他分明看透了镰仓幕府黑暗的氛围和人们的恶意,还是竭力用明快的话语和善意进行描写。可以说,作品成立在只能通过文学表达实现的、宛如走钢丝一般的冒险之上。在明快、善意和高雅的另一侧,则是当时饱受天灾和战火侵扰的社会,两者重叠在一起,形成了一幅地狱图景。

"平家光芒万丈。""那万丈的光芒,是否勾勒了毁灭的姿态。"实朝的话语中暗含着作者试图描绘的毁灭之人最后的光明与美丽这一主题。每次读到这部作品,我都会在实朝的灭亡中看到日本的灭亡与太宰的灭亡,并在典雅的文体中窥见作者的寂寞与其本质上的颓废,感到令人战栗的不祥与诡异。相州和尼御前的形象似乎透着一股妖气,让人感受到人类深不见底的黑暗。流畅的文笔只在公晓躲在由比浜的废船之后,一边啖蟹一边对实朝发出血腥诅咒时变得破碎不堪。

这是《越级申诉》中也曾描绘过的基督与犹大的关系。如此说来，实朝对皇室的由衷尊崇也可以被视为作者对上帝——耶和华的信仰与敬畏。文末引用了详细提及实朝之死的《增镜》文本，起到了画龙点睛的作用。

《散华》发表于《新若人》昭和十九年三月号。故事讲述了两个年轻友人美丽而悲伤的死亡，他们一个罹患肺病而死，一个死在了阿图岛上。这篇作品描写了太宰本身向死亡倾斜的心境，可以说是以阿图岛玉碎为题材的抵抗文学。"请你为了伟大的文学而死。我也将为这场战争而死。"太宰反复引用了三次三田君的书信，这一行动深深刺痛了我的心。

《雪夜之话》发表于《少女之友》昭和十九年五月号。这也是一篇以少女为主人公的第一人称作品，具有轻松的速写风格，描写了战争时期作者周边的日常生活。其中遭遇船难的年轻水手与灯塔守护人一家和睦相处的故事被反复提到，触及了太宰文学中爱、幸福与美之根基的主题。

《东京来信》发表于《文学报国》昭和十九年九月号，描写了战争时期少女的坚强、美丽和可怜，是太宰最拿手的超短篇作品。

《春》的创作时间应该是昭和二十年三月，是一篇根据邀稿写成的小品文，但是随着战争的激化，该作最终没能在杂志发表。小说篇幅虽短，但是描写了空袭威胁下的东京生活、家庭样貌、季节，还有作者紧迫的心情，堪称一篇佳作。

《新释诸国奇闻》共有十二篇,其中五篇在昭和十九年一月到十一月发表于多本杂志,另七篇直接出版,全部十二篇在昭和二十年一月由生活社出版成册。如开篇的《凡例》所述,作者从井原西鹤的作品中挑选了自己喜爱的小品文,并在其基础上自由发挥想象,写成了这些作品。该书标题带有"新释"二字,但绝非单纯的现代翻译,而是受到西鹤作品激发的太宰版变奏。此外,标题还带有"诸国奇闻"几字,实际只从《诸国奇闻》中挑选了《穷人骨气》一篇,其余皆是从《武家义理物语》《日本永代藏》《世间胸算用》等西鹤作品中广泛挑选出来的。之所以命名为"诸国奇闻"也许是因为该文集的故事按照江户、赞岐等地区进行排列。

太宰文学的一大特征就是像《新释诸国奇闻》这样,多以古典作品或民俗故事为蓝本,而且这种作品最能发挥太宰的才能,因此杰作颇多。《鱼服记》《地球图》《麻雀游戏》《奔跑吧,梅勒斯》《古典风》《越级申诉》《女人的决斗》《盲人独笑》《清贫谭》《新哈姆雷特》《右大臣实朝》《御伽草纸》《竹青》等作品皆是以古典作品、历史、《圣经》、民俗、小说等为蓝本创作的佳作。除此之外,《虚构之春》以自己收到的书信,《女生徒》《千代女》《正义与微笑》《潘多拉的盒子》《斜阳》等则以无名之人的日记为蓝本。太宰从这些题材中获得灵感,施展出丰富奔放的想象力,将它们完美地化作自己的东西。太宰自我意识极强，认为"二十世纪的写实是概念的实体化"。与其想象并构筑完全架空的故事，他更倾向于寻觅能够帮助自己确定概念的坚实蓝本，以及表达真实心声的文章，并在此基础上自由发挥想象，把心境寄托其中，创造出活生生的人，还有美丽的艺术。从某种意义上说，太宰与其说是作家，不如说是批评家，总之无疑是现代的艺术家。

太宰之所以能使用这种方法获得成功，毫无疑问是因为他自身独特的文体与思想、敏锐的心理分析，以及浓厚而真挚的人生体验。

随着战争的激化与现实环境的恶化，太宰也更加深入了古典和民俗的世界，并在其中发展自己的艺术。如果说《右大臣实朝》是太宰浪漫主义的开花，那么《新释诸国奇闻》就是太宰现实主义的贯彻。太宰认为西鹤是超越梅里美和莫泊桑的天才短篇作家，他试图在西鹤的现实主义中寻找人类的丑恶、悲哀、可笑、软弱，还有美。也许，他找到了自《晚年》以来的"蹉跌之美"，即挫折的悲伤。他从西鹤的众多作品中挑选了二十篇，足可证明这些蓝本作品深深拨动了太宰灵魂的琴弦，值得深思。然而或许是因为太宰过于尊重西鹤的才能，也可能是因为西鹤的才能着实伟大，《新释诸国奇闻》与《御伽草纸》《女人的决斗》等作品相比，相对更忠实于原作，部分章节没有完全成为太宰的东西。

简单介绍各篇作品。《穷人骨气》(发表于《文艺世纪》昭和十九年九月号)的原典为《诸国奇闻:大年夜对不上账》,描绘了过着贫穷生活,却格外爱面子,以至于滑稽不堪的人的悲哀,以及浮世深不见底的恐怖。为了证明自己的清白而脱光衣服,只留一条兜裆布的男人形象,虽可怜,却也可笑。

《大力》(单行本)的蓝本为《本朝二十四孝:无用大力》,与《传奇》的《打架大王次郎兵卫》一样,描写了大力的悲哀。太宰有一种奇特的能力,极其擅长描写横纲男女川这种力大无穷的男性。对着小孩才兵卫,父母畏畏缩缩说话的样子也描写得非常生动。

《猿冢》(单行本)的蓝本为《怀砚:猴子学人洗澡》,尖锐地对比了恋爱的易碎与畜生的悲伤。太宰想必试图在文中讽刺愚蠢的思想和固执的信仰。

《人鱼之海》(《新潮》昭和十九年十月号)的蓝本为《武道传来记:夺命人鱼海》,因为故事舞台就在他的故乡津轻,可能因此激发了他的怀念之情。船客的滑稽、武藏与百右卫门舍本逐末的争端,以及百右卫门临死的执念,这些都是原作中没有出现的、太宰自己的解释。

《破产》(单行本)的蓝本是有名的《日本永代藏:三文五钱曙之金》,但重点没有放在大年夜破产,而是深挖了以吝啬与粗俗为特点的养子的后悔与剧变,显得格外有趣。

《裸川》(《新潮》昭和十九年一月号)的蓝本是同样有

名的《武家义理物语：属我之物故而裸川》，故事的重点在于表达太宰对耍小聪明又邋遢的二流子浅田的憎恨。

《义理》（《文艺》昭和十九年五月号）的蓝本为《武家义理物语：死后同枕浪》，讲述了义理的悲哀，巧妙地刻画了胆小而轻浮的圆三郎的心理。

《女贼》（《月刊东北》昭和十九年十一月号）的蓝本为《新可笑记：天生女追剥》，以同为东北人的自嘲为基调，考察了漂泊无依的女性的神秘，描写了人生瞬间的心理。

《赤太鼓》（单行本）以《本朝樱阴比事：只因不知太鼓中物》为蓝本，夸张地描写了人类的幽默与自大，自说自话的同情的可恨，还有女人的嫉妒。

《潇洒人》（单行本）以《世间胸算用：讹言不白听》为蓝本，其中描写装腔作势的男人的可悲和滑稽，是太宰最擅长的，因此可笑程度远远超过了原作。

《游兴戒》（单行本）以《西鹤置土产：人与子乎无异》为蓝本，故事里的三个桀骜不驯的浪子，还有装腔作势的没落之人，恐怕都让太宰想起了过去的自己。

《吉野樱》（单行本）以《万文反古：吉野山樱难过冬》为蓝本，是全篇改写得最成功的作品，已经完全融入了太宰的风格。一个男人因为一时虚荣而出家，遁入吉野山隐居，却在目睹乡野的陋室时哑口无言，那模样被他描写得幽默滑稽，乡里人将臼子倒过来佯称富士山摆件推销给他的情节让人忍俊不禁。也许，书信体是太宰治最拿手的创作形式。

以上十二篇与西鹤的原作比较，就会发现虽然西鹤与太宰是不同类型的作家，但两者之间存在着微妙的和谐，这更发人深思。

《竹青》发表于《文艺》昭和二十年四月号，但是在同年一月已经翻译成中文，发表在《大东亚文学》上。太宰本人表示，这是为了给以鲁迅为主人公的《惜别》造势，希望中国人来读而写出的作品。当时，太宰应该对中国怀有深切的关注。作品灵感来源于《聊斋志异》的《黑衣仙》，太宰同样发挥了强大的想象力，描写了被蔑视和虐待的男人的悲哀，以及人类夫妻不可思议的羁绊，这是一篇清澄唯美的佳作。

《津轻》《惜别》《御伽草纸》皆为未经连载的单行本作品，创作于战争末期的昭和十九年和二十年。《惜别》与《御伽草纸》的出版计划都在战争中推进，但是直到日本战败后的九月和十月才成功发行。这非常罕见，因为战争期间策划的其他书籍内容多为鼓吹皇国思想，战败后立刻停止了出版。但是，太宰的书尽管是在战争期间策划的，战争结束后不存在不适合出版的情况，因此得以问世。

战争结束的那年秋天，无论走进哪家书店，都只能看见空荡荡的书架，因为适合战后形势的新书都尚未走完出版流程。当时能看到的书只有太宰治的《新释诸国奇闻》《惜别》与《御伽草纸》，我对这一情景印象极为深刻。这一光景仿佛象征着在战争末期频繁的空袭之中，只有太宰还笔耕不辍，守护着纯文学的灯火。

太平洋战争爆发伊始，太宰曾经由于不知前路而表现出动摇，但是在失败征兆渐渐浓重，死亡的阴影笼罩在全体国民身上的战争末期，他反而变得十分镇定。也许濒临死亡的严酷现状其实最符合太宰的心情。他完全找回了自我的主体性，独自专注于文学，甚至在空袭的威胁下专程前往仙台寻访鲁迅的足迹，并一口气完成了《惜别》的创作，又在饱受轰炸的三鹰和疏散后暂住的甲府坚持写完了《御伽草纸》。《御伽草纸》的完成时间是七月，那时战争即将结束，这就意味着太宰在这场战争中从未中断过创作活动。考虑到当时的日本，莫说是文化生活，连日常生活都完全停摆，暴露在堪称让一亿人全体疯狂的空袭威胁中，身体虚弱的太宰携妻带子，还能坚持创作小说，可以说令人震惊。而且这一时期创作的《津轻》和《御伽草纸》都是被普遍认可的太宰文学的最高杰作。太宰对这一时期的文学持有"无用之用"（《惜别》）和"让人们在百忙之中能得到片刻慰藉的玩具"（《御伽草纸》）的观点。他认为文学并不能对当下社会的危急形势有所帮助，但是"没有了文艺，世界将充满破绽"。因为文学是超越了时代与政治的存在。太宰没有被时代的思想、政治和战争等现实所迷惑，而是在战火笼罩的日本，始终专注于人类的本质，凝视着永恒的悲哀与真实。

《津轻》作为《新风土记丛书》第七部，在昭和十九年十一月由小山书店出版。这年五月，太宰接到书店的委托，到故乡津轻展开了为期三个星期的旅行，回京后以旅行记的形式创作了这部作品，并于七月完成。龟井胜一郎等众多评论者都认为《津轻》是太宰文学的最高杰作，尤其是结尾与乳母阿竹再会的情节，更被评价为最美丽感人的场景。我读了那段文字，也感到心中涌出一阵热意，甚至体会到了感动与痛快，忍不住反复重读。

太宰的文学与其故乡津轻密不可分。他反叛原生家庭并出逃，最后与原生家庭断绝关系，便也与故乡断绝了联系。从那时起，故乡津轻与原生家庭的形象重叠，同样成了让他心情沉重的存在。他强忍着心中的眷念，始终保持着拒绝的姿态。因为一旦输给了怀念，向故乡妥协，就意味着向自己的家庭妥协，而太宰一直以来的生活和文学就面临着崩溃和落败。他必须始终以浪子和无赖的身份去面对自己的故乡。而且，他生活在东京这座大城市，面对城里人时，心中会有津轻乡下人的自卑感。与此同时，与原生家庭那边的故乡人假装亲切的人际关系也让他感到厌烦。故乡既是他憎恨的对象，也是他的羞耻之处。然而，这反而加剧了太宰内心对故乡津轻的思恋，提纯并美化了他对津轻的印象。初期的《叶》《回忆》《麻雀游戏》《鱼服记》《传奇》《逆行》等作品中，都有很鲜明的津轻的诗化印象。太宰文学的美学根基就包括津轻的民俗故事。他讲述了津轻人的雪夜对话，其中流淌着津轻人引以为傲的传统。他对津轻既爱又恨的矛盾心理在初期的《列车》《黄金风景》《新树的话语》，中期的《追思善藏》《哥哥》《归去来》《故乡》等作品中都有微妙而婉转的表达。尤其是讲述自己得到旧知的帮助，得以久违地重返故乡的《归去来》和《故乡》，字里行间除了欣喜与怀念，也痛彻地表达了怀疑自己是否已然对原生家庭和故乡妥协的纠结。

但是在《津轻》中，却看不见那样的内心动摇。太宰第一次不带任何心绪、虚荣和自卑，坦然面对故乡津轻，并且深入挖掘了津轻的本质和自己内在的津轻人特质。《津轻》在太宰的作品中是最为舒展、平和、自然的一部，充分体现了他作为良家子弟的优雅和安然，以及津轻人的活泼质朴。在题记中，兴致高昂的太宰忍不住列举了津轻对雪的各种称呼。到了序章，他又忍不住展示了对过去的纠结，以及向他人介绍津轻的决心。进入正文后，太宰先写下两句极富其特色的对白："喂，为何要出去旅行？""因为苦闷。"接着，他的姿态和笔触都突然变得轻盈而豁达。

这部作品是久违地回到故乡，与故人重逢的记录，也是对津轻文明的尖锐批判，同时完美地描绘了津轻的自然和人情，是一部自我确认的小说。从整体来看，它其实更像一部优秀的散文，我也更愿意称它为报告文学。他引用津轻饥荒的历史文献，简洁硬气的文字中透着阴森的鬼气，对蟹田的S先生"切碎了给你，拔干净给你，摘下来给你，最后恨不得把心掏给你"的幽默描写又凸显了津轻人的本质，还将本州北端的津轻半岛龙飞地区的自然，以及荒凉北海的孤寂表现到了极致。不管怎么说，那都是让人读过一次就终生难忘的杰出篇章。但是到了结尾，在小泊与乳母阿竹再会的高潮，前面的一切就显得相形见绌了。原来，那一切都是为了与象征着津轻的阿竹再会所做的铺垫。他与阿竹二人都不说话，默默注视着在边境之地开展的梦幻般华丽又悲凉的运动会。阿竹扯下一根樱花的枝条，像决堤一般滔滔不绝地说起话来。可以说，那是文章所能表达的最令人感动的美。这部作品如实反映了战争背景下的实际情况，还发表了类似志贺直哉风格的针对作家的批判性文学论，值得深入思考。在我看来，《津轻》及这次津轻之旅是太宰毕生夙愿的达成，那一时期也是他最平和幸福的时光。通过这部作品，太宰洞察了津轻的自然与人的特质，确认了自身体内有着津轻百姓坚韧顽强的血脉，并因此获得了极大的自信。

《惜别》是朝日新闻社昭和二十年九月出版的长篇单行本小说。昭和十九年十二月，太宰前往仙台取材，二十年二月完成创作。小说以中国文豪鲁迅在仙台医专留学时的经历为题材，本来是日本内阁情报局与文学报国会邀请他创作的小说，但作者在初版后记中写道："就算没有两方面的邀请，我也一直在收集资料，并且构思了很久，打算将来写写这个故事。"这既是作者针对自己思考已久的主题做出的自主性创作，同时又是受言论控制与指导机构委托所做的国策小说，两者杂糅在一起，使作品内含了一些难以说清的微妙问题。

这部小说受到了鲁迅《藤野先生》的启发，太宰治与鲁迅的结合作为现代文学中的一个连接点，在文学史上具有重要意义。但是由于太平洋战争时期的言论控制背景，太宰始终无法自由地挖掘鲁迅这个角色。竹内好等既钟爱太宰的文学，又是鲁迅研究者的人，对《惜别》都做出了偏向否定的评价，这也是难以避免的结果。但我当时读完这部作品，反倒对太宰产生了敬佩之情，因为他竟敢于在那个时代背景下，如此深入地介绍鲁迅这个持有"危险思想"的人物。在中国走向革命之时，鲁迅坚决弃医从文，应该说太宰对他的选择产生了共鸣，并且通过年轻时期的鲁迅表达了自己的心境。鲁迅在松岛旅馆的一番讲话，能够让人感觉到太宰对迎合现有权力的权势主义及伪善的强烈愤怒，鲁迅对故作狂热的革命运动家发出的质疑和厌恶也暗示了太宰自身曾经脱离马克思主义非法运动的体验，以及对战争期间右翼国粹主义者的批判。如果把小说中的三民主义置换成共产主义，就能窥见太宰对当时的政治和文学的思考。太宰在小说中可谓少见地发挥了辩才，论及了文学乃是"无用之用"的艺术观，还有礼教思想。然而他的话语中也呈现出了时代导致的扭曲，以及对时代的顾虑和妥协姿态。简而言之，这是一部玉石混淆的小说，这也许就是在那个异常的时代，敢于谈论政治及思想等现实的小说不可避免的命运。相比那种现实，主人公乘坐火车经过车站，看到日暮里这一站名而顿感忧愁的场景，更让我深受触动。

《御伽草纸》是筑摩书房昭和二十年十月出版的单行本小说。内容由《摘肉瘤》《浦岛太郎》《噼啪噼啪山》《拔舌雀》四篇构成。昭和二十年三月开始创作，日本战败前的七月完成。前言写道："'啊，打响了！'说着，父亲放下钢笔站起身来。仅仅是听到空袭警报，父亲是不动身的。可一听到高射炮的射击声，就得赶紧给五岁大的女儿套上防空包头，抱着她钻进防空洞。这时，母亲早已背着两岁大的儿子在防空洞的尽头蹲着了。"由此可见，这是一篇在空袭中完成的作品。

  《御伽草纸》这本书，我是想将其打造成一件"玩具"的，好让那些为了让日本度过国难而奋斗着的人们于百忙之中能得到片刻的慰藉。因此，尽管近来我身体欠佳，低烧不断，还是在应命于公差以及处理自家遭灾后的善后事宜之余，利用零星闲暇，积少成多，一点点地坚持写了下来。(《拔舌雀》)

我认为,《御伽草纸》是太宰所有作品中的最高杰作。这是我最喜欢的作品,无论重读多少遍都乐在其中,感慨万千。这部作品找不到任何缺点,可谓完美的艺术。太宰的逗笑才能、讲故事才能,还有洞察人类心理的才能都发挥到了淋漓尽致的境地。怪谈始终浓缩了作者毕生的体验,还有他的人生观和艺术观,但又不显得死板沉重,反倒轻盈流畅。只能说,这是天才的创作。

太宰治在创作《女人的决斗》《奔跑吧,梅勒斯》《新哈姆雷特》《右大臣实朝》《新释诸国奇闻》时,以蓝本和民俗故事为基础,并在其上自由发挥想象力。这种时候,他能够孕育出优秀的作品。然而《新释诸国奇闻》所依据的西鹤原作较为坚实晦涩,有点压抑了太宰本身的想象空间。但是,《御伽草纸》的蓝本是"很久很久以前"类型的儿童绘本,且故事本身就是自古以来在日本人之间口口相传的传说。太宰无须任何顾虑,尽情地解剖了那些故事,并在其中融入了奔放的想象力。小孩子的故事摇身一变成了别致的现代小说,变成了可怕的性格悲剧,变成了文明批判。在这部作品中,作者如鱼得水,得以自由驰骋。在频繁的空袭之下,身处行将就木的社会,他将全部心思都放在了人类永恒的东西上。这让我想到了乱世之中,战国时代的文学创作者具有尊严的抵抗姿态。他摒除了社会、政治,甚至心理,只让性格与宿命这些人类不变的部分登场,上演一出出戏剧。《摘肉瘤》《噼啪噼啪山》

《拔舌雀》都是无可救药的性格导致的可怕悲喜剧。

《摘肉瘤》中老爷爷的形象散发着不被社会和家庭所理解的艺术家的悲伤。品行方正、被誉为"阿波圣人"的儿子，整天只顾着做家务的妻子，在小说中有这样的对话："啊，春天来了。看哪，樱花烂漫啊。""哦，是吗？我要扫地，你让开一下。"听到这样的回答，难怪老爷爷脸上立刻没了高兴劲儿。他们存在的维度完全不一样。老爷爷独自上山喝酒，抚摸着肉瘤忍不住发牢骚的场景，让我笑出了声。另外，关于鬼的论述也格外有趣。以大号字体插入的绘本文字更是形成了不可思议的效果。"你那瘤子，好像瘪掉了呢。"他与老婆婆的这段谈话同样堪称杰作。邻居家的老先生在鬼面前跳错舞的场景也显得滑稽而让人心痛。正如作者在末尾所说："这就是性格所造成的悲喜剧。其实，在人类生活的内部，一直都存在着这样的问题。"

在《浦岛太郎》中，太宰想象了一个不存在批判，一切都被无限容忍的世界，如此写成了这篇乌托邦小说。这里的乌托邦应该称之为"圣谛"，成立于深邃的达观和断念之上。跟海龟一同前往海底的描写，还有龙宫的幻想，作者在这些地方发挥出了惊人的想象力。浦岛与海龟所谈的风流论与艺术论也都反映出当时太宰的文学观。太宰想必已经对人人互相伤害、互相诽谤的现实社会感到了深深的疲倦。乙姬的形象可以说是颓废主义的极致。

《噼啪噼啪山》充满了讽刺与逗笑，是太宰最具活力的作品。"山狸哥哥，好可怜呀。"他从五岁小女孩的话语出发，转眼就写成了一篇故事，写出了独特的人类批判。他将兔子打造成阿尔忒弥斯型的十六岁少女，又把山狸描写成了暗恋那个少女，但是毫无风采、愚钝贪吃的丑男子。作者的这一创意可谓绝妙。他完美地分析了十六岁少女独有的清纯、残酷、可怕，以及全身仅凭触觉掌控的伦理观，并将其表现得淋漓尽致。对为人善良，但是脸皮极厚、自视甚高的山狸的描写也极为巧妙，让人读着读着就忍不住感到羞耻。他舍弃了种种属性，单纯地塑造了自恋型人格与客体力比多型男女的关系。正因为其单纯而质朴，才无法遮掩其悲剧，体现出了无可救药的可怕。在嘲笑山狸愚蠢举动的同时，读者可能会受到毕生难忘的深刻打击。不可拜访他人之家的教训一直深深刻在我的脑海中。除此之外，很难再找到将"处女之神圣"的残酷描写得如此深刻的文学。兔子用船桨把山狸敲晕，令其沉入湖底之后，淡然地呢喃了一句："嗨，看把我累得这一头汗！"这样的形象恐怕会让全世界的山狸，或者说男性害怕得毛骨悚然。"爱上你难道有错吗？"这是一场无可挽回的、永恒的性格悲剧。当时还有人戏言，山狸的原型其实是身材高大的田中英光。

《拔舌雀》的故事中出现了关于桃太郎的论述，显示了太宰对强者的反叛。能拨动他心弦的人永远只是弱者。《拔舌雀》的主人公是个自认为多余的，年纪轻轻便经历了挫折的颓废者。也许，这正是《晚年》时期太宰的心境。他与麻雀阿照之间清冷而心意相通的恋情是如此之美，反映了太宰试图在娼妇身上寻求母亲的乳房和心灵慰藉的心情。他将麻雀阿照描写成了二尺有余的偶人，与《阴火》中尼姑变成偶人的情节遥相呼应。这种不可思议的嗜好在了解太宰的性愿望之时很有参考意义。主人公妻子的悲哀恐怕也是无可救药的人类利己主义与性格的悲哀，似乎体现了作者家庭生活的孤寂。

从《潘多拉的盒子》到《春之枯叶》——后期I

昭和二十年八月，太平洋战争结束。在甲府遭遇战火的太宰治于七月末携家人逃回位于津轻金木町的老家，并在那里迎来了日本投降的日子。即使处在战火正盛的困难时期依旧没有丧失自我、不断创作出杰出作品的太宰，因为日本的投降遭到了重大打击。

> 日本无条件投降。我心中只有羞耻。羞耻得说不出话来。(《苦恼的年鉴》)

> 他们都说输了，我们输了，但我可不这么想。那是

毁灭，是灭亡。(《冬日烟花》)

直到战争失败，太宰才意识到自己多么深爱着日本。他始终站在弱者和毁灭之人这边，因此对战败的日本也产生了无限的爱。他摇身一变，开始对诋毁日本、高唱民主主义和文明国家建设的新型投机者和掌权者心怀反感。他宣扬保守主义，公开支持天皇。这恐怕算是始终反抗时代思潮的太宰治的生理反应。

但是太宰并没有盲目地展示对旧日本的感伤依恋。相反，他经过深思熟虑，得出了今日之前的日本已经毁灭，战败是新日本、新人类得以重生，或者说必须重生的唯一机会。

新现实。

全新的现实。啊，我要用更响亮的声音高喊这句话！(《十五年》)

他比任何人都希望乌托邦能够实现。他认为，要构筑理想的社会，相比社会的变革，人的变革才更重要。太宰在日本投降那年十月立刻开始连载《潘多拉的盒子》，其内容体现了前所未有的明快和轻盈。"这条路通向何处？你不如去问蜿蜒伸展的植物藤蔓。藤蔓定会回答你：'我什么都不知道，但我伸展的方向，总会有阳光。'"从死亡与虚无中重生的青年热情地讲述着新生的希望。

但是这种充满活力的希望很快就笼罩上了阴影。满怀兴奋开始执笔的《潘多拉的盒子》很快就成了"动笔之后,惊觉无甚趣味,本答应要写一百二十回,现在打算六十回便完结"(十一月二十三日致井伏鳟二书信)。可见太宰已经失去了热情。

因为太宰发现,日本投降之后,人类的本性依旧没变,依旧吝啬卑微,只顾自己。"我觉得时代丝毫没有改变,因此感到荒唐可笑。这也许就叫狐狸骑大马[1]的感觉吧。"(《苦恼的年鉴》)他意识到,并没有多少人将战争体验和日本战败严肃地归为自身内部的问题,并试图在挫折和罪恶感中重构自我。人们依旧不做任何思考,整日劳劳碌碌,而那些新型投机者的呼声又显得那么空虚。

"我不禁感到,当下日本的'新文化'似乎要忽略掉我们如今最挂念的事情、最为之内疚的事情,径直狂奔远去。"(《苦恼的年鉴》)"这样下去无可救药。"太宰产生了日本将坠落谷底的绝望预感。

他重新获得了写作的自由,可以随心所欲地创作战争期间无法创作的短篇小说,但是他的作品中途就变成了黯淡而绝望的,或是揶揄新文化的小说。他对没有苦恼的新型投机

---

[1] 指局促不安或轻浮不可信的样子。——译者注

思想、领导者，以及沙龙思想展开了攻击。

> 现在就连社会主义也堕落成沙龙思想了。我仍然无法赶上这个时代的潮流。(《十五年》)

以《苦恼的年鉴》《十五年》这些自传式作品，以及《冬日烟花》《春之枯叶》这两部剧本为转折点，明快的希望成了黯淡的绝望，建设成了破坏，善意转为恶意，他的作品风格产生了急剧变化。

"桃源乡、乌托邦、老百姓，多么愚蠢。一切都愚蠢至极。这就是日本的现实。……我要堕落到最底层。……啊，这也是烟花，冬日烟花。我憧憬的桃源乡，可悲的决心，全都是愚蠢的冬日烟花。"这段台词可以说是太宰的下降宣言，是宣告激烈的后期斗争开始的号角。

太宰于昭和二十年七月疏散到故乡津轻，昭和二十一年十一月十四日回到东京，其间的作品都是他身在津轻时完成的。如果将从日本投降到太宰投水的三年界定为太宰文学的后期，这段时间的创作正好相当于后期作品的半数。在这一年多的时间里，太宰的心境和思想发生了极大的摇摆，经历了前所未有的飞跃和剧变。这种变化与日本社会面临的前所未有的动荡和变革遥相呼应。那是个绝望与希望、挫折与解放、旧事物与新事物、投机与反抗激烈碰撞，矛盾杂糅的时代。

今日的读者看到太宰在那个时期的言行，以及与他的性格不甚相符的高声呐喊，多少会感到矛盾和混乱。但这其实是身处动荡时期不可避免的现象。

对当时的众多青年来说，太宰的作品成了唯一的心灵慰藉。当时大量民众沉浸在日本投降的挫败感中，失去了生存的目标，整日生活在虚脱与迷茫之中。尤其是年轻人，唯有在太宰的文字中才能找到与自己心境相通的人，从而获得共鸣。我们对战前的领导者感到绝望，又无法顺应战后投机型领导者和文化人士的假大空说教，唯有太宰的文字能真正打动人心，只有他能说出大多数民众的真实心声。就连对文学不感兴趣的人也成了太宰文学的狂热读者，将自己的人生道路赌在了太宰前进的道路上。正是在这一时期，太宰的文学获得了大量读者。《冬日烟花》《春之枯叶》以及《叮叮咚咚》发表时，尽管太宰还在津轻，却已经被视作战后文学的旗手，受到了媒体的关注。他与坂口安吾、石川淳、织田作之助等人一道，被称为无赖派作家和新戏作派作家，一跃成为时代的宠儿。

《潘多拉的盒子》从昭和二十年十月二十二日到十二月末连载于仙台的《河北新报》，昭和二十一年六月由河北新报社出版成册。这是他战后的第一部作品，也是太宰第一次，并且唯一一次完结的报纸连载小说。这部小说的前身是昭和十八年以木村庄助的斗病日记为蓝本创作的《云雀之声》

（二百页稿纸，原预定小山书店出版），后通过新的构思重写而成。《云雀之声》一度被禁止出版，后于昭和十九年获得出版许可，并已经送印，然而临近发行时遭遇空袭，书店被烧毁，作品最终未能问世。当时幸存下来的长条校样后来重生成了《潘多拉的盒子》。开始连载时，太宰在"作者寄语"中说："这部小说是一个在名为'健康道场'的疗养院内治疗疾病的二十岁男子写给亲友的书信。在此前的报纸小说中，书信形式的作品恐怕很少。所以本作品开始连载的那四五天，读者们恐怕会感到不适应。然而，书信的形式能够营造浓厚的现实感，从以前起，无论在外国还是日本，都有众多作者进行过尝试。关于《潘多拉的盒子》这一标题，我将在明日开始的第一回连载中写明情由，此处就不再赘述。这段前言恐怕显得冷淡，但有时一个如此冷淡的人却能写出意外有趣的小说。"以少年日记为蓝本的《正义与微笑》、以少女作文为蓝本的《女生徒》《千代女》，再加上这篇《潘多拉的盒子》，在这些作品中，太宰生动地描绘了年轻男女的心境，并极其擅长于将自己的心情融入其中。可以说，太宰文学是始终保持了青年纯粹的、永恒的青春文学。他利用书信的形式，通过主人公云雀的主观心情，以一种干净而朦胧的手法描绘了患者云雀与护士阿竹和阿正的恋爱心理。然后，他又不着痕迹地让收信人登场，设置了不同于主人公的客观视点，巧妙地营造出立体感。换言之，就是以一种佯装无知的书信体将复杂的关系刻画得无比唯美，因此可以说，这是一篇技巧极为纯熟的恋爱小说。在对年轻病人与朋友，还有护士的心理描写中，似乎还潜藏着《小丑之花》中提到的作者的亲身体验。阿竹与阿正（他还通过这种绰号巧妙地营造了童话气氛）可以说是太宰心中的两种理想女性，他以这种古典式恋爱关系为核心，精辟地讲述了战争结束之后自身的政治观、人生观和文学观。他通过越后狮子、硬面包等成年病人之口抨击了投机思想，挪揄了故步自封的思想，并主张一种轻盈的态度，断言"自由思想的本质就是反抗精神，或许还可以说是破坏思想"。从这点来看，这篇小说也是太宰最具政治性的小说。它也是一篇毫不掩饰明快的建设性思想，以政治用途为目标的乐天式启蒙小说。但正因为如此，它也体现出了太宰由于羞涩而绝不会明言的、虽然反叛但又试图顺应时代思想的轻浮。"轻盈"是太宰晚年形成的重要思想，但在这里只是做了论述，并没有写成作品。这篇作品的肯定态度，其实与创作《云雀之声》时，被战争强制，或者说被逼到走投无路，而强迫自己形成的明快有着本质上的联系，因此让人感觉那是一种强装出来的空洞的明快。我认为，尽管做了战后的粉饰，这篇作品的本质依旧没有超出战争期间虚无主义的延长线。纵使这是一篇优秀的恋爱小说，但这一矛盾依旧使作品不同于太宰一贯的风格。另外，这篇小说后来被改编为关千惠子主演的电影《护士日记》并由大映推出。

《庭院》《已矣哉》《亲之二字》《谎言》《麻雀游戏》这五个短篇被收录进《冬日烟花》时，统一被归入《津轻通信》。

> 我写了一篇报纸连载的长篇小说，还有几篇短篇小说。我认为短篇小说是有其独特的技巧的，并不是篇幅短的就是短篇。在外国最早起源于薄伽丘的《十日谈》，近代有梅里美、莫泊桑、都德、契诃夫等等。而日本很早以前就是此类技巧非常发达的国家，所谓什么物语的都是此类作品。近代还出现了西鹤这样的大人物。明治时期的鸥外写得也很好，大正时期有直哉、善藏、龙之介、菊池宽等，深谙短篇小说技巧的人不在少数。昭和初期，井伏先生曾非常出众，最近都趋于平凡了，都是些页数少的作品而已。战争结束，终于允许写自己喜欢的东西了，我考虑着要复兴短篇小说这种衰退的技巧，就写了三四篇发给了出版社，可是越发地觉得郁闷。(《十五年》)

战争中，由于杂志的停刊和管制，太宰一直无法发表自己最擅长的短篇作品。到了战争结束，不再有写作限制的时代，他好似如鱼得水，得以用自己多年以来暗自磨炼的手法快乐地创作短篇小说。以下五篇正如《津轻通信》之名所提示的，都是太宰在疏散到故乡后，以那里为舞台创作的、带有契诃夫风格的短篇。

《庭院》发表于《新小说》昭和二十一年一月号。这篇小说讲述了太宰因为战争而疏散到已经由长兄继承家主之位的津轻故家的心境。该作与《哥哥》《归去来》《故乡》相联系，刻画了反叛原生家庭、舍弃故乡的作者，对名声在外的兄长和家族，混合了爱与憎的矛盾的自卑心理。他一边描绘家中庭院的风景，一边表达了兄长的寂寞、弟弟的不被理解，以及自身反叛的艺术观。

《已矣哉》发表于《月刊读卖》昭和二十一年三月号。城市人被空袭害得一无所有疏散到乡下后，当地人却不改以往的生活观和人生观，对其发起了冷酷的批判和排斥，表现出毫无同情心的利己主义，作品描绘了对此的愤怒与憎恨。作品中暗藏了太宰艰难而屈辱的疏散生活体验，因此充满了复仇的情绪。也可以说，它是《亲友相处》等作品的原型。

《亲之二字》发表于《新风》昭和二十一年一月号。太宰在故乡的邮局碰见一个可悲的没文化的酗酒老人，因此创作了这篇速写风格的作品。

《谎言》发表于《新潮》昭和二十一年二月号。作品以战争末期发生在白雪皑皑的偏远地区的逃兵事件为主题，刻画了女人的可怕和不可思议。太宰以简短而干脆的态度描绘了人生的深渊。他在作品中表现出了如同剃刀般的敏锐，而小说本身则可以说是无须改动一词的典型的短篇小说杰作。末尾的一句话让读者陷入了更深的怀疑与想象的世界。

《麻雀游戏》发表于昭和二十一年十月的《思潮》第三号。作品以偶遇复员的幼时朋友这一小事开场，通过那个朋友的话语完美地刻画了因为战争而荒废的精神。子弹本来瞄准了喀铛喀铛转动的金属雀靶，却击中了少女圆润的膝盖。那种逼真的体感与倒错的施虐倾向，结合少女的楚楚可怜，短短一篇小说却表现了令人难忘的痛心，结局也非常好。这是一篇与《谎言》并列，堪称技法最惊艳的短篇小说杰作。

《货币》发表于《妇人朝日》昭和二十一年二月号。太宰在这里罕见地将一百日元纸币设定为主人公，这一小说创意本身略显老旧。苦命的娼妇表现出的超越憎恨的人性之美虽然让人印象深刻，但它在太宰的作品之中，属于不符合其风格的平庸之作。

《微明》被收录在昭和二十一年十一月新纪元社出版的创作集《微明》中，此前并没有在杂志上发表。作品讲述了战争末期，太宰位于三鹰的房子被炸毁，不得不疏散到妻子的故乡甲府，后来又遭遇空袭，被迫再次疏散的经历。通过文字可以鲜明地想象出太宰与妻子带着两个患眼病的幼儿，在陌生的土地上受尽辛劳的身影。由此可以看出，一直被称作家庭破坏者和否定者的太宰，内心深处其实是个万分疼爱孩子的父亲。读完这个短篇，就会发现太宰也具有普遍的人性，也是个爱操心的父亲，让人会心一笑。

《苦恼的年鉴》发表于昭和二十一年六月的《新文艺》

第三期。与其说这是一篇小说，其实更像自传式的随笔，或者体现了作者心路历程的格言集。该作细数了太宰从幼时至今的思想变迁和形成过程，坦率地讲述了生活在时代狂涛中的知识分子，其家庭、民主政治、对文学的亲近、马克思主义、转向、基督教、战争观，以及战争的立场。在此之前，他都把原生家庭表现得夸张而神秘，但是到了这篇作品，他得以用客观而平淡的语气讲述："我出生的家庭没有什么值得骄傲的谱系。想必，我们的祖先就是不知从何处漂泊而来，最终定居在津轻北部的普通百姓。"此时，太宰终于能够不带任何自卑地审视这个曾经是他的重担的富裕原生家庭。文中思想性表达与感性表达的结合取得了非凡的效果。另外还留下了一句重要的话："基督。我眼中只有那个人的苦恼。"

《十五年》发表于《文化展望》昭和二十一年四月号。他先讲述了马克思主义运动、转向、数次自杀未遂、文学、战争，以及战败，在经历了狂涛般的十五年东京生活，归来之后又以津轻百姓的立场写道："故乡竟然没有什么变化。而且在故乡的原野中漫步着的我也仍然是个地道的津轻人。曾经在东京生活了十五年，竟然一点都没有变得像个城里人。我依然是那个粗脖子、木讷的乡下人。在东京我究竟曾经过着怎样的生活，一身的土气竟然一点都没有褪去。真是不可思议。"如此一来，就补足了五年前写的回忆录式作品《东京八景》，并添加了《东京八景》以后的战争记忆。文中讲述了太宰始终贯彻的否定沙龙艺术的反抗精神,战争期间的苦难、空袭威胁下的津轻之行,还有战后的思想等等。与《苦恼的年鉴》一样,二者皆是理解太宰文学的重要资料。

《致未归的友人》发表于《潮流》昭和二十一年五月号。太宰怀念了出征后尚未归来的年少友人,同时带出对战时生活苦涩却令人怀念的回忆。作品描写了男女恋爱的微妙心理,还有在战争摧残下人类的脆弱。

《机会》发表于《艺术》昭和二十一年七月号。以滑稽短剧的风格讲述了弘前高中时代某天晚上发生的事,是一篇轻松之作。

《寻人》发表于《东北文学》昭和二十一年十一月号。作品讲述了太宰一家四口在甲府遭遇空袭,房子被烧毁,如同乞丐般回到故乡津轻的经历。彼时凄惨的心情给心高气傲的太宰留下了难以忘却的伤痛。

《亲友相处》发表于《新潮》昭和二十一年十二月号。作品鲜明地描绘了太宰在疏散地点碰到的男人,那令人无法忍受、毫无优点的形象。太宰在这篇作品中第一次没有融入自己的心境,从而得以塑造出完全的他者、水火不容的可恨恶人,使文章不再是自我分身之间的独白,而是与他者的对白。《人间失格》的比目鱼、堀木等被他视作毕生大敌、缺乏羞耻心和善意的人物原型就在于此。结尾的"不要傲慢无礼!"一语中的。

《男女同权》发表于《改造》昭和二十一年十二月号。作者利用战后男女同权这一战后民主主义的流行思想，创作了出乎读者意料的辛辣讽刺作品。字里行间仿佛流露了太宰长年以来苦于强势女性的心情。

《叮叮咚咚》发表于《群像》昭和二十二年一月号。太宰在昭和二十一年九月三十日写给保知勇二郎的书信中写道："在这次的工作中，我准备尝试使用之前你在信中用到的拟声词'叮叮咚咚'。当然，我绝不会贸然引用你写的文字，那样太过失礼。……烦请你将这个拟声词借我一用。我希望写出年轻人当下的苦恼。"由此可以推测，他的创作灵感应该来源于保知的书信。他巧妙地利用"叮叮咚咚"这个拟声词，诙谐地表达了日本投降之后青年们的虚脱感，以及摆脱了战争这一噩梦的苍白虚无感。作品完美地刻画了我们在那一时期的心情，是描写战后精神状况的象征性作品。

《冬日烟花》发表于《展望》昭和二十一年六月号。它与《春之枯叶》一样，是太宰创作中比较罕见的严肃剧本。太宰投入这两部剧本的积极性不容小觑，甚至在写给多个人的书信中提到"要在戏剧界投下一枚原子弹"。如上文所述，这也可以称为太宰的下降宣言，彻底颠覆了《潘多拉的盒子》那种渴望乌托邦的天真梦想和希望，转而探讨了无论战争还是战败都毫不改变的人类本能和利己主义。他将自己毕生的主题"罪之深，爱之切"融入了数枝及其继母阿浅这两个人物中。作品通篇笼罩着津轻冬季的阴沉氛围，让人联想到契诃夫的戏剧。作品发表后，"新生新派"提出希望由花柳章太郎和水谷八重子来演绎，但是驻日盟军总部从中作梗，导致演出未能实现。

《春之枯叶》发表于《人间》昭和二十一年九月号。还记得，我第一次在杂志上读到这个剧本时，由于太过着迷，一口气坐过了好几站。由此可见，这部戏剧当时深深吸引了我们，含有一种让人兴奋的魄力。而且，其中也暗藏着因战火被迫离开城市，疏散到乡间过着憋屈生活的心情。哪怕深陷战火也无法撼动的乡间根深蒂固的封建制度、对家庭制度的反抗、对从不质疑自己的地方人的憎恨，这些都通过疏散难民菊代及其养子野中等人物表达得淋漓尽致。同时，作品也表明了作者对日本战后流于表面的现实的深深绝望。

"那个人／不是你／那个人／不是你／我等的人／不是你"，作者本人后来表示，作品中这首流行歌曲唱到的"你"，其实是指美国。当时日本有着严格的言论管制，不允许对美军进行批判。另外，作品中还活灵活现地描写了新版日元、黑市三得利[1]、甲醇、剥竹笋生活[2]等战争结束后的人间百态。"漫长的冬天，埋在雪下面忍受着……纵使迎来了春天，对

---

1 物资紧缺时黑市贩卖的散装三得利威士忌，通常不纯。——译者注
2 指没有收入，只能依靠典当家财换取生活费，好似剥竹笋般层层消耗的生活。——译者注

于这些枯旧的落叶而,也毫无意义。""啊,这也是烟花,冬日烟花。我憧憬的桃源乡,可悲的决心,全都是愚蠢的冬日烟花。"《春之枯叶》与《冬日烟花》两则标题显得如此悲凉。另外,《春之枯叶》于昭和二十二年五月由伊马春部导演,岩金四郎主演,在NHK电视台播放。

这一时期,太宰治还开始创作名为《大鸦》的长篇,并在书信中提到,想像鲁迅的《阿Q正传》那样写写假文化人的活跃。但是该作并未完成,现仅存开篇的两张半稿纸。

《斜阳》《人间失格》——后期 II

太宰文学的最后时期——昭和二十二年(一九四七年)初到昭和二十三年六月投水而死。可以说,他在这一年半的活跃创作让太宰治的名号响遍天下,甚至让他的文学成为不朽的经典。太宰文学的集大成之作、他最知名的浪漫故事《斜阳》,太宰文学最深刻的顶点《人间失格》,还有《维庸之妻》《父亲》《樱桃》等代表作和话题作,全都集中在这一时期。与创作《晚年》《虚构的彷徨》《卑俗性》《二十世纪旗手》等作品的前期一样,这一时期的太宰文学也表现出了最为鲜明的特质。

昭和二十一年十一月,太宰离开津轻疏散地回到东京,立刻就被卷入了略显癫狂的战后东京和媒体的喧嚣之中。太宰治被冠上了"战后文学之王"的名号，被雨后春笋般新成立的媒体四处追赶，又被狂热的文学青年热情追捧。就这样，太宰开始了带领一群追随者从书房出发，四处饮酒作乐的生活（他曾经通过《斜阳》的上原描写过那间书房，且有众多友人在回忆的文章中提起过那间书房，使之成了一个传说）。身处这种异常的氛围，太宰难以抑制心情的昂扬，其精神运动不断加速，感性越发锐利，下笔也更加奔放了。

太宰已经在《冬日烟花》和《春之枯叶》中表现出了自己对战败之后毫无改变的日本现状的绝望，回到东京之后，他更是难以忍受，陷入了"必须不停饮酒，让自己整日昏蒙"的心情。与此同时，他还孤注一掷地向敌人发起攻击，决心要将这毫无改变、陈旧、迂腐、潜藏在人心中的邪恶、伪善和利己主义暴露出来。

"你们不要想我来，是叫地上太平。我来，并不是叫地上太平，乃是叫地上动刀兵。"他高举这句出自《圣经》的话语，向社会和他者之恶展开了积极的攻击。他破坏了传统的道德，揭露了"沙龙的伪善""顾家的利己主义"和"炉边的幸福"根源处的邪恶。

> 我的战斗——用一句话来说明，即与因循守旧者之间的战斗。与人们司空见惯的装腔作势战斗，与显而易

见的阿谀奉承战斗，与寒酸之物、心胸狭隘之人战斗。（《美男子与香烟》）

此时，他多年以来郁积在心中的愤懑似乎猛然爆发了。《如是我闻》那种毫不遮掩的谴责，可谓其怒气的顶点。

可是，太宰为了攻击他人之恶，首先揭发了潜藏在自己内心的陈旧、迂腐、利己主义和贪图安逸的思想。换言之，在攻击敌人之前，他先攻击了自己。他将沉湎于个人苦恼的自我夸张化，并予以否定，破坏了渴望炉边幸福的心。这一时期太宰的伦理观完全颠覆了普遍的道德。"父母比孩子更要紧"（《樱桃》），"为义而玩耍"（《父亲》），"家庭幸福乃万恶之本"（《家庭的幸福》），"干脆豁出性命去贯彻那种无赖的生活，后世反倒可能得到世人的几句感谢"，"那些在社会上被人赞美、受人尊敬的人都是骗子，都是伪君子。只有声名狼藉的坏蛋才是我的同伴。即使被钉死在这个十字架上，我也死而无憾。"（《斜阳》）

太宰再度给自己设置了反立法者的角色，反叛既存的秩序，立志要将它破坏。他以这种舍身赴死的态度创作的后期作品给读者造成了强烈的冲击，揭露了我们内心隐藏的世俗性卑劣、虚伪和怯懦。太宰并非迁怒式地为破坏而破坏，而是追求不受道德与习惯束缚的、像鸟儿一样轻盈的自由，梦想着为了"恋爱与革命"，"与旧道德斗争到底，像太阳一般生活"。

然而,太宰的肉体和精神都已经过度疲敝,无法向着未来坚持生活。战后的现实令他绝望,家庭生活的破灭令他的心受到苛责,肺结核与药物成瘾侵蚀了他的身体,宛如黄昏的末日衰亡感终日笼罩着他。太宰必定预料到了不久之后的死。他开始以一种异常的热情创作《人间失格》。这部作品第一次从正面描写了太宰治毕生深埋在心中的自卑,将自己塑造成一个普遍的人,并非为了服务他人,而是为了将自己镌刻在永恒中。写完《人间失格》后,太宰也许产生了一种舍弃一切的虚脱感。于是死亡瞅准机会,很快带走了太宰。

昭和二十三年六月十三日,太宰治在桌边留下几封遗书,与山崎富荣一起跳入玉川上水,年仅四十岁就了结了自己的生命。

《圣诞快乐》发表于《中央公论》昭和二十二年一月号。这是他回到东京后的第一篇作品,以美国士兵、黑市、摊贩等战后东京的社会景象为背景,描写了与一位女性旧识的女儿在街头邂逅,之后得知那位女性旧识已在原子弹爆炸中死去,笔触悲伤而美好,是一个极具太宰气质的优秀短篇。

《维庸之妻》发表于《展望》昭和二十二年三月号。作品问世时获得了极高评价,甚至可以说,太宰凭借这篇作品成为了无赖派的代表作家。作者本人对作品很有自信,也有不少评论家认为这是太宰文学的最高杰作。然而,在远离战后诡异气氛的今日阅读，已经很难产生作品刚问世时的感动。这也许是因为，对淳朴民风和习俗的破坏在今日已经司空见惯。但是毫无疑问，它依旧是战后太宰文学的代表作品。他从妻子的视角夸张地描写了一个酗酒、欠债、偷情，最后甚至染指偷盗和恐吓的男人，一个整日沉湎于个人烦恼的性格软弱之人。换言之，他将自己的一个侧面融入了名为大谷的人物中，使其客体化并加以否定。但是在他的否定里，始终贯穿着不被他人理解的一丝主观性真实。"可怕的是，这世上确有神灵存在。"在这里，太宰第一次道出了"神明"。这一时期，他一心只关注着神明、绝对和永恒。随后，妻子对那种男人的苦恼做出了扬弃，得到超越道德和习俗的轻盈和自由。这也许是太宰在无尽的痛苦中描绘的愿望。男人对妻子所使用的的语言显现出意想不到的幽默感。其文体带有一种敷衍而异样的轻浮感，让人感到一股不祥的虚无。标题中的"维庸"来自十五世纪法国知名的浪荡无赖诗人兼盗贼弗朗索瓦·维庸。

《母亲》发表于《新潮》昭和二十二年三月号。这是一个以津轻疏散地为舞台的轻快短篇，但是让人联想到 *HUMAN LOST* 中的"我未曾因追求享乐找过卖春女。我是为了寻求母亲，寻求乳房"。

《父亲》发表于《人间》昭和二十二年四月号。其标题与《母亲》相对应，内容却更为辛辣沉重。他重新站在男人的立场上表达《维庸之妻》和《阿赞》中那些以妻子立场书写的内容，直接袒露了自己的内心世界。"都说没有父母孩子照样长大。而我家呢，正因为有父母孩子才长不大。"太宰心里十分清楚自己的愚行。"炉边的幸福。为什么我做不到呢？"太宰饲养着一头自己无法控制的猛兽——无法得到幸福的宿命。他在"炉边的幸福"中无可避免地看到了不可饶恕的邪恶。他牺牲了家人，"为义而玩耍，在地狱的心境中玩耍，拼上了性命玩耍"。说得如此夸张，难道就不是懒惰之人的借口而已吗？的确如此。然而太宰为这个借口拼上了性命。这里潜藏着一部分真实。不，太宰文学的意义就在于，将这一部分真实变为完全的真实。"义"是难以言说的东西，但是读过这篇作品的人，却可以超越理论的范畴去理解它。那是面向神明、面向永恒的真实。可以说，这部作品体现了作者在日常性与永恒性、相对与绝对、客观现实与主观现实、外部与内部的矛盾中忍受煎熬的痛苦。

《女神》发表于《日本小说》昭和二十二年五月号。他巧妙地利用了日本战败导致的异常心理，深入挖掘了男人的内在真实与女性适应日常生活的强大现实主义之间的鸿沟。

《磷光》发表于《日本小说》昭和二十二年六、七月合刊。"我活在与社会完全割裂的世界中。"梦境才是现实的话语，透露了太宰内在世界的深渊。他对现实绝望，在不可能存在的幻想世界中感受到了文学的真实。作中既有对羽左卫门的讽刺，又有对开篇母女对话的精彩分析。《磷光》原题为 Phosphorescence，意为"神秘火光"。

《朝》发表于《新思潮》昭和二十二年七月号。作品讲述了在书房发生的故事，巧妙地刻画了内心压抑的男人的心理，让人联想到前期的《雌性谈》。

《斜阳》连载于《新潮》昭和二十二年七、八、九、十月号。是年二月下旬到三月上旬，太宰短居静冈县三津浜，完成第一、二章。四月到六月在三鹰的书房中完成了余下六章。这是太宰最知名的浪漫作品，也是投入了前期、中期及后期所有主题、理想和技法的太宰文学的一部交响曲。该作品的单行本恰好迎合了时代思潮，成为最畅销的小说，并且好评如潮，甚至衍生出"斜阳族"这一流行语，让太宰治享誉天下。美丽而古老的东西在革命面前必须灭亡，这一作品主题的根基处应该潜藏着契诃夫《樱桃园》的影响。作品以太田静子的日记为底本，太宰战前便与之来往，她既是朋友又是情人，同时还是《斜阳》人物的原型。作品使用了中期的《灯笼》《女生徒》《皮肤与心》《千代女》《蟋蟀》，后期的《维庸之妻》《阿赞》等作品中发挥得淋漓尽致的女性第一人称形式，并在其中插入直治的夕颜日记、遗书等前期的格言体和书信体，后半部分又使用了后期的快节奏轻松笔触，融入了大量心血。这个故事中登场的四名人物皆是太宰的分身，直治象征着前期，上原象征着后期，母亲与和子则构成了中期太宰精神的表里两面。《斜阳》讲述了四个人的四条不同的毁灭之路。直治耻于自己的贵族出身,一面渴望融入民众,一面又缺乏顽强的生命力,因为自己与他人不同而烦恼不已,后来陷入药物成瘾的困境,最后自杀,这个人物可以说就是《晚年》时期的太宰。太宰直言:"写直治的遗书时,我忍不住代入了自己。"可以说,他对直治这个人物抱有最强的亲近感。他在肯定并称颂名门意识之时,刻画出了母亲这个精神贵族、世上最后一位贵妇人的美丽形象,其不求回报的行动与"实朝"的形象相重叠,可谓太宰心中的理想。母亲去世的场景,宛如一首庄严的安魂曲,让人不禁联想到夕阳。上原是战后太宰治的戏剧化形象,他强调了自己内心深处有着乡下人的粗俗,刻画了肉体的衰老与生存的悲哀。女主人公和子作为讲述者的同时,又深刻挖掘了自身的丑陋,继而坚强地做出"人正是为了恋爱和革命才来到世上"这种觉悟。她怀着情人的孩子,毅然成为全新的人,"温厚驯良如鸽子,敏慧灵巧如蛇",在令人绝望的现实社会中活下去。她也代表了太宰对未来的希望。可是这个希望因为毁灭的美丽与疲劳而渐渐消磨。正如神西清抢先发出的称颂之词,这部小说是日本少见的、有着音乐式结构的浪漫故事,有着正宗白兰地的醇香与天鹅绒的质感,堪称完美的艺术。

《阿赞》发表于《改造》昭和二十二年十月号。与《维庸之妻》一样,这也是从妻子的角度审视丈夫的作品,但自杀和破灭的预感越发强烈。"他像丢了魂儿的人一样，悄无声息地走出了大门。"这种描写散发着一丝不祥，暴露了异常的精神状态。对于男人自说自话、夸大其词的烦恼，从妻子角度发出的现实批判也变得更为彻底。对"炉边幸福"的憧憬和嫌恶在这里产生了激烈的碰撞。革命是悲伤而美丽的，革命是为了让人轻松地生活，这种对革命的二律背反式洞察给我留下了很深的印象。

《犯人》发表于《中央公论》昭和二十三年一月号。作者使用了一种克制的、多以名词结尾的文体来抒情，试图通过单纯的结构追求因常识与内在真实的落差引起的悲剧。字里行间仿佛充满了作者对俗世不能理解舍命追求一种事物的愤怒。

《招待夫人》发表于《光》昭和二十三年一月号。作品描写了一个"为义"牺牲一切的女性，用带着怒气的笔触刻画出了一切只为服务他人的悲哀、滑稽与崇高。恐怕，这也是当时太宰本人的心境。

《酒的追忆》发表于《地上》昭和二十三年一月号。这是该时期难得一见的温情短篇，通过饮酒方式的变迁尖锐地批判了时代，并怀念了他与丸山定夫的美好友情。

《美男子与香烟》发表于《日本小说》昭和二十三年三月号。作品整体是随笔式的小品文，开篇写道："过往岁月，我抱着独自战斗的想法一路走来。如今却觉得自己随时可能败下阵来，越发难以克制心中的惶恐不安。"以感想的形式抒发了作者的重要心境。

《眉山》发表于《小说新潮》昭和二十三年三月号。故事中喜欢低俗小说、性格缠人的酒馆女服务员，乍一看是所有人都会轻蔑回避的女子，实际却是最具献身精神的善良之人。作品情节虽然略显下流，但有着让人眼前一亮的反转，结局让人感动。字里行间流露出了让作者直跺脚的不甘之情。

《女类》发表于《八云》昭和二十三年四月号。该作有着很强的虚无主义和颓废主义气息，带有一种自暴自弃的感觉。故事讲述了针对女性的恶意最后遭到了彻底的报复，其质量也让人惋惜。

《候鸟》发表于《群像》昭和二十三年四月号。这是一篇笔触如同鸟儿羽毛般轻盈的作品，对战后的模仿复制文化发表了辛辣而诙谐的批判，让人不禁苦笑。然而，他自身试图融入那种伪造之物的语调也展现出了抛弃一切的虚无主义。他在这篇作品中罕见地用无赖的语气谈论起文学，将其敏捷的思维和幽默的才能展现得淋漓尽致。

《家庭的幸福》在太宰死后发表于《中央公论》昭和二十三年八月号。作品直白地倾吐了对官僚毫不掩饰的愤怒，针对税金问题坚持了艺术家的立场。那是他对社会和他者发起攻击的最活跃期。然而他对官僚讪笑之态的愤怒没有发展成社会论，而是对其家庭展开想象，最后得出了"家庭幸福乃万恶之本"这种可怕的结论。已经预感到死期将至的太宰目光异常锐利，看穿了常人容易忽略的恶的本质。

《樱桃》发表于《世界》昭和二十三年五月号。这个私小说式短篇描写了太宰自杀之前的心境，可以说是一篇文学形式的遗书。从技巧上说，这也是一篇无可挑剔的完美杰作。在这篇作品中，太宰的伦理观、价值观已经与现实社会完全相反，进入了虚无的世界。他在《父亲》中提到的"正因为有父母孩子才长不大"，到了这篇作品中转变成了"父母比孩子更要紧"。他自称这是夫妻吵架的小说，但深入刻画了身为试图破坏家庭生活的人之子的痛苦。妻子的"泪之谷"一说打破了短暂的均衡，将丈夫推向破灭。结尾处坐在酒馆里乏味地吃着樱桃，一边想象将枝蔓用线串起来做成项链给孩子挂上的场景可谓一绝。颓废在这里升华成了永恒的美。正如题注的"我向山举目"所言，此时的太宰一心只注视着永恒与神明。但他并没有写下后半句"我的救赎从何而来"，由此可以窥见太宰拒绝救赎的至悲心境。

《人间失格》连载于《展望》昭和二十三年六月、七月、八月号。这是他最后一篇完结的作品。昭和二十三年三月，他在热海完成了前半部分创作，四月在三鹰完成中间部分，五月则在大宫完成了最后部分。从某种意义上说，太宰治其实是为了创作《人间失格》而出生并走过一生的。就算太宰的其他作品最终消失在历史长河中，这篇刻画了人类存在本质的作品也将会永久流传。此时，太宰不再为了服务他人，而是为了自己创作小说。人生临近终点，他再次挖掘了深渊的底层，倾吐出压抑了一辈子的自卑情绪。他直面了埋藏在心中的内在真实，以及为了守护那种真实而不断苦斗的一生，并把它展示给社会、世间、人类和神明，做出了自己的反抗。从序章的第一句话开始，他的文字就体现出了异样的虚无和诡异。太宰把主人公叶藏设定为无法融入人类社会的异乡人，还原并揭露了社会既存价值观的本质。主人公一面忠实于自我，一面向人类寻求真实的爱与信赖，并因此被人类社会葬送，走上败北之路。这是太宰内心的艺术式自传，但他没有像十八世纪的成长小说那样描写自我的形成，而是刻画了不断崩坏，最终甚至不再是人类的自我，以此来象征今日的疏离型社会。他在这篇作品中深入讲述了自己自闭性的内部世界，又塑造了堀木、比目鱼这种作为自己毕生大敌的恶人。最后，太宰眼中不再存在社会与人类，只剩下神明与永恒。在这里，他第一次赌上自己的全部存在，对神明发出了质疑——"我问神明：信任难道是罪过吗？""我问神明：不抵抗难道也是罪过吗？"那一刻，太宰不再期冀神明的救赎，而是一心渴望惩罚。唯有受到神罚，他的艺术方能成就绝对的永恒。《人间失格》的根源处埋藏着他在 *HUMAN LOST* 中写到的，被送进精神病院毕生难忘的心伤。这篇小说塑造了封闭在自我世界中的人类的真实形象，堪称不朽的杰作，想必会永世流芳，给无数人的灵魂带来巨大的影响。

Goodbye 发表于《朝日评论》昭和二十三年七月号。该作计划在《朝日新闻》连载，太宰从五月中旬开始创作，在投水前一天完成了十三回的创作，从此成了未完成的绝笔。他在作者寄言中写道："唐诗选的五言绝句中，有一句'人生即别离'，我的一位师兄将它译为'人生只有再见'。相逢的喜悦转瞬即逝，别离的伤心却如此隽永，纵使说我们时刻陷于惜别之情，也毫不为过。这篇作品题为 *Goodbye*，若说它刻画了现代绅士淑女的别离百态，未免有些夸张，但我还是希望能写出种种别离的模样。"该作与《人间失格》等作品截然相反，是一篇轻快幽默的小说。主人公在嗓音如同乌鸦的怪力美女及众多女性之间徘徊的构思可谓绝妙，内容也包含了让人捧腹的情节。如果这篇作品能够完成，也许会是空前绝后的幽默讽刺小说，因此着实可惜。从这篇未完成的作品可以看出，太宰治的自杀绝非因为江郎才尽。作品后来被改编为电影，由高峰秀子等人演绎。

散　文

太宰治擅长小说，甚至可以说是短篇小说的天才，但他的散文与随笔也才气十足。我认为，以太宰的天赋，比起小说家，他更适合当批评家或思想的诗人。太宰的小说明确展示出了他身为批评家的才能，当中并不存在作者陶醉于小说的魔鬼、忘我创作的迹象，也不同于再现整体社会、描写多样人物的十九世纪浪漫作品。他的多数小说作品都是作者直接做出批判式发言，或是借助古典作品、民俗故事、他人的手记，在批判的同时融入自己的思考。他的文字经过精确的计算，他的思考也无比清醒，绝不会让批判意识打断作品的流动性，也不会写出大长篇小说。他身为一个自我意识极强的人，总会在作品中先行做出对自我的批判。他并不是一个肯定、融汇、创造的作家，反而拥有否定、分析、破坏的批评家的目光。那种尖锐的批评意识使得太宰文学成了最尖锐的现代文学，并流芳至今。也就是说，太宰的小说极为罕见，是成立在批判与否定传统小说构思和方法之上的作品。

尽管太宰拥有这种尖锐的批评家才能，但身为作家的洁癖与骄傲让他始终贯彻了小说作家的姿态，只在小说中发挥反叛式的批评精神，因此很少发表独立的评论和散文作品。而且，他的散文都很短小，多为备忘录和片段的形式。太宰并不擅长理论式的表达，只能将批判精神和思想化作感官式的印象与比喻。若要成为一名批评家，他的文字过于小说化、想象过于丰富而充满直觉性。

太宰的随想文章更多是一种小说式的构思，简短的文字中凝聚了作者的无限思考，话语能够深深刺中读者的心扉。阅读他的随想，会发现随处都是作者未能写成小说的片段式构思，就像走进了一座无尽的宝库。其中也有坦白心声的文字，和准确提示自身作品关键之处的文章，为研究太宰文学提供了最好的参照。尤其是前期作品根基处流淌的下降式精神指向，中期戴上小市民生活面具的动机，还有后期对传统权威和秩序的猛烈攻击，我们唯有通过他的散文，才能充分了解。

太宰治生前发表的随想集有《信天翁》（昭和十七年十一月，昭南书房）与《太宰治随想集》（昭和二十三年三月，若草书房），去世后不久则有《如是我闻》（昭和二十三年十一月，新潮社）三册。《信天翁》收录了《思考的芦苇其一》《碧眼托钵》《古典龙头蛇尾》《关于声音》《创作余谈》《关于〈晚年〉》《一日的劳苦》《多头蛇哲学》《答案落第》《杀死绪方的人》《前进一步，后退两步》《人间基督记及其他》《正直之声》《困惑的辩解》《诸君的位置》《义务》《郁屈祸》《无自信》《作家像》《国技馆》《贪婪祸》《谈自作》《保罗的混乱》《微声》。《太宰治随想集》中除这些作品外，还收录了《砂子屋》《〈晚年〉与〈女生徒〉》《春昼》《市井纷争》《厌酒》《陌生人》《男女川与羽左卫门》《弱者食粮》《容貌》《六月十九日》《美食家》《五所川原》《青森》《校长三代》《一则忠告》《炎天汗谈》《横纲》《皮革钱包》《天狗》《小照》

《厌艺术》《谈金钱》《海》《津轻与契诃夫》《回答》《同一颗星》《织田君之死》。《如是我闻》收录了《如是我闻》《谈谈我的半生》《关于徒党》《一个约定》《无趣味》《赤心》《小说的趣味》《革命》《织田君之死》《〈高尾忏悔〉解说》《〈奥林匹斯的果实〉序》《〈洋灯〉序》《〈井伏鳟二选集〉后记》。以上作品全部按收录顺序列出。

逐一解说这些随想文章过于繁杂,此处略过,仅以备忘录的方式讲讲几篇重要的随笔。

《思考的芦苇》(其一、其二)、《碧眼托钵》成文于昭和十年和十一年,主要发表在《日本浪漫派》,其他则连续发表在《东京日日新闻》《文艺通信》《文艺杂志》《作品》《文艺凡论》等刊物上,是作者有意识写就的散文。昭和十年三月,太宰在镰仓山自杀失败,将留作遗书的《晚年》分篇发表在了杂志上。他的药物成瘾症状不断加重,生活趋于荒废,正是写不出新小说的时期,便为同人刊物《日本浪漫派》写下了这些代替小说的文章。与其说是散文,它们更像格言文字,可以推测是因为太宰受到了芥川龙之介的巨大影响,带着芥川的《一个傻子的一生》《西方人》等作品的意识在写作。这些都是短小的断片式文字,虽然不乏重视风格的作者的知性姿态和造作意识,但因他是一位语言的大师,极其擅长直觉性的表达,字里行间还是鲜明地体现了真实的剖面,让人难以忘怀。这些文字填补了太宰昭和八年秋天完成《晚年》,

到昭和十一年住院事件期间的空白，是了解太宰当时心境的唯一线索，因此十分宝贵。坦言文学就是随波逐流者的逞强，《败北之歌》《卑俗性》《晚年》的解说，对波德莱尔及菲利浦的醉心，《关于一个男人的精进》等艺术论，自我意识，马克思主义，以及对《圣经》和基督教的深切关注，决定了一生的住院打击等等，这些文章表现出了太宰无法写进小说的一面，在研究太宰的读书和修养形成方面很值得参考。

《古典龙头蛇尾》《闷闷日记》《不跑的名马》等文章都是太宰出院后不久所写，填补了几乎没有小说作品的前期到中期之间的空白，绝对不容错过。尤其是《不跑的名马》，太宰在文章中坦率地表达了自己的艺术观，并且最能体现出助词省略等太宰的文体特征。

昭和十二年到十三年期间写下的《思索的败北》《创作余谈》《关于〈晚年〉》《一日的劳苦》《答案落第》《前进一步，后退两步》《困惑的辩解》等文章，都反复倾诉了太宰戴上微笑的面具，成为小市民，决心贯彻艺术至上主义的中期心境。

昭和十三年到十四年的《九月十月十一月》《春昼》《当选之日》《厌酒》等文章，都是太宰在甲州生活，并结婚成家，带着欢乐祥和的心境写成的，与其说是随想，其实更像超短篇小说。《厌酒》与后文的《酒的追忆》相呼应。

昭和十五年，由于日本发动侵华战争，太宰的心理状态变得越发紧张，面对赶赴战场的士兵产生自卑心理，这些都体现在了《这段时间》《陌生人》《三月三十日》等文章中。类似《心之王者》《郁屈祸》《诸君的位置》《作家像》等写给学生和年轻友人的教训式文章也多了起来。与此同时，太宰还在《微声》等文章中，以格言的形式叛逆地提出了深藏心底的艺术观，又在《保罗的混乱》等文章中讲述了对基督教发自灵魂的低语。

昭和十六年以后到战争结束，类似《男女川与羽左卫门》这样充满了故乡与爱好之事的纯粹随笔式文章变多。这些也许是战时思想管制下的韬晦之作。《弱者的食粮》《厌艺术》等否定了电影的伪艺术性的文章让人印象深刻。《一则忠告》《一问一答》《炎天汗谈》等，都是太宰身处那个时代，以艺术家的身份讲述深藏内心的觉悟，表达艺术式抵抗的作品。也有像《一个约定》的海难船故事一样倾诉了理想的重要短文。从芭蕉等人的连句集《猿蓑》中获得灵感的《天狗》，更像是使用了与《女人的决斗》《新哈姆雷特》等作品相同手法的精彩短篇小说。通过解释俳句，他生动地描写了芭蕉及其弟子的心理。

战争结束后，太宰立刻变得能言善辩。《回答》《政治家与家庭》《新式个人主义》《革命》《关于徒党》等文章都正面表达了他对政治的看法。尤其是《革命》《关于徒党》等格言文章,都是他根据自己的亲身体验写下的,挖掘了政治本质的先驱式发言。

  全新的徒党形式也许会从伙伴之间的公然背叛中诞生。
  友情、信赖。我从未在"徒党"中发现过这些。(《关于徒党》)

  自己做过的事,若不清楚说出来,那么,革命就不会发生。(《革命》)

这些话都深深镌刻在我的心中,每当我思考政治与文学,都会想起他的文字。《海》是与《微明》等相关联的小品文,《谈谈我的半生》则与《十五年》和《苦恼的年鉴》一样,是自传式作品。

《如是我闻》是太宰唯一的长篇辩论。他之前也写辩论文章,譬如《关于川端康成》《创生记》的一部分,还有《杀死绪方的人》《织田君之死》等等,都属于这个形式。但《如是我闻》是太宰预感到死期将至,将压抑心中的所有愤怒一口气喷吐出来,恶语相向,让人内心惊颤的文章。太宰在这里明确提出了自己的下降意识——也就是对炉边的幸福、沙龙的伪善、陈旧事物的否定。他攻击了戴着白手套的学者、只知炫学的批评家,挑战了日本文学的传统权威。他还表达了对芥川身为不被世间所容的弱者的共鸣,并在后半部分对被奉为日本文学之神的志贺直哉发出了连珠炮似的连篇痛骂。虽然没有合理的逻辑,但是那种不顾一切的尖锐咒骂足以让读者高呼快哉。应该说,这是向来彬彬有礼的太宰治在最后爆发出来的怒火。他对志贺直哉代表的传统文学的批判,在文学史上是足以流传后世的纪念碑式文章。《如是我闻》使战前的私小说形式完全丧失权威,并吹响了战后新文学的号角。它与后期的《人间失格》《樱桃》等小说互为表里关系。

"序文""后记""解说"虽然简短,但由于太宰治极少谈论自己的作品,因此拥有极高的价值。为他人作品撰写的序文连同数量稀少的书评,体现出了太宰的友情与文学观。写到《井伏鳟二选集》第四卷的解说则是太宰少有的正式评论文章,他在里面结合一些日常轶事,表达了自己对井伏文学的敬爱,同时也写出了只有太宰才能做到的,对井伏文学的本质性批判。尤其是第四卷解说中提到的"人的一生就是旅行。……对于井伏先生是否由衷喜爱垂钓这件事,我也怀有一丝疑念,但我认为,扛着钓竿出门旅行,与其称作垂钓名人,更应该称作旅行名人。……井伏先生的文学十年如一日,保持长青的秘诀,想必也在于此。擅长旅行的人,在生活中绝不会失败。换言之,这种人知晓花牌的'退出之法'[1]。……我要重申，井伏先生是旅行的名人……"这些文字指出了太宰文学与井伏文学的本质差异，并对井伏文学提出了终极的疑问。太宰平时并不写文学批评，但这些评论证实，他拥有不同凡响的批评眼力。

只要读过太宰的散文，就会发现无论多么简短的随想，他都不会草率为之。他的随想集就像充满了人生论和艺术论的名言警句集。

书　信

现存的太宰治书信共有六百五十余封。太宰治一生必定写过更多的书信，但与用作发表的作品和散文不同，书信本来就是写给特定人物的非公开文章，就其性质而言，只要完成了任务，一般就会被丢弃。因此，太宰必然也有很多被销毁或散佚的书信。

鉴于书信的性质，如今能够留下六百五十余封，恐怕已属罕见。尤其是中间还经历过入营、应召、征兵、疏散、战火等环境的巨变，众多收信人还能保存数量如此之多的书信，

---

[1] 花牌有一种玩法，根据台面上翻开的"场牌"比较手牌点数，得点高者胜出。每一轮手牌有七张，玩家根据手牌内容选择"跟"还是"退出"该回合。——译者注

简直是个奇迹。

我猜想，也许是因为太宰的书信大都含有销毁了过于可惜的内容和文字，也就是说，信中充满了与小说作品同样的才气与精神，又或者太宰是个备受身边人珍重和敬爱的人，所以才会有如此多的信件得以保存下来。那么自然可以认为，这六百多封信件都是注定会被保存下来，让今日之读者广为阅读的东西。

事实上，太宰的信件中确实有许多名言，让人不禁怀疑他早已预料到了信件今后会被广泛阅读的命运。说不定他还怀有这样的野心，暗自想象了在全集中加入书信集的效果。至少，他应该早有觉悟，身为文学作者，绝不可留下任何死后会被人笑话的文字。

按照顺序阅读太宰从昭和七年到昭和二十三年之间写的信件，就像阅读一部小说那样精彩，甚至让人无法在中途暂停。太宰前期的小说中就有将别人写给他的书信编辑过后写成的《虚构之春》，这部作品就有着前所未见的吸引人之处。屡次落到他头上的灾难，亲自招来的破灭的深渊，太宰在那样的痛苦中挣扎，有时不顾一切地恳求，有时又绞尽脑汁去拟态，有时则因过于绝望而自暴自弃。令人惊讶的是，他也会对世界表现出高度的责任感，自然而然地流露出良家子弟的善良，时而成为热心的前辈，给予后辈温暖的忠告。观察太宰治这个人，他有着万花筒一般的多变。

书信集组成了太宰治生涯的一个侧面，从中得以窥见小说和散文里都看不到的太宰的真实面貌。有时，他还会阐述投入一部小说作品的创作积极性以及相关创作动机。读完这些书信，我得到的最强烈的感触就是太宰始终对自己的作品和自己的才能有着不变的自信。他会在生活中挫败，甚至发出哀号，但在文学方面从不会示弱。他甚至从不怀疑自己作品的质量。这种对自身文学天赋的坚定自信，在那个困难的时代一直支撑着太宰的创作。

太宰治书信集中展示出的充实与趣味，恐怕已经无法出现在他之后的文学作者身上。随着通讯和交通技术的发展，文学作者之间已经不再有书信交流的习惯。也就是说，他们也不再通过书信来陈述自己的文学论和人生论。

可以说，历史上文学作者的个人全集，其最大的魅力在于收录了书信、日记和未发表作品的部分。因为人们只有在全集之中，才能读到那些内容。当然，对文学作品以外的私人信件和日记感兴趣，可以说是文学欣赏的歪门邪道。可是一旦喜欢上某个作家，开始系统性阅读其作品，读者的兴趣就会超出作品本身，延伸到创作者的内部世界，想了解创作者的全貌。此时，书信和日记就起到了帮助读者理解创作者的作用。书信集是理解文学作品的参考资料，而非文学作品。

因此，万一读了书信集，对太宰治的真实生活面貌感到厌恶，甚至对太宰治这个人感到幻灭，这与太宰文学的价值也没有关系。作家太宰的真实只存在于文学作品之中，而不在于书信展示的日常生活中。希望读者们在阅读时不要本末倒置。

带着这种态度去阅读太宰的书信集，就会发现这是一座宝库，其中收藏了尚未发展成文学的丰富素材。将文学作品、书信，或是卷末附带的年谱放在一起比较阅读，就能看出太宰如何将卑俗的现实升华成了杰出的文学作品。另外，我们通过书信也能了解到，太宰其实深陷在现实生活的地狱中，忍辱负重地产出着杰出的文学作品。然后又会反过来发现，即使在书信之中，太宰也绝没有放松身为文学作者的态度。

按照年代顺序进行概览，目前尚未发现太宰昭和七年（一九三二年）以前的书信。也许因为当时太宰还寂寂无名，并且参加了非法运动，纵使与他人有书信来往，那些信件也已经散佚。现存两封书信是太宰在从事左翼运动期间写给工藤永藏的信件，因此无比珍贵。他在第二封书信中表示，自己正创作类似小说的东西，以安慰被关入丰多摩监狱的同志。同年七月，太宰前往青森警察署自首，脱离了运动。此间的情况，也可以从他写给表弟小馆善四郎和小山初代母亲的书信中推测出来。

昭和八年开始，他写给井伏鳟二、今官一、木山捷平、久保隆一郎、中村贞次郎、小馆善四郎等文学上的前辈、朋友、后辈，而且情绪严肃认真的书信变多了。由此可以想象，他一边创作《晚年》的书稿，一边在《海豹》《鷭》《青花》等同人杂志和文学运动中广交朋友。昭和九年到十年，他又结交了山岸外史，对《青花》的狂热程度剧增，可以说那段时间就是太宰的文学青春期。到了昭和十年与十一年，他开始向一流文艺杂志投稿，又发生了芥川奖事件，明确流露出了新近文学作者太宰希望得到世人承认的野心、焦躁和动摇。当时，他苦于药物成瘾，向淀野隆三写信借钱买药，给浅见渊写信催促处女作的出版，向楢崎勤辩解原稿出错的原因，还表达了对芥川奖的期待与失望、与前辈朋友的误解、对故乡的担忧、向井伏鳟二解释误会以及对他的依赖，还有被送进精神病院的打击、得知初代出轨的打击，这一时期的书信可谓充满了戏剧性，让人喘不过气来。由于药物成瘾，他表现出了极为严重的错乱和癫狂，但是从书信的文字中也能看出，他正在展开创作的实验。只要深入研究这一时期的书信，就能获得了解太宰内部世界的重要线索。

昭和十二年，关于事件处理的书信一开始多为沉痛的文章。到了昭和十三年、十四年，他在井伏鳟二的关照下与石原美智子顺利相亲，决心清算此前的生活，重生为生活健全的社会人。这些都在写给井伏鳟二和老家的书信中暴露无遗。到了昭和十五年、十六年，他的书信中不再满溢曾经的激情，而是展现出了知书达理的作家形象。除井伏鳟二以外，他还与山岸外史、伊马春部、龟井胜一郎等人保持来往，并且这一时期还出现了与未知读者的书信往来。战争爆发前，他给小山清、菊田义孝、堤重久、田中英光、户石泰一等师从于自己的文学青年写了许多充满温情又严肃的书信。此外，写给竹村坦、高梨一男等编辑的书信数量也很多。太宰在那些书信中全然没有表现出对战争的兴奋，反倒冷静地继续着自己的工作。昭和十九年、二十年，战火和战争的严酷开始向他袭来。

昭和二十年，战争结束，他从青森疏散地写给身在广岛的井伏鳟二的书信中，流露了身居乡间、无人交谈的郁闷心情，是十分宝贵的资料。他给旧友和后辈写的书信中也难得地说起了政治观和人生观。太宰先疏散到甲府，继而疏散到青森，身在偏远之地，他的书信无论从数量还是质量上都十分可观。写给太田静子的书信更是在书信集中奏出了与众不同的音色。

昭和二十二年、二十三年的书信大多冷漠平淡，由此可见太宰的生活有多么忙碌。最后写给津岛美知子的几封书信直接反映了太宰当时的生活，让人印象深刻。读完太宰书信集，我感觉自己仿佛陪着太宰回忆了他的一生。

四 再论太宰治

六月十九日，三鹰禅林寺内聚集了数百名青年男女。他们并非恋人，也不是彼此相识的伙伴，不会聚在一起交谈，只是各自拿着书和笔记本，零零散散地分散在寺庙院内，或是默然矗立，或是四处走动。他们似乎都在等待什么，但奇迹当然不会发生。很快，人群便放弃了等待，渐渐离去。诚然，这是一幅怪异的光景，不知情的人见到，也许会感到启示录一般的秘密宗教气氛。其实，怀念太宰治的樱桃忌，其参与人数就这样每年都在按几何级数增长着。

能够得到年轻人这般敬重的文学作者，恐怕只有太宰治一个人。他们不单单是读者粉丝，其中仿佛潜藏着灵魂的交流或咒缚，让人毛骨悚然。太宰治的文学究竟有什么魅力，能让年轻人如此魂牵梦萦？

那种类似魔力的东西还以另一种形式影响到了现在活跃的作家。作家们谈论太宰文学时，为何会使用如此困惑而独特的表达？他们有一种共通的情绪，都不想触及太宰，不想谈论这个人。一旦不得不谈论，他们也绝不会正常发表见解，而是像面对危险的爆炸物、毒药，甚至传染病病原体那样，以避之不及的口吻去谈论。因为他们都曾经被太宰所吸引，感染了他的毒气，有过痛苦的经历。一旦接触了那种毒气，思想和文体都会向太宰倾斜，好不容易构筑的自我世界会被打碎，再也写不出自己的小说。纵使不至于落到这等地步，他们也会在某个不经意的时刻发现心中不知何时残留了太宰之毒，感到毛骨悚然。很显然，从他们的口吻中可以听出，这些人再也不想读太宰，也不想思考太宰了。

> 一旦论及太宰治的文学，我总会动用否定的言辞。……不知为何，我就是不希望别人知道我喜欢太宰治的作品。我曾在别处听过，那是性格软弱的不良少年写的"坏书"，立刻跟朋友分享了这个说法，自己也深信不疑。因为我觉得这样说了，那本书就真的带有某种危险的魅力。有了这样的忌讳，那本书就更吸引人了。为此，每次朋友之间谈论文学时聊到太宰治，我都会产生这种阴险而羞愧的心情。……被自己的姿态逼迫，"盒中又是一个盒子"[1]的痛苦立刻传染到我的心中。这是我

---

[1] 来自太宰治的短篇作品《女生徒》，为女主人公描述清晨醒来时的心情的句子。盒子开到最后，"里面却空空的，什么都没有。"——译者注

从未体验过的诡异感觉。……几乎在翻开书页的同时，就会发生主人公与读者的混淆。他眼中所见乃是我们平素所见，他使用的话语就是我们的话语。读完之后，我突然发现自己开始说"太宰治语"。此时我的感受已经超越了读完一本小说仿佛亲身经历了他人的生活，而是一度自由的我被强行塞进了别人家的房间里。(《身边的话语》)

这是安冈章太郎的感想。

我觉得，太宰的作品中包含了那些希望融入我国文学之人的感觉和感性的所有原型。当中既有"连这种东西都能写出来吗"的切身感，也有"我跟太宰有相同的感觉"这样的共鸣。看岛尾敏雄的作品，我也有同样的感觉，但是太宰给我的感觉更赤裸，有时甚至很青涩，却让人难以拒绝。甚至我们这一代以后作家的作品，也总会在意想不到的地方表现出太宰的影响。我脑中偶尔会冒出"家庭幸福乃万恶之本""父母比孩子更要紧"这种话，接着意识到那是太宰的话，把自己吓了一跳。不管是为之狂热还是反对，太宰都像是每个人必须接触的作家。虽说如此，承认自己喜欢过太宰却是一件很羞耻的事。我记得有段时间，我开始购买太宰的全集，安冈章太郎看见我的书架，就说："原来如此，那我也买吧。"我认为，这不仅仅是因为太宰属于感性中的令人羞耻的部分，也因为展示那个部分的行为也会让人感到脸红。太宰是一个完成度很高的类型作家，这样倒还好，然而靠近太宰变成他的支流，就一点都不好了。所以，我就这么放过了靠近太宰的机会。(《我的文学放浪》)

这是吉行淳之介对太宰的观点。

现在，阅读太宰治和田中英光的小说已经成了我的禁忌。不仅因为他们结束生命的方式与别人不同，还因为阅读他们的作品，会让人想起那个结局，以及走向那个结局的过程。我的妻子非常害怕那样的结局。她的恐惧最终还发展成了一种病态。……那件事刚发生时，我们都在精神科的病房里住了一段时间。从那以后，就再也没读过他们的作品。不仅是不读作品，甚至要避讳提起他们的名字。但是，我少年时代躲在密室里带着洁癖读书，从而开始对文坛消息抱有好奇时，最早发现的小说家就是太宰治与中村地平二人。他们在我眼中就像剥了壳的虾，散发着令人感到疼痛却鲜明的魅力。太宰治更像是一名受难者，连脚步都如此蹒跚。他像一只任性的蝴蝶，四处采集年轻人喜爱的花蜜（主题）。当我们找到那个地方时,总能发现他已经留下了脚印。或者说,当我们抬眼看向目标中的花朵时,总能看见他捧着收获的成果,正要起飞的背影。当时已经进入战争时期,随着战争的阴影逐渐加重,我开始怀着恐惧和期待,去追寻他的只字片语。……他的作品对我有什么意义,必须重新细读一遍全集才能确定。但是现在,我还不知道何时才能做到这件事。(《一种反应》)

这是岛尾敏雄对太宰治的感想。

《牧神的午后》有意识地模仿了太宰治的文体。上高中时,我非常喜爱太宰的文字,其后也一直重温。从我写下的这些文字中可以看出,那时我依旧爱着太宰的文字。(《牧神的午后》后记)

这是十几年前无论在文体还是构思中都流露着浸透骨髓的太宰治狂热,分不清自我和太宰的北杜夫在最新出版的初期作品集中附上的话。冷淡的行文背后,似乎隐藏着为了自立而拼命摆脱太宰影响的痛苦体验。

武田泰淳在座谈会(《文学界》昭和三十六年六月)上谈到自己在战争时期如何钟爱太宰的作品,并说:"有些人受到了那种文体的影响。在创作《司马迁》的时候,也有人说我第一页在模仿太宰。我自己压根没发现。……还是柔弱的文学青年啊。到底避免不了他的影响。但是只靠这个肯定写不出很长的文章。"同样出席了那次座谈会的中村真一郎、开高健和大江健三郎也都讲述了自己熟读太宰并与之反抗的经历。

不仅是作家，无论是喜好，还是精神定位和向量上都与太宰文学处在两极的批评家江藤淳也在《一则个人回忆》的副标题下写道："对我而言，太宰治这个名字与战后某一时期的个人记忆紧密结合在一起，无可分割。……因为他在我最软弱的部分，即当时还是初中低年级学生的我心中最柔软的部分留下了痕迹。批评家不应该过多谈论个人的记忆，而在太宰治这个话题上，除了作为投射在我最私密的生活上的影子，我不想谈论更多。"尽管如此，他在后文还是提到了太宰之死前后自己感到的兴奋，对缺乏尊严的太宰文学的反抗，以及"掺杂着尸臭的强烈感伤，还有从中迸发的否定的冲动"，并将其与自己的精神形成时期相对照，说道："我甚至对当时横行的太宰信徒产生了反感。然而后来经过朋友提醒我才发现，当时的我在旁人眼中，其实也是中了太宰之'毒'的一个人。正如我的价值彻底崩塌，一切事物的价值也应该迅速崩塌——这种焦躁的情绪，始终萦绕在我脑中。"可以说，他的这些文字刺中了太宰文学的本质。

读完这些谈论太宰的文字，我发现其中有着明显共通的态度。"禁忌""毒""坏书",这种让人心中一惊的话语接连出现,显得极为异样。这里潜藏着某种骇人听闻的、阴邪的东西。他们拼命想摆脱太宰的影响,不去思考太宰,可是一旦谈到这个人,就会不由自主地开始讲述自己的精神形成过程和藏在内心的秘密。应该说,他们会不由自主地裸露自己,将自己的文学与之对照。这着实是一种棘手而惹人厌烦的文学,应该将之视作"毒药"和"禁忌",单独存放到别的地方。

如此一来——

我对太宰治的文学怀有强烈的厌恶。首先,我很讨厌这个人的脸。其次,我很讨厌这个人土炮强装风流的嗜好。第三,我很讨厌这个人扮演了自己不适合的角色。跟女人殉情的小说家应该拥有更庄严的风貌。

我也知道对作家来说,唯有弱点是最大的优势。但把弱点直接说成优势,我觉得是自我欺骗。坚决相信那个无可救药的自己,无论从什么角度来看,都是身为人类的僭越。更何况,他还把这种盲信强加于人!

太宰的性格缺陷至少有一半能靠冷水擦澡、机械体操和有规律的生活治愈。本该在生活中解决的事情,不应牵扯艺术。反过来说,不想被治愈的病人没有资格当病人。(《小说家的假期》)

三岛由纪夫这番异常解恨的全盘否定不得不说是必然的现象。然而，三岛对太宰的强烈厌恶和反对也属于一种异常。他为何要死咬着太宰不放，将其视作眼中钉，对其拼命否定呢？这就好像，他试图通过全盘否定太宰，来强调自己文学的独特性、独立性和存在理由。其他作家敬而远之的态度，三岛的强烈否定态度，还有樱桃忌上聚集的一众狂热的青年，一切都显得无比异样。他们同样是受到太宰魔力影响的人，只是因为各自的天性而做出了不同的反应。我认为，太宰文学埋没在异样的着迷、异样的否定和谨慎的敬而远之这三种态度中，至今仍未得到正当的评价。人们对他的文学抱有强烈的关注，但是又将其视作异类，无法在现代文学史中为其定位，反倒将其抬到了"禁忌"这个特别席位上。太宰治虽是一名优秀的文学作者，但是他偏离了文学的正统，很难承认其文学是正统的文学——目前，这种流于低俗的评价掩盖了太宰文学的真正意义。

虽然我说太宰文学尚未得到正当的评价，但事实上，已经有众多批评家探讨过太宰这个人。而且连保田与重郎、福田恒存、花田清辉、竹内好、竹山道雄、石川淳、神西清、折口信夫等从不轻易谈论某个特定作家的日本一流批评家、思想家、鉴赏家和学者，都在热烈地讨论这个人。太宰治着实是一位天赋异禀的文学家。然而，这些一流人士的太宰治论同样带有那种异样的色彩。在太宰强大的魔力和吸引力中，有的人积极与之同化，谈论他如同谈论自己；有的人坚守着阵地，却不受控制地为之兴奋，深陷其中。纵使态度不同，他们都赌上了自己的全部存在去讨论太宰。我在这些评论中感受到了旋涡星系相撞，迸发出强烈能量的精神戏剧性。至少，太宰治的文学能够触动拥有一流思想和一流美感的人的灵魂。他的魔力来自何处？太宰文学是挖掘现代日本精神史根源的重要线索。

我在十几年前写过全盘肯定的太宰治论。或者说，我与太宰治的文学发生碰撞，从此再也离不开文学。由于受太宰的影响太深，我从一开始就不可能写出属于自己的小说，如果要在这个基础上从事文学工作，除了写《太宰治论》，别无其他途径。

所以，太宰文学已经成了我灵魂中的特殊存在，甚至是无法客观审视的异样存在。直到现在，我依旧无法摆脱太宰文学的魅力。看到"现代文学的基轴"这种字眼，我会下意识地将其认定为太宰文学。

有人把太宰治比作青春期的麻疹。那么，罹患了整整二十年麻疹的我要么是体质异常，要么是特别迟钝，或者从二十岁开始便没有成长，就这么迈向老年。至少对我来说，太宰文学绝不是麻疹，也不是过个二十年就会厌倦的简单事物。然而，我已经快四十岁了，正在靠近太宰结束生命的年龄。站在人生的这个关口，我感到有必要再次思考太宰的文学。尽管可能徒劳无功，但我还是希望尽量客观地审视太宰文学，以补足《太宰治论》的形式，去探索他的魔力，还有他的本质。

读者为何会对太宰文学产生不同于面对其他文学的反应？迄今为止，我一直从伦理性和思想性的层面来分析这个问题。他赌上了一生的强烈的下降式反叛伦理与读者不可避免地发生了冲撞。尤其在前期与后期，他笔下呈现的那种完全颠覆世俗伦常的负面伦理更是动摇了读者灵魂的根基。他在不信任人类的地狱中始终寻觅着绝望的爱，通过拆解自己去寻求自我真实的证据。当人们窥见他精神深处的凄惨绝伦的戏剧性时，仿佛看见了同时代人类的极限姿态，无不感慨万分。太宰的文学正是因为有了作者这种极限的精神紧张，才有可能成立。

然而，我们发现那种强烈的伦理性、窥见他精神深处的戏剧性并为之感动，并非通过他的实际生活和实际性格，完全是通过太宰的文学作品和文学表达。他的文学为何拥有类似"毒药"的独特而强烈的影响力？为何能瞬间俘获年轻人的灵魂？我想探讨的正是这点。

此次，我再度重读太宰治全集，发现他的作品形式——其文体和构思都与普通小说呈现出明显的偏离。太宰几乎全部的小说都采取了直接对读者讲述的形式。他始终面朝着读者的方向。他始终关注着读者的反应。也就是说，太宰治的小说九成以上都是以说话体[1]形式写就。而且，他并非对宽泛的读者讲述，而是直接对单一的读者，也就是翻开书页的那个人讲述。时而在耳畔低语，时而大方调笑。他让身为读者的"自我"作为隐藏的第二人称在小说中登场。小说中本来就存在着身为读者的"我"，也就是作者眼中的"你"，在那里惊讶、在这里欢笑，又在那里忧愁、在这里感动，参与到了小说的情节之中。只要开始阅读，无论多不情愿，都会被拉进小说中。

纵使你把它当作普通的小说阅读，也无法拒绝加入其中。换作其他作品，当作者万分投入地操纵登场人物，或是化身为登场人物说话时，我们依旧可以对他的随意嗤之以鼻，并给予冷冷的拒绝，继续阅读下去。但是在太宰这里，读者无法这样做。如果不融入这个别样的世界，如果不以他者的身份移情，就无法阅读他的作品。我们会不受控制地成为作者，或者作品主人公选中的特定的倾听者。三岛由纪夫的愤慨"更何况，他还把这种盲信强加于人！"针对的便是这种独特的潜在第二人称说话体。如果要拒绝融入、拒绝感动，就只能完全不去阅读。

太宰的手段极为巧妙而纤细，几乎所有读者都在毫无察

---

[1] 民间流传的故事、传说、神话等被称为"说话"，而这种文体形式被称为"说话体"。——译者注

觉的情况下被送上了太宰的轨道。莫说"强加",有人甚至会感到自己被太宰选中,成了真正理解太宰苦恼的唯一知心者。擅长讲述的人,同样擅长倾听。读者在倾听的同时,渐渐与讲述者同化。一开始觉得他替自己说出了心声,讲述了埋藏在内心深处的感情,继而觉得主人公不再是他人,而是自己,那些讲述全部出自自己之口。此时,太宰成了唯一能理解读者的苦恼,理解其内心真实的人。

樱桃忌那天聚集的太宰信徒,肯定都坚信自己才是太宰真正的理解者,是被他选中的人。太宰的文学就是会让读者产生这种心情。所以,纵使汇聚一堂,他们也不与彼此交谈。一旦有人说话,周围的人就会露出莫名其妙的表情。也许,所有人都暗自将他人嗤为太宰的盲目追随者,唯独自己与众不同。若非如此,就无法解释樱桃忌那种异样的气氛。

太宰的小说中多次出现过"读者啊""诸位""你"这种对读者的直接称呼。不仅如此,还随处可见省略了"读者啊""你啊"这种第二人称的呼告文体。

(读者啊,)请相信我。我现在就是想写这样的小说。……(中略)
(读者)已经不需要戒备我了。因为我不想写。还是写吧。假如只写我婴儿时期的回忆也可以的话,假如一天只写五六行也可以的话，假如只有你一个人认真地读的话。好吧，为祝贺这项不知何时能完成的无聊工作的启动，我和你两个人简单地干一杯吧。此后开始工作。（《玩具》）

这就像读者与作者的捉迷藏，或者说男女之间的追求游戏，又或者恋人之间的嬉戏。值得注意的是，即使读者不被其带入，客观地阅读这些文字，文章本身也会变成作者与内部自我意识的对话，绝不显得刻意。让读者不经意间陷入其中的秘密就藏在这里。

请想象我远隔重洋，登上这座小岛时的忐忑不安。（《猴岛》）

这种如同从文学的粪便中生出的男人如果写小说的话，到底会写出什么东西来呢？（《猿面冠者》）

这个男人目光落在尚未完成的书稿上，考虑许久之后，将书命名为"猿面冠者"。他觉得这是一个合适得无以复加的墓碑。（同上）

告诉你这样一种生活吧。如果你想知道，就到我家

的晾衣台来吧。我在那里悄悄地告诉你。(《他不再是他》)

为什么你笑个不停？我明白了，你是说我跟他很像？……好吧，那我问你，眼前的那个时而看天，时而耸肩，时而耷拉脑袋，时而摘几片树叶、徘徊漫步的男人跟这里的我难道就没有任何不同之处吗？（同上）

太古之形象，一如苍空。大家亦不要被苍空所骗。(《盲草纸》)

值此离别之时，我要骄傲地对各位读者宣称，在这十八页稿纸的小说中，我虽然举出了不可胜数的自然草木名称，却没有浪费一行，甚至一句话，去违心地描写它们的姿态。再见，去吧！
"流水本无形，随君之器成。"（同上）

我要记录亡故未久的畏友——笠井一。(《狂言之神》)

唉，没想到，竟是如此幸福的结局。我就此搁笔。读者想必也会再次露出明朗的微笑，但微笑归微笑，还是会提防着悄悄小声嘟囔："什么玩意儿！"（同上）

这些文字全部引自全集第一卷的小说开篇和结尾部分，可见太宰如何将读者放在脑中，创作着直接向其讲述的小说。这种倾向不仅出现在前期，中期还能看见更多平易近人的说话体。

  这是距今四年前的一件事。(《满愿》)

  若带着过高的期待来阅读，我会感到为难。(《春之盗贼》)

  海鸥这玩意儿，据说是一种哑巴鸟呢。这么一说，通常一般人都会不当回事地点头附和："噢？真的啊，那大概是吧。"反而弄得我很狼狈，不得不招认自己是胡说八道："没有啦，只是我自己这样觉得啦。"(《海鸥》)

  我对犬类很有自信。总有一天，必然要被追着咬的自信。(《畜犬谈》)

这种风格一直延续到后期，在《人间失格》里，他也用说话体创作了开篇和结尾，主要部分采取手记的形式，而且还是直接对人内心讲述的语气。除此之外，还有《灯笼》《女生徒》等一系列女性第一人称作品中的直接讲述、《越级申诉》中"启禀大人！启禀大人！"的申诉文章、《风闻》中写给收信人的书信体、《右大臣实朝》那种传承者讲述历史的形式、《正义与微笑》那样的日记形式、《喝彩》的演讲形式、《惜别》的手记形式、《雌性谈》的对话形式、《创生记》的癫狂絮语形式等等，都属于说话体小说。

连最坦诚、形式最正统的小说《回忆》，只要仔细阅读就会发现，它也使用了以读者为对象，直接对读者陈述的文体。"黄昏时分，我和叔母并肩站在门口。叔母套着背婴儿时穿的绵罩衣，好似背着一个人。当时昏暗街道上的寂静，令人难忘。"前两句都是对某个场景的描述，后一句的"当时"将视角拽回了当下，其后又接上"我记得，自己当时明知故问，把叔母逗笑了"，成了直接向读者讲述自身回忆的文章。

与其他小说家的文体相比较，立刻就能看出明显的不同之处。我且拿起手头这部近几年的作品，列举其开篇：

三轮俊介一如往常地想：自从家政工光代开始上门服务，这个家就渐渐变脏了。而且最近尤为肮脏。（小岛信夫《拥抱家族》）

雪子身上没有散发出往常那样的气味。刚刚褪去衣物的雪子的身体，没有气味。（吉行淳之介《意外之事》）

鸟像野鹿似的昂然而优雅地低头看着陈列架上印制精美的非洲地图,克制地发出轻微的叹息。(大江健三郎《个人的体验》)

黑漆的胴体上,国分家的二叶龙胆金纹泛出光泽。夕阳透过道场的大窗倾洒下来,国分次郎的蓝染刺子绣练功服上飞散的汗水也闪烁着点点光芒。(三岛由纪夫《剑》)

我列出了手头四本小说的开篇文字,而太宰则从未写过这样的文字。尤其是三岛的《剑》,与太宰的文体差异最大。小岛《拥抱家族》的主人公的感想与太宰的手法似乎有些相似,但太宰绝不会写出"一如往常地想"这种疏离的表述。太宰甚至不会写这种没有将倾听者放在心上的自言自语式文字。

为何太宰始终要将对方,而且是单一的读者放在心上,创作对其倾诉的文章?这是有意为之,还是性格所致?

从小说内容就能轻易看出,太宰治具有分裂性气质。他生活在自己独有的封闭世界中,欠缺与外界直接接触的感觉,并因此而烦恼。他始终怀抱着无法从本质上与他人相互理解的恐惧,也本能地对他人和外界不感兴趣。他的关心只停留在封闭的自我世界的内部。那么,这样的太宰为何没有创造出只属于自己的、与外界隔离的、自闭式的小说世界，反而写出了始终在向他人倾诉的作品？正因为他具有这样的性格，才会忍不住一直向读者倾诉。正因为他深陷在孤独之中，居住在与世隔绝的彼岸，才会在这一边寻求自己的伙伴。

他始终在意他人的目光，始终深陷在被他人审视的意识之中。那个他人是世间，是社会，也是神。他在那个他人面前表演，向着那双审视之眼无止境地解释着自己。然而，那双看似属于他人的眼睛，其实有可能属于另一个自己。太宰必须想尽一切办法让另一个自己接受。他人的目光是读者的目光，那个读者正是另一个审视的自我。太宰对那个自我发出了呼唤——你、诸位、读者。也就是说，他笔下的读者其实是自己。对他来说，读者意味着他所需要的他人的全部。

太宰无法相信自己。但他对这个无法信任的自己拥有绝对的自信。自己是同时代知识分子中那群年轻、软弱而温暖之人的代表，是被选中的极限存在。他对此坚信不疑。只要写下他关注的自己，就能写出他人。他通晓内在的另一个自己，也就是他者/读者的心理。他在客人面前像个说书人，一边预料读者的反应，一边根据他们的反应书写。（太宰的小说在导入部分必有一段开场白，结尾必有抖包袱，这都跟太宰爱读落语全集有着密切的关系。）

他生前最爱为人带来欢乐！(《正义与微笑》)

想当演员。(《叶》)

太宰时常谈论自己，谈论自己的羞耻之处。但那绝不是他的自我告白，更不是私小说式的心境描写。他只是对自我，对自我的内部进行了客观化的表达。他做了算计和演绎，并向观众解说自己的表演。那是说明的文体和批评的文体。可是，他绝不对自我之外的事物进行说明。在这个意义上说，他的文体是排除了描写和说明的文体。他一边试图详细说明，一边省略了说明。为了让人理解难以言说的内部真实，因而省略了说明。这种矛盾构成了太宰的文学。

人们在批评太宰的文学时，总会说他的作品全都流露出了作者的面孔，总是由作者亲自讲述，其实这都是上述独特的说话体导致的错觉。文章必然是向读者倾诉的东西，但是倾诉的主体并不一定总是作者本人。作者有时会隐藏在亲密低语的女性背后，有时也会远程操作故事里的登场人物。即使做了这些操作，有人依旧要说那是太宰独有的文体和构思，那就是对太宰这个作者的赞誉。因为没有固定问题和构思的平庸小说家没有资格被称作文学作者。

但是，如果始终面向读者倾诉自己的内部，故事本身就得不到发展。作品中的人物就不会有独立的行动。无法形成将读者置于一旁的独立的故事宇宙。无法通过作品的内在必然性让传奇故事进化发展。他始终只能在命运的框架内展开自己的小说。就连交响乐式的长篇小说《斜阳》也必须借助太田静子的《斜阳日记》与自身体验作为故事的骨架。

唯独《火鸟》是没有被束缚在命运的框架之内的自由长篇小说。而这个长篇未能完成的结局也极具象征意义。太宰那种独特的魔力，那种吸引人的神奇力量，究竟是牺牲了什么东西方能得来？半途而废的长篇小说《火鸟》向我们展示了他所牺牲的可能性，还有魔力的代价。

昭和十三年九月十三日，太宰治退掉杉并区天沼的出租房，住进山梨县御坂崖的天下茶屋闭门不出。即使有井伏鳟二的极力劝告和推荐，天性软弱的太宰能与共同度过无赖生活的几个朋友坚决道别，主动进入山中重新构筑自己的生活，这在他的人生中也属于极为特殊的事例。当时太宰虚岁三十，也许真的决定要告别青春，成为一个社会人和生活人。

> 到底为什么会变成这样呢？我觉得自己必须要活下去。……（中略）
>
> 三十岁那年初夏,我第一次真心发愿从事文字工作。如今想来，那个决心下得太晚了。我在那空无一物的四张半榻榻米大的房间里拼命地书写。……这次写的不是遗书,而是为了活下去的文字。……终于,我写出了《姥

舍》这篇小作品。我诚实地写下了与 H 同去水上温泉赴死的事情。这篇马上就卖掉了。因为有一位编辑没有忘记我，一直在等我。我没有乱花稿费，而是先去当铺赎回了一件外出的衣服，打扮一新踏上了旅途。这次去了甲州的深山。我打算在那里着手写一部长篇小说。我在甲州待了整整一年。(《东京八景》)

太宰治认为，为了与过去诀别，为了重生，自己必须写"长篇小说"。他想通过写长篇小说这一举动，走进与以往写遗书的日子截然不同的、成熟的文学生活。可以说，三百页稿纸的长篇小说《火鸟》寄托了太宰今后的人生。

我的歌丧失了声音，在东京度过了一段碌碌无为的生活。那段时间里我断断续续写了一些不算诗歌，而是所谓"生活絮语"的东西，并通过自己的作品一点点探索了自己的文学道路。"或许，就该这样？"我多少得到了一些类似于自信的情感，开始着手写早已在打腹稿的长篇小说。去年九月，我租下了甲州御坂崖顶上的天下茶屋二楼房间，在那里慢慢完成工作，写了将近一百张稿纸，再回头去读，也觉得不坏。于是我得到了新的力量，在御坂秋风萧瑟的一天暗下决心：不写完这部小说就不回东京。(*I can speak*)

我心里一直在盘算，定要写完一部长篇小说才下山去。现在好不容易写了十二张，我想至少要写上一百张。（致井伏鳟二书信，九月三十日）

昨天我还莫名痛苦，浑身无力，今天正在创作的小说却有了整整二十张，想来是曙光始现，心中格外欣喜。这篇小说叫《火鸟》。我打算，至少要写上一百张。（同上，十月四日）

我目前正在专心创作一部长篇小说，预定要写三百张，现在已写好一百张。我想，这部小说要出版成册，从书店拿到钱，怎么也得等到明年春天了。（致中畑庆吉书信，十一月十六日）

我年内一直待在这边，每天都写两三张稿纸的长篇小说。结婚应该要到明年了。（致高田英之助书信，十一月二十六日）

长篇小说已经突破一百张，过程虽然艰难，但我还是一一克服，坚持写了下去。我希望在明年三月前后完成。这应该是部好作品，若是能付梓，敬请一读。（致

井伏鳟二书信，十二月十六日）

> 我在甲州御坂崖顶上的茶屋租了一间二楼房间，一点点创作长篇小说。经过九月、十月、十一月，才总算能流畅地与茶屋老板娘及其女儿聊点家常，习惯了这样的生活……（中略）
>
> 我开始懒惰了。这部长篇小说，我无论如何都想写满三百张稿纸。现在连一半都没有。现在，正是最重要的时刻。我终日呆坐在桌前，一个劲地抽烟。（《九月十月十一月》）

这是何等的意志。除了这部《火鸟》，太宰从未如此宣扬过自己正在写的作品，也从未如此频繁地汇报过自己的创作进度，或是表明定要完成的决心。他在昭和十四年一月八日与石原美知子结婚，同年秋天搬到三鹰，此前一直住在甲州，但是在进入这一年后，他就从未提起过《火鸟》，反倒像决堤的洪水一般写起了短篇。

另附一则题外话。昭和十四年一月到二月，太宰给竹村书房和井伏鳟二写了好几封关于丢失稿件的辩解书信。从他的书信内容猜测，长篇小说《火鸟》的出版事宜应该是井伏鳟二从中周旋，竹村书房最后答应下来的，但是因为写不出来，太宰便请求他们把出版计划变更为收录未发表作品的短篇创作集。他一开始说这样就能在一周之内送上稿件，然而实际稿件页数不足，又拖延了许久，导致竹村书房发出催促。太宰狼狈不堪，辩解称是因为投给杂志社的稿件迟迟没有归还，接着又写信说杂志社丢失了原稿。

> 杂志社丢失了我的一百张稿纸，目前正在四处寻找。负责人也给我寄来了诚心诚意致歉的信件，我便打算不再坚持了。天降之祸实在难以避免。此事若是让外部知晓，负责人恐怕很难做人，所以我不打算将此事告诉任何人。万望井伏先生也为我保密。据说负责人整日内心煎熬，甚至去警视厅报了案，看来是没有希望了。（致井伏鳟二信件，二月四日）

> 昨天某杂志社员工来信，告知我原稿丢失一事，我顿时呆住了。……待到要寄回原稿时，却发现稿件丢失，于是四处寻找。尤其是那位负责人，可谓日夜劳心，四处搜寻，甚至去警视厅报了案。我了解负责人是个死板认真之人，通过他的信件也能体察到此人的煎熬："如若最终搜寻不到原稿，我也知道后果。我已决心承担一切责任，愿意做任何物质上的赔偿。"除此之外，他也诚心诚意地道了歉……
>
> 上文所述皆为事实，为保险起见，我还想附上负责

人写来的长信，但此事若泄露到外部，或许会给那个人造成严重影响，故没有附上。……

我绝没有说谎捏造，若是明确说出杂志社及负责人的名号，我也会轻松许多，但我实在做不到。原来，包庇他人也是一件痛苦之事。我希望此事能这样解决，不知您意下如何。（致竹村坦信件，二月四日）

上面列出的书信只是一小部分，没有人在收到这样的信件后，会真的相信稿件丢失了。去警视厅报案，"上文所述皆为事实""绝没有说谎捏造"，他越是这样说，谎言就越昭然若揭。至少可以说，越是这样就越像谎言。而且，他同时期写给后辈的信中却说："近来工作极其繁忙，每天必须写满十张，否则无法完成与书店的约定，所以虽知身体承受不了，我还是强打精神，笔耕不辍。"不仅丝毫没有提及丢失稿件之事，还起劲地吹嘘自己如何忙碌。

事到如今，猜测此事的真伪不会有任何结果。之所以引用这些书信，是为了展示太宰治虽然已经在《晚年》中确定了他的文学基调，但在现实生活方面，依旧十分不成熟，甚至孩子气。过了两个月仍未能交稿便让他如此狼狈羞愧，以至于做出生硬的辩解，用谎言掩饰谎言。在作品中"将虚构说成真实"的名手，到了书信等现实生活之中，却只能写出蹩脚的谎言，甚至连真话也变得如同谎言。我希望各位读者能注意到他的文学与现实生活之间的落差。

到了三月二十日,他得意扬扬地给竹村书房去信:"书稿已经完成,共二百五十一张。"其中就有未完成的《火鸟》一百零三张。说到底,他只写了这一百张而已。后来,太宰在这部创作集《关于爱与美》中谈到:"《火鸟》是写到一半暂时搁置的作品。这部作品的创作十分艰难,我想先完善自己的思考。"

那么,《火鸟》究竟是什么样的小说呢?太宰当初如此积极,为何到最后只写了一百张便不再继续呢?

作者本人提到"早已在打腹稿",可以推测,太宰早在《晚年》时期,就有了《火鸟》的构思。

> 故事的开头是,目光锐利的主人公来到银座,扬手叫住了一辆一日元出租车。主人公怀有崇高的理想,为了实现这个理想尝尽千辛万苦,其堂堂的修罗形象攫住了千百万读者的心。这篇小说环环紧扣,首尾一贯,——我就是要写这样真正的小说。(《盲草纸》)

> 又过了一日,这回又与之前的贱民判若两人,站在帝国饭店的餐厅,身着全麻的蚊飞白和服、纱罗裤裙、白足袋,不用怀疑,那正是太宰治。(《二十世纪旗手》)

《盲草纸》与《二十世纪旗手》已经以断片的形式体现出了将会发展成为《火鸟》的部分。太宰治在说话体的短篇作品、断片串联成的散文诗式小说，以及滑稽的构思之外，还想创作一部关于自己以及同时代人青春的、首尾一贯的严肃浪漫小说。这不是狂涛般的青春呐喊，而是青春结束之时的总结式小说。太宰从天沼镰泷方的地狱生活中逃脱出来，住进甲州深山时，意识到了现在正是创作的最佳时机，并想借此机会与狂乱的青春道别，成为一个社会人、生活人。

　　《火鸟》的主人公高野幸代在工作的酒吧里结识了银行抢劫犯须须木乙彦，翌日夜晚，两人在帝国饭店殉情，男人死了，她却活了下来。从这个设定可以看出，太宰将与他在镰仓殉情死去的女性融入了幸代，试图让她在作品中重生。这里暗藏着太宰对死去的幸代的罪恶感，以及希望她像不死鸟般重生的愿望。同时，他还埋下了治愈自己脱离马克思主义实践运动的伤痛，以及重生的愿望。

　　幸代从殉情的打击和侮辱中重新振作，成为演员勇敢地生活下去。作者将自己的愿望寄托在她身上，通过她想象了自己的可能性。这也是他赎清罪恶感的愿望。

　　值得注意的是，这部小说竟不是用第二人称指代读者的说话体，而是由客观描写构成的严肃小说。而且最初的政治运动与殉情虽然与作者的经历相似，但让幸代这名女性存活下来并走上演员道路的情节则是完全虚构的。故事脱离了既存的故事与实际经历，通过想象力发展出了自由的情节。可以说，这一创作方式反映了作者马上就要组建家庭，肩负起社会人的责任生活下去的意志。它不再是观念范围内的自我意识的对话，而是作为社会性的存在，得到了外化。

正如太宰在《盲草纸》中所说，他很想写一部这种首尾一贯的小说。在《晚年》时期，他为了表达自己时刻动摇、难以捉摸的内在真实，无法使用客观的描写，只能采取对读者倾诉的说话体，或是断片散文诗形式的创作方法。其实，他一直憧憬着有小说样子的小说。

《晚年》之前的习作《无间奈落》《地主一代》《学生群》等都是普通的客观小说，由此可见一斑。相比展示真实剖面的短篇，他更想写出人与人发生联系、彼此影响的长篇作品。

《火鸟》的创作便是出于这一愿望。太宰本人写到将近一百张稿纸时，还做出了"再回头去读，也觉得不坏"的判断。

然而，这是真的吗？我认为这部长篇的结构很巧妙，一些部分也尖锐地透露了作者的内在真实和心情。另外，文中也不乏让人眼前一亮的描写。然而，这依旧是一部不协调的小说，读着读着会发现许多连读者都忍不住害羞的场面和表达。序章，须须木乙彦买了哔叽布的外套，穿着一身正装住进帝国饭店。那种装模作样的行为着实有点"土炮强装风流"，但是对太宰的粉丝来说，这无疑是让人会心一笑的地方。他与门童对话的措辞，可以直接联系到《斜阳》里的贵族用语，始终带有一种不自然的感觉，但这也不能怪他。但是乙彦死后，善光寺助七等人一登场，就让人忍俊不禁了。

"哎你，我说你啊。"一路追到新富座，总算是追上了。"我有话要对你说。"

青年回过头。

"我不恨你，反倒喜欢你。"

"哎呀，别这么说。"他笑眯眯地说着，但是看见青年默默站在行道树下，那如同画作般美丽的身影，还是忍不住严肃起来了。……"我有话要对你说，只消一会儿就好，能陪陪我吗？其实我也——"说到这里，他顿了顿，"我也喜欢你。"

……"他是什么样的男人？"他严肃地问。

"他是我的……是我们的——"青年磕磕巴巴地说。

"英雄吗？"助七苦笑道。

"不，是爱人，是生命的食粮。"

那句话狠狠击中了助七。

"啊，那很好。"他白手起家，至今十年，从未听过如此纯粹的话语。"我今年二十八了。十七岁那年参加工作，至今学得了满肚子疑人之道。你们真好啊。"他说不下去了。

"我们都是在做姿态。"青年的左眼因为失眠而充血,"但是姿态的深处蕴涵着生命。冷漠是最高的爱情。我看见须须木先生,总会有这种感觉。"

"我也有生命的食粮。"

他低声说着,用一种怪异的亲昵凝视着青年的脸。

"我知道。"

"何须隐瞒。我原本是贱民,不过是一具肉体罢了。"说到这里,他停下来,然后猛地凑了过去。"你对那个女人怎么想?"

"我觉得她很可怜。"

到这里应该足够了。我在引用这段文字时,就产生了难以言喻的、类似于羞耻的心情。这段对话本身就很装腔作势。"他是我的……是我们的""是爱人,是生命的食粮。"正在心中暗道这个说法过于夸张,助七却感动地接上了"啊,那很好"。这里出现"生命的食粮"显得格格不入,然而类似的夸张话语在太宰的作品中随处可见。平时我都可以坦然接受,但是放在这部小说中,它就显得滑稽而幼稚。作者与读者的态度出现了不合。阅读这些文字,就像在阅读那段声称原稿丢失的拙劣谎言。"是生命的食粮。""我也有生命的食粮。"看到这些台词后,我心中忍不住冒出了"哼,瞎说什么呢""搞啥啊"的念头,并不知不觉开始期待太宰的另一种话语——"壮起胆子,我又露面了。不然写不下去。这篇小说一塌糊涂。我自己都在动摇。拿叶藏束手无策，拿小菅束手无策，拿飞驒束手无策。……这篇小说根本上很无趣。徒有其表。这样的小说，写一页还是一百页都一样。然而，对此我从一开始就有心理准备。……我只会装腔作势。怀着美好的情感，人会创作出丑陋的文学。何其荒谬。给这句话降下最惨重的灾祸吧。"(《小丑之花》）我在等待作者站出来批判自己的夸张、造作和羞耻。但是这部小说始终都没有流露出作者的批判和否定情绪。它太过认真了，认真得苍白。作者没有注视着我们，也没有直接对我们倾诉。这部小说不是对读者倾诉，让读者加入的说话体。作品中人物的对话和行动都不附带说明。而且人物对话和心理也没有穿透读者灵魂最深处的尖锐和熟稔。

在此之前的太宰的小说，无论是《晚年》《小丑之花》《狂言之神》《虚构之春》还是《卑俗性》，都显得有些青涩，有许多装腔作势的对话和行动。但是作者通过陈述和说明，消除了那种青涩和装腔作势。正如上文引用的《小丑之花》的文字，作者的陈述和辩解也都显得装腔作势。但是其程度之高，已经超越了寻常的造作和青涩，反倒有了一种神奇的力量，在读者心中强行留下作品的烙印，让他们感动不已。或许这可以称作灵魂的真实性，是通过精神的运动实现的最逼近真实的东西。

换言之，作品整体存在于作者的观念内部，相当于他的内在世界。虽然看似现实，但它实际是投影于作者内在世界的虚像。青春唯有在这个世界中方能保持真实性，方能存在并延续。

然而，作者试图在《火鸟》中导入现实的真实性，试图从外部描绘青春，描绘内在的真实。他让登场人物从青春的内侧讲述内在的真实，并展开行动，但是又将他们拉到了客观存在的现实世界中，从外部去进行客观的描写。也就是说，他让登场人物走上了二楼，然后抽去了梯子。人物的言行及内在真实立刻浮于虚空，成了不受内在真实性支撑的、滑稽而自大的东西。

太宰认为的客观和日常的现实，其实只是他文学之外的卑俗而幼稚的认知导致的歪曲错觉，而非能够支撑微妙内在世界的现实。太宰无法进行带有现实性的客观描写，因为他不了解成年人的世界和社会。

这部小说围绕善光寺助七、三木朝太郎、高须隆哉三人与高野幸代之间的纠葛——恋爱和嫉妒展开。太宰亲身经历过恋人出轨的悲伤、愤怒和绝望，因此他了解嫉妒这种情感。但是从初代的事件也能看出，他欠缺与对手争夺对象的执念与生命力。又如《姥舍》所展示的那样，一旦得知自己被剥夺，太宰只会殉情，或是主动离开。对他而言，那种纠结的三角或多角关系只是麻烦，因此他无法带着现实性将它描绘出来。

《火鸟》的半途而废也源于太宰欠缺激情的性格，无法刻画复数人物的心理关系。他在《传奇》中刻画了仙术太郎、打架大王次郎兵卫、说谎的三郎这三个人物，还让他们聚集在江户的酒馆中，但是故事没有继续，而是就此终结。若能继续描写这三个人物的关系，一定非常有趣。但是太宰没有能力坚持到那个阶段，似乎也没有兴趣写下去。这里面潜藏着本质上与人类割裂、无法了解人类，也就是《人间失格》中体现的分裂性气质者的宿命。他无法与现实发生有机的联系，让自我融入现实当中。《火鸟》的人物本来只适合存在于太宰的观念世界，由太宰的自我意识直接操作，而他却把那些人物移出到了现实世界。也就是说，这部作品的龃龉感源自主观性与客观性的乖离，源自太宰违背自己的本性，试图用大人的目光去描写青年。

要描写这种宛如观念造物的奇特人物，陈述和描写都要具备相应的怪异性和速度。《火鸟》的一些部分让人联想到石川淳的《普贤》《白头吟》《荒魂》等作品，但是石川淳为了支撑如此大规模的异世界的怪人，用接近光速运动的精神形成近乎韬晦的文体，构筑起了一个超现实的世界。

太宰无法做到石川淳那样的韬晦。他只能像《创生记》、*HUMAN LOST*、《二十世纪旗手》那样，在自我拆解的旋涡中，以断片的形式表白真实的自我。他不具备在自我拆解之中构筑起架空的我这种仙人的技艺。

所以，太宰只能回到直接对读者倾诉的说话体世界中。

他只能回到观念的世界，并在那里以虚像的形式描绘现实。正如《卑俗性》《虚构的彷徨》那般，他只能用漫才或落语的诙谐和戏剧性展开倾诉，用潜在的滑稽表达苦涩的自我意识和绝望，批判地、否定地刻画自己的内在真实。

想必经历过《火鸟》之后，太宰治深刻认识到了自己的性格和宿命，知道自己无法长大成人，无法成为正常的社会人、生活人。而且，他也意识到了自己无法用客观的、传奇故事的形式表达自己的主观真实。如果想到达那个境地，他必须扼杀自己的内在真实、主观性和青年的纯粹性。是为了正统的传奇故事扼杀自己内在的青年，还是守护自己内在的青年，放弃正统传奇故事这条道路。太宰治面前摆着二选一的道路，而他选择了后者。

太宰没能选择正统传奇故事的道路。我从中窥见了太宰的性格与时代的特征。极端地说，太宰没有能力构思长篇故事。当然，他必定也构思过各种各样的故事，也许那些故事在他脑中如同一片灿烂的花田。可是无论哪个故事，他都无法从中感觉到必然性——将自我观念寄托其中的必然性。他无法像十九世纪的作家那样，具备逻辑的必然性，推导出"这种性格的人应该这样思考，做出这种行动，产生这种结果"。人类对他而言显得难以捉摸，不受他的自我和主观的影响，而是完全随机地行动。更何况，作者之所以能带着确信去构思情节和故事，本来就因为相信他的自我观念适用于现实世界，能够与之适配。然而，太宰的自我意识濒临解体，并且不具备适应现实世界的自我观念。因为他的自我观念以及主观性真实与现实之间存在龃龉，即使拥有创造故事的能力，却丝毫感觉不到必然性和确定性。他通过《火鸟》，在虚无主义之上重塑了主人公，并将其推向现实社会，但是那个主人公却无法带着必然性存活。失败、成功，这些都可以操作，但是都没有确定性。《火鸟》的半途而废或许就是因为太宰意识到了这种确定性的缺乏。他没有现实世界的理想自我形象，缺乏愿景，因此无法创造小说式的人物。对太宰来说，最难以置信、最让他无法接受的小说家，恐怕就是以丹羽文雄为代表，能够不断创造出无关自我的故事的人。

这种时候，太宰必须依赖于既存的故事框架，以及自己经历过的人生。《新哈姆雷特》（他在《火鸟》中为人物设计的失败台词，放到莎士比亚的古典框架中却能大放光彩）、《女人的决斗》、《越级申诉》、《盲人独笑》、《奔跑吧，梅勒斯》、《右大臣实朝》、《新释诸国奇闻》、《御伽草纸》、《竹青》等等，都是在古典作品和民俗故事的必然性框架中尽情发挥奔放的想象力，通过大胆的解释恣意游戏。濒临解体、无法自主创造的自我唯有来到宿命的框架中，才能恢复自由和主体性，得以提出自我主张。也就是说，太宰的自我是批判式的自我，他写的小说也是批判式的小说。这就是再也无法相信现代式自我、社会和文学的现代文学作者的宿命。

话虽如此，太宰还是没有放弃创作正统传奇故事的梦想。以"我也想看看这样的小说"为题记的《古典风》就是经历过《火鸟》的挫折后尚未舍弃的梦想。《正义与微笑》《潘多拉的盒子》等长篇作品则用日记或书信的形式，尝试统一主观性与客观性。《惜别》虽然以鲁迅的传记为框架，但也是一部追求现实性的长篇作品。这些小说的主人公都是青年，但依旧无法填补客观性与主观性、现实性与观念性、大人与青年之间的落差，算不上成功的作品。阅读时总会让人感到羞涩，充满了耻感和青涩。

上文说到太宰无法创造故事，但仅限长篇。在短篇里，他能够创造出鲜活的虚构故事。他那濒临解体的自我敏锐地审视着濒临解体的现实，并揭露出隐藏其中的本质。此时，现实作为与主观性真实对决的实际存在，拥有强烈的真实性。战争期间创作的《日出之前》(原题：《烟花》) 就是太宰的主观性真实撬开了真实裂缝的罕见作品。

讲到这里，我要将太宰文学从此前的被告席位上摘离出来，放到原告席位。站在正统传奇故事的立场上，太宰的文学乃是有缺陷的文学。但是站在讨论文学本质的立场上，太宰的小说则是牺牲了一切属性，在现代这个自我解体的时代坚守了文学的本质。上文我也提到过，太宰曾经面临着两难的选择——是长大成人舍弃文学，还是坚守文学成为永远的青年。

近来，许多人都主张必须确立中年的文学、有责任感的社会人的文学、具备常识性和普遍性的成年人的文学、统治者的文学、父亲的文学。此前的日本文学则是青年的文学、没有社会责任感的游离者的文学、被害者的文学、儿子的文学。正因如此，日本文学才不具备普遍性和社会性，在成年人眼中多是自我意识过剩、青涩而软弱、不值一读的作品。唯有大文学值得欣赏。

这一论点乍一看无比正确，相比青春痘似的文学，我也更希望看到独当一面的成年人的文学。可是处在今日这个现状中，成年人的文学真的能够成立吗？所谓成年人的文学，究竟是什么？当人们探讨今日的成年人文学、父亲文学时，我只能想象到约定俗成的、向常识妥协的、丧失了主体性和纯粹性的通俗文学。

更明确地说，现代的成年人、中年人创作不出文学。他们根本不需要文学。如果是老年人，在死前还会有个回顾的过程。而中年人的心境可以说最远离文学，甚至必须是反文学的，否则无法存续。因此，中年人的人生应该处在二次曲线上距离文学最远的点。

从我人近中年的亲身经历出发，也可以认定中年的心理与文学无缘。中年人必须全身心投入生存竞争，不惜一切经营自己和家庭的生活。他们必须压制内心的反社会和孤僻心理，舍弃一切无用的烦恼、理想，甚至伦理。软弱和纯粹对他们而言有百害而无一利。他们最关心的就是生存竞争和权力斗争,那种场合不需要文学的心境,甚至要规避之。

我认为,本质上并不存在中年的文学。文学本来就是青年的,或者是老年的。对社会起不到实际作用,反倒因为青涩、软弱和抱怨的倾向而遭到蔑视——我想,这就是文学的本质。

> 刚才看了蒙田的《随笔集》,实在很无聊。整本都是冠冕堂皇的大道理。难道只有我一个人从中嗅到日本说书那种宣扬忠孝节义的味道吗?蒙田阁下,您好像颇有正派想法,却也因此,远离了文学。子曰:"君子和而不同,小人同而不和。"文学的可笑之处定然在于这种小人之悲。看看波德莱尔吧,想想葛西善藏的一生吧。有觉悟的正派君子,即使看小说话本似乎也能从中得到充分的慰藉。可于我而言,那是无缘的众生。他们满腹经纶,人格高尚,只要兴致来了写上一篇毋庸置疑的感想之作,这还算得什么作者。只会成为又一名世上的知名人士。我忽然无来由地怀念起那个动作迟缓、处处犯错、一点也不正派不像样的《群魔》的作者了。轻薄才子有何不可。糟糕的失败何其宝贵。丑陋的欲望何其尊贵。(若我真想变成正派的好人,随时都做得到哦。)(《碧眼托钵·关于优秀》)

这里值得注意的是，中年的心境并非努力克服了青年的年轻和青涩的结果。它是在现实社会的生活中自然形成的心境。原本对现实的适应障碍，不知不觉得到了消解。原本的欠缺感渐渐被既存的价值感填补。这并非成长，而是与社会同化并服从它，是内在自我的解体。面对一切事物都不做触及本质的思考，而是条件反射地行动。一切事物都要流畅、妥协、高效地处理。这样的世界里，没有文学存在的余地。进入中年、壮年后，如果不凭借自己的意志和努力，就会自然而然地远离文学。

太宰治拒绝了这样的中年化。他不惜牺牲一切现实，意图一辈子维持青年的纯粹。每个人在形成人格的青春期都会有自我与外界的龃龉感、孤立感、自我与非我的对立、恐惧于自己的与众不同、欠缺感、纯粹的正义感、反抗心、伦理感、献身精神。而他始终坚守着这些青年的特质，不让它受到磨损。他始终坚守着人类的软弱。毕生坚持软弱需要强大的意志，那也是一种强悍。普通的弱者无法忍受自己的软弱，会用既存的习惯武装自己，将软弱隐藏起来。但是太宰治一生都坦坦荡荡，始终敏感易伤，始终展示着软弱。他在四十岁那年的自我毁灭，也许已经是生而为人所能承受的极限。

一直对读者倾诉的说话体、古典和民俗的变奏、潜藏着辛辣批判的诙谐、欠缺感的深化、负面的伦理性、现实生活的放荡、无赖、下降倾向，这些都是太宰为了保持自己内在永恒的青年性，为了忠于主观真实不得不付出的苦涩代价。太宰的文学最终寓于独白，用陀思妥耶夫斯基作比，就是止步于《地下室手记》，未能发展成《群魔》《白痴》《卡拉马佐夫兄弟》那样的故事。但是其内在的独白极其尖锐深刻，已经超越了《地下室手记》，进一步深化下去。

太宰的文学通过牺牲一切换来的永恒青年性和纯粹性，不断地揭露充斥着虚伪与妥协的现实与人类。太宰始终是"软弱而温暖的年轻人"的伙伴。

年　谱

明治四十二年（一九〇九年）：一岁

六月十九日，出生于青森县北津轻郡金木村大字金木字朝日山四一四番地。户籍名津岛修治。父亲源右卫门（西津轻郡木造町松木家之子），母亲种子（上代家主惣五郎长女）。修治为家中第六子，上有文治、英治、圭治三位兄长（长子总一郎、次子勤三郎夭折），还有玉、敏、爱、恭四个姐姐。除此之外，家中还有曾祖母小夜、祖母石、姨母希绘（种子的妹妹）、希绘的四个女儿，可谓大家庭。（另，他还有一个小三岁的弟弟礼治。）津岛家素称"山源"，是县内有名的大地主。太宰生母种子体弱多病，他出生不久就被乳母接管，一直到三岁与乳母分开，由保姆阿竹抚养。三岁到八岁，他跟随阿竹得到了各种教育。此外，太宰年幼时，也深受姨母希绘宠爱。他上小学前不久，希绘带着家人分家，搬到了同郡的五所川原町。在此期间，大姐玉去世（享年二十四岁），大正二年八月，二姐敏与金木村的津岛市太郎结婚。

大正五年（一九一六年）：八岁

进入金木第一寻常小学校。成绩优秀，六年间始终名列年级第一。大正九年十二月二十四日，曾祖母小夜去世，享年八十岁。

大正十一年（一九二二年）：十四岁

从寻常小学校毕业。为了补充学识，在距离金木村半里路、坐落在松林里的明治中学上了一年学。

大正十二年（一九二三年）：十五岁

三月四日，父亲源右卫门在贵族院（高额纳税）议员任上去世，享年五十三岁。去世地点是东京市神田区小川町佐野医院。四月，太宰升上县里青森中学，寄宿在青森市寺町的远亲丰田太左卫门家，从那里去上学。

大正十四年（一九二五年）：十七岁

这一时期开始暗自希望成为作家。三月，在青森中学《校友会志》发表《最后的太阁》。夏天，与阿部合成等四五名同学筹办同人杂志《星座》，发表剧本《虚势》。十月，在青森中学《校友会志》发表《角力》。十一月，与弟弟礼治、同学中村贞次郎等约十人筹办同人杂志《蜃气楼》，积极承担编辑工作，在该杂志上连续发表《温泉》《牺牲》《地图》《不服输与败北》《我的工作》《针灸师圭树》《瘤》《将军》《引人哄笑》《摩纳哥小景》《怪谈》等小说，以及《侏儒乐》《佝偻》等散文。翌年九月，由当时就读美术学校雕塑专业的三哥圭治主编，兄弟合作创办了杂志《青子》，太宰在上面发表了《口红》《弥补》等小说和散文。

昭和二年（一九二七年）：十九岁

在《蜃气楼》一月号发表超短剧本《名君》。其后《蜃气楼》暂时休刊，但是后来因太宰升上高等学校，该杂志最终停刊。四月，太宰修满四年学业，升上弘前高等学校文科甲类。此时，上田重彦（石上玄一郎）也就读该校文科乙类。学校规定新生都要住宿，但太宰没有住宿，而是寄宿在弘前市富田新町的远亲藤田风三郎家，从那里去上学。七月，芥川龙之介自杀，太宰大受打击。暑假期间，他前往女师父竹本咲荣处学习义太夫，同时对服装产生浓厚兴趣，又时常光顾青森或浅虫的料亭。九月，与青森艺伎——玉家红子（小山初代）相识。

昭和三年（一九二八年）：二十岁

三月，日本发生镇压共产党的"三·一五"事件。五月，与三浦正次、菅原敏夫、小泉静治、服部义彦筹办同人杂志

《细胞文艺》，以辻岛众二的名义在第一期发表《无间奈落·一》（序篇）。六月，在第二期发表《无间奈落·二》，该小说就此中断，没有完成。七月，在该杂志第三期发表《俯出胯下》。当月，上田重彦、小林伸男等人也加入社团。这年暑假，他为求自幼敬仰，又有书信来往的井伏鳟二指导文学，携《细胞文艺》第三期前往东京，但是未能见面。九月，在该杂志第四期发表《他们与亲爱的母亲》。《细胞文艺》到这一期便告停刊。另外，该杂志还得到了井伏鳟二、久野丰彦、吉屋信子、舟桥圣一、八木隆一郎、北村小松、井上幸次郎、崎山正毅、崎山猷逸等人的投稿。这年夏天，太宰与中学同学葛西信造同游函馆。十二月，担任弘前高校新闻杂志部委员，以本名在《弘前高等学校校友会杂志》第十三期发表《这对夫妇》。

昭和四年（一九二九年）：二十一岁

一月五日，弟弟礼治因败血症死亡，享年十八岁。二月，时任校长铃木信太郎挪用学校经费及校友会经费之事被学生无意中发现，引发了为期约一周的同盟罢课。这个月，太宰在《弘高新闻》第五期发表《铃打》，五月在《弘高新闻》第六期发表《哀蚊》，八月在青森的文艺杂志《猎骑兵》发表《虎徹宵话》，九月在《弘高新闻》第八期发表《烟花》，这些文章都使用了小菅银吉的笔名。十月，开始创作《地主一代》，但是到了十二月十日深夜，因为精神上的苦恼，试图服用安眠药自杀。十二月，以小菅银吉的笔名在《弘前高等学校校友会杂志》第十五期发表修改后的《虎彻宵话》。

昭和五年（一九三〇年）：二十二岁

在青森县几大同人杂志联合创办的文艺杂志《坐标》的一、三、五月号发表《地主一代》，又在七、八、九、十一月号发表《学生群》，都使用了大藤熊太的笔名，也都没有完结。三月，从弘前高等学校毕业。四月，进入东京帝国大学法文系，租住在三哥圭治住处附近的户塚诹访町二五〇常盘馆。在神田须田町的作品社办公室第一次见到井伏鳟二，从此二人持续了长时间的师徒关系。在这一时期，太宰开始参与非法活动。六月二十一日，三哥圭治去世，享年二十八岁。秋天，从弘前高中时代就有来往的情人小山初代离家出走来到东京，租住在本所区东驹形的房子里。长兄文治赶到东京解决事态，以订婚为条件送初代返乡。十一月十九日，在金木村同一番地分家。二十六日夜，与银座咖啡厅"好莱坞"的女服务生田部志免子（丈夫是无名画家）相识，在浅草帝国饭店与她共同度过二十七日、二十八日，二十九日来到镰仓郡腰越町小动崎海岸，服用安眠药殉情。志免子死亡，太宰则被送到镰仓惠风园疗养，因此因协助自杀被问罪，最后未被起诉。

昭和六年（一九三一年）：二十三岁

二月，与来到东京的小山初代同居，住在品川区五反田一丁目。夏天搬迁至神田同朋町，晚秋搬迁至神田和泉町。参加东大的反帝国主义学生运动，并积极参与左翼的非法运动，同时也给自己取了朱麟堂的雅号，专注俳句创作。期间几乎没有出席学校课程。这年九月，"九·一八"事变爆发。

昭和七年（一九三二年）：二十四岁

早春，搬迁至淀桥柏木，晚春，搬迁至日本桥八丁堀。自称是来自北海道的落合一雄。六月，得知同居前初代有过出轨行为，受到强烈打击。七月，向青森警察署自首。经过这次自首，正式脱离非法运动。八月，与初代一同前往静冈县沼津的坂部启次郎家，停留约一个月。此时开始创作《回忆》。九月，从沼津返回，在芝区白金三光町二七六番地的大鸟圭介宅邸租下一个房间居住。不久之后，同乡的前辈、东京日日新闻社会部记者飞岛定城与他成为室友。这一时期，与吉泽祐（初代的叔父）、小馆善四郎（四姐夫小馆贞一的三弟）等人筹办杂志，并以黑虫俊平的笔名创作了小品文《猫》，但是杂志未能创办成功，《猫》后来则被收入了《叶》。十二月，受青森检察局传唤。

昭和八年（一九三三年）：二十五岁

二月，与飞岛家一同搬迁到杉并区天沼三丁目七四一番地。同月，以太宰治的笔名在《东奥日报》周日附录《SUNDAY东奥》发表《列车》。经今官一介绍，加入大鹿卓、神户雄一、木山捷平、新庄嘉章、今官一、古谷纲武、藤原定等人创办的同人杂志《海豹》，三月，在创刊号发表《鱼服记》，受到有识之士的关注。接着，在该杂志四、六、七月号发表《回忆》，并以此为契机，经古谷纲武介绍结识了檀一雄。同时，又在频繁访问的井伏鳟二家结识了伊马鹈平（春部）、中村地平、北村谦次郎等人。九月，与飞岛家一同搬迁至天沼一丁目一三六番地。年末开始频繁会见今官一、中村地平、伊马鹈平、久保隆一郎等人，讨论文学或朗读自己的作品。这个聚会后来发展成了同人杂志《青花》。

昭和九年（一九三四年）：二十六岁

四月，由古谷纲武、檀一雄主编的季刊同人杂志《鹞》创刊，太宰在第一期发表了《叶》。同月，以井伏鳟二的名义在《文艺春秋》发表了二人合作的《洋之助的气焰》。七月，在《鹞》第二期发表了《猿面冠者》。八月，寄宿在静冈县三岛的坂部武郎家，创作《传说》。在外村繁、中谷孝雄、尾崎一雄等人的同人杂志《世纪》十月号发表《他不再是他》。同月八日在《帝国大学新闻》以井伏鳟二的名义为中岛健藏的著作《怀疑与象征》发表了书评《不加装饰的水晶》。十二月，与今官一、津村信夫、伊马鹈平、小山祐士、木山捷平、北村谦次郎、檀一雄、山岸外史、中原中也等人创办同人杂志《青花》，发表《传说》。《青花》只出了一期便休刊，并在翌年三月，从第三期开始与佐藤春夫、萩原朔太郎、龟井胜一郎、保田与重郎、中谷孝雄、外村繁、神保光太郎等人的《日本浪漫派》合并。

昭和十年（一九三五年）：二十七岁

在《文艺》二月号发表《逆行》中的《蝴蝶》《决斗》《黑鬼》。这是太宰第一次在非同人杂志上发表作品。三月，参加都新闻社的入职笔试，落榜。同月十五日早晨，带着家乡汇来的九十日元生活费离家，邀请小馆善四郎一同去银座、歌舞伎座、浅草、横滨本牧游玩，十六日与善四郎道别，独自前往镰仓，拜访深田久弥，是夜在八幡宫附近的山中上吊自杀，失败，十七日深夜回到家中。四月盲肠炎发作，住进阿佐谷的篠原医院，手术后引发腹膜炎，一度病危。一个月后，为了预后治疗，转移到世田谷的经堂医院，七月一日转移到千叶县船桥町五日市本宿一九二八番地。在篠原医院住院期间，为了缓解患处痛苦，使用羟考酮止痛药，出现成瘾症状。其间，在《日本浪漫派》五月号发表《小丑之花》，在《作品》七月号发表《玩具》《麻雀游戏》。八月，第一届芥川奖开始评定，作品《逆行》被列入候选名单，但是石川达三的《苍氓》最终获奖，太宰与高见顺、衣卷省三、外村繁并列第二。同月二十一日，与山岸外史共同拜访佐藤春夫，拜师。在《文学界》九月号发表《猴岛》。后来，《文艺春秋》向芥川奖第二名的高见、衣卷、外村及太宰邀稿，《卑俗性》在该杂志十月号发表。得到稿费后，与山岸外史、檀一雄、小馆善四郎到汤河原游玩。《逆行》中的《盗贼》发表于《帝国大学新闻》十月七日刊。同月，在檀一雄的推荐下，定下了在浅见渊担任编辑的砂子屋书房出版《晚年》。在《新潮》十二月号发表《地球图》。十二月十九日到二十二日，与侄子津岛逸郎一道浪荡汤河原、箱根。这一年除了小说，还在《日本浪漫派》八、十、十一、十二月号，以及《东京日日新闻》十二月十四日、十五日刊发表了《思考的芦苇》，另在《文艺通信》十月号《致川端康成》。当时在京城的田中英光经常用邮政包裹给他邮寄原稿，二人在这年秋天开始了书信来往。

昭和十一年（一九三六年）：二十八岁

在《新潮》一月号发表《盲草纸》，在《作品》《文艺通信》《文艺泛论》《文艺杂志》的一月号发表《思考的芦苇》，在《东奥日报》一月一日刊发表《关于人物》，在《日本浪漫派》一、二、三月号发表《碧眼托钵》。药物成瘾症状加剧，经佐藤春夫介绍，二月十日住进芝区赤羽町的济生会医院，但是直到二十三日出院症状都毫无改善。在《文艺杂志》四月号发表《阴火》，在《若草》五月号发表《雌性谈》，在《文艺恳话会》五月号发表《古典龙头蛇尾》，在《文艺》六月号发表《闷闷日记》。六月二十五日,第一本创作集《晚年》(收录:《叶》《回忆》《鱼服记》《列车》《地球图》《猴岛》《麻雀游戏》《小丑之花》《猿面冠者》《逆行》《他不再是他》《传奇》《玩具》《阴火》《盲草纸》)由砂子屋书房出版发行，七月十一日下午五点在上野精养轩召开出版纪念会。在《文学界》七月号发表《虚构之春》，在《工业大学藏前新闻》七月二十五日刊发表《不跑的名马》。八月七日，为疗养药物成瘾和肺病，只身前往群马县谷川温泉，住在金盛馆，并在当地得知自己在第三届芥川奖评选中再次落选，受到强烈打击。同月下旬下山。九月到十月初，为疗养肺病，计划到疗养院生活两年。十月，在《东阳》发表《狂言之神》，在《新潮》发表《创生记》,在《若草》发表《喝彩》。十月十三日，经井伏鳟二、北芳四郎等人推荐，住进东京武藏野医院，根治药物成瘾，十一月十二日出院。从医院转移到杉并区天沼的公寓昭山庄，当夜开始创作 *HUMAN LOST*。十五日，迁居至天沼碧云庄。二十五日只身前往热海温泉，旅居约一个月，其间开始执笔《二十世纪旗手》。

昭和十二年（一九三七年）：二十九岁

在《改造》一月号发表《二十世纪旗手》，在《早稻田大学新闻》一月二十日刊发表《关于声音》。三月，与小山初代一同前往水上温泉，试图服用安眠药殉情，未遂。返回东京后，初代被叔父吉泽祐接走，最后在吉泽祐的调解下离婚，初代回到故乡青森。在《新潮》四月号发表 *HUMAN LOST*。五月，与井伏鳟二、浅见渊、川崎长太郎、秋泽三郎、永松定、盐月赳等人前往三宅岛，住宿一周。六月，搬到天沼一丁目二一三番地镰泷家。同月，由新潮社出版《虚构的彷徨 卑俗性》（收录：《小丑之花》《狂言之神》《虚构之春》《卑俗性》），作为新选纯文学丛书的一卷。七月，由版画庄出版《二十世纪旗手》（收录：《雌性谈》《二十世纪旗手》《喝彩》）。在《日本浪漫派》九月号发表《檀君近来的工作》，在《若草》十月号发表《灯笼》，在《文艺》十二月号发表《思案的败北》，在《日本学艺新闻》十二月十日刊发表《创作余谈》

昭和十三年（一九三八年）：三十岁

在《文笔》二月号发表《关于〈晚年〉》，在《新潮》三月号发表《一日的劳苦》，在《野性》五月号发表《多头蛇哲学》，在《月刊文章》七月号发表《答案落第》，在《日本浪漫派》八月号发表《杀死绪方的人》，在《文笔》八月号发表《前进一步，后退两步》，在《文笔》九月号发表《满愿》，在《新潮》十月号发表《姥舍》。九月十三日，搬出镰泷家，前往井伏鳟二正在旅居的山梨县南都留郡河口村御坂崖的天下茶屋。在此之前，他就经由井伏鳟二的中介和甲府斋藤文二郎的介绍，谈了一桩婚事。十九日，在甲府的石原家与石原美知子（理学士石原初太郎的四女儿，明治四十五年一月三十一日出生，东京女高师文科毕业，当时在都留高女任教）相亲。在《国民新闻》十月六日刊发表《关于富士》，在《帝国大学新闻》三十一日刊发表《校长三代》。其间，艰难地酝酿并创作长篇小说《火鸟》。十一月六日，与石原美知子订婚，同月十六日离开御坂崖，住进甲府市西坚町九三番地的寿馆。在《日本文学》十一月号发表《女人创造》，在《国民新闻》十二月九、十、十一日发表《九月十月十一月》。

昭和十四年（一九三九年）：三十一岁

一月八日，在杉并区清水町的井伏家，由井伏鳟二夫妻做媒，山田贞一夫妻（美智子的姐夫家）、斋藤文二郎的夫人、中畑庆吉、北芳四郎出席，举办了太宰与美知子的结婚仪式，后两人入住甲府市御崎町五六番地。那是一座八叠[1]、三叠、一叠的三房小屋，租金为六日元五十钱。同月末，发

---

1 1叠约为1.62平方米。——译者注

生未发表作品集的一百张稿纸丢失事件。在《若草》二月号发表 *I can speak*，在《文体》二、三月号发表《富岳百景》。其间，将当时被征兵到中国山西省的田中英光的《锅鹤》介绍给《若草》，安排发表。在《文学界》四月号发表《女生徒》，在《文艺》四月号发表《懒惰的歌留多》。四月，与上林晓的《寒鲫》一同获得国民新闻短篇奖，得到奖金五十日元。在《国民新闻》五月九、十、十一日刊发表《当选之日》，在《帝国大学新闻》十五日刊发表《正直之声》。同月，由竹村书房出版未发表作品集《关于爱与美》（收录：《秋风记》《新树的话语》《花烛》《关于爱与美》《火鸟》）。当月，与美知子一同去上诹访、蓼科游玩。在《若草》六月号发表《叶樱与魔笛》，在《月刊文章》六月号发表《春昼》。六月二日到东京物色住处，看了国分寺、三鹰、荻窪地区。当月，拿到《黄金风景》的奖金，与美知子、美知子的母亲及妹妹一同游玩了三保、修善寺和三岛。七月，由砂子屋书房出版《女生徒》（收录：《满愿》、《女生徒》、*I can speak*、《富岳百景》、《懒惰的歌留多》、《姥舍》、《黄金风景》）。七月，在《文笔》第一期发表《〈人间基督记〉及其他》。七月十五日，再次到东京看房，并在三鹰看中了正在出租的新房。在《新潮》八月号发表《八十八夜》，在《文学者》九月号发表《并非娱乐》。九月一日离开甲府，搬迁至东京府下三鹰村下连雀一一三番地。六叠、四叠半、三叠的三房套房租金为二十四日元。同月二十日，参加东奥日报社在日比谷公园松本楼主办的青森县出身在京艺术家座谈会，与今官一及阿部合成等人同行。当晚的出席者还有秋田雨雀、江口隆哉、栋方志功、板垣直子、上原敏等人。在《月刊文章》十月号发表《美少女》，在《文学者》十月号发表《畜犬谈》，在《若草》十月号发表《啊，秋天》。在《妇人画报》十一月号发表《时髦的童子》，在《文艺世纪》十一月号发表《颓废派抗议》，在《文学界》十一月号发表《皮肤与心》。在《文艺日本》十二月号发表《市井纷争》。这年秋天，单行本《女生徒》与冈崎义惠的《日本文学样式》及山岸外史的《人间基督记》一道入选第四届北村透谷奖，获得了透谷纪念奖牌。

昭和十五年（一九四〇年）：三十二岁

在《新潮》一月号发表《俗天使》，在《知性》一月号发表《海鸥》，在《妇人画报》一月号发表《哥哥》（当时题为《美丽的哥哥》），在《文艺日本》一月号发表《春之盗贼》，在《作品俱乐部》一月号发表《女人训诫》。在《悬赏界》一月下旬号发表《困惑的辩解》，在《三田新闻》一月二十五日刊发表《心之王者》，在《国民新闻》一月三十和三十一日、二月一日刊发表《这段时间》，从《月刊文章》一月号开始连载《女人的决斗》（到六月号完结）。在《中央公论》二月号发表《越级申诉》,在《帝国大学新闻》二月十二日刊发表《郁屈祸》。在《妇人画报》三月号发表《老海德堡》,在《书物展望》三月号发表《陌生人》,在《新潮》三月号发表《无趣味》,在《知性》三月号发表《厌酒》。四月十四日,召开山岸外史的《芥川龙之介》出版纪念会,以干事身份负责组织。同月,由竹村书房出版《皮肤与心》(收录:《俗天使》《叶樱与魔笛》《美少女》《畜犬谈》《哥哥》《时髦的童子》《八十八夜》《啊,秋天》《女人训诫》《并非娱乐》《颓废派抗议》《皮肤与心》《海鸥》《老海德堡》)。在《文艺》四月号发表《追思善藏》,在《若草》四月号发表《无人知晓》,在《文学者》四月号发表《义务》。在《都新闻》三月二十五日、二十六日、二十七日刊发表《作家之像》。四月三十日,与井伏鳟二、伊马鹈平及三名早稻田大学生到上州四万温泉游玩。在《新潮》五月号发表《奔跑吧,梅勒斯》。接到《妇人公论》以"复仇"为主题的随笔邀稿,不情愿地写了《大恩不言谢》,但是原稿未被登出(直到去世后的昭和二十九年,才在《文章俱乐部》七月号刊登)。六月,由人文书院出版《回忆》(收录:《回忆》《卑俗性》《二十世纪旗手》《新树的话语》《富岳百景》等),由河出书房出版《女人的决斗》(收录:《女人的决斗》《越级申诉》《古典风》《无人知晓》《春之盗贼》《奔跑吧,梅勒斯》《追思善藏》)。在《知性》六月号发表《古典风》,在《东京朝日新闻》六月二日刊发表《无自信》。七月三日住进伊豆汤野的福田屋，创作《东京八景》，八日与井伏鳟二、小山祐士、伊马鹈平在热川温泉碰头，庆祝小山祐士出版《鱼族》，翌日到谷津温泉，三日后再次回到汤野，与前来迎接的美知子一同返京，途中去钓香鱼，又拜访了当时住在谷津的井伏鳟二和龟井胜一郎，十三日一同遭遇水灾。在《新风》七月号发表《盲人独笑》，并从《若草》七月号开始连载《乞食学生》（到十二月号完结）。在《博浪沙》七月号发表《六月十九日》，在《精度帝国大学新闻》八月五日刊发表《贪婪祸》，在《月刊文章》九月号发表《谈自作》，在《文笔》十月号发表《砂子屋》。十月一日开始执笔《文盲自嘲》（发表于昭和十七年十月的《琴》第一期）。这年秋天，在东京商大发表演讲，题为《近代的病》。十月十四日，与佐藤春夫、井伏鳟二、山岸外史一道去甲州游玩。十一月，受到新潟高等学校邀请发表演讲，归途中前往佐渡游玩。在《新潮》十一月号发表《蟋蟀》，在《文艺世纪》十一月号发表《一灯》，在《现代文学》十一月号发表《保罗的混乱》，在《帝国大学新闻》十一月二十五日刊发表《微声》。同时期开始创作《丽莎》《失败园》。在《妇人画报》十二月号开始连载《浪漫灯笼》，到翌年六月号完结。十二月六日，第一届阿佐谷会在阿佐谷车站北口的匹诺曹餐馆举办，太宰治出席，后来也经常参加。

昭和十六年（一九四一年）：三十三岁

在《新潮》一月号发表《清贫谭》，在《知性》一月号发表《雕鹗通信》，在《公论》一月号发表《佐渡》，在《文学界》一月号发表《东京八景》，在《日本映画》一月号发表《弱者的食粮》，在《月刊东奥》一月号发表《青森》。在《都新闻》一月五日刊发表《男女川与羽左卫门》。一月十五日，与美知子共赴伊豆伊东温泉游玩。二月一日，开始创作打好腹稿的长篇小说《新哈姆雷特》，并为此在十九日住进静冈县三保的三保园，一直停留到月底，继而在四月上旬住进甲府市锦町的东洋馆继续创作，到五月底完成。其间，在《文艺春秋》二月号发表《漫谈服装》，五月由实业之日本社出版《东京八景》(收录:《东京八景》、HUMAN LOST、《蟋蟀》、《一灯》、《失败园》、《丽莎》、《盲人独笑》、《传奇》、《乞食学生》)。六月七日，大女儿园子出生。在《改造》六月号发表《千代女》,在《新女苑》六月号发表《香鱼千金》,在《博浪沙》六月号发表《容貌》,在《文笔》六月号发表《〈晚年〉与〈女生徒〉》。七月，由文艺春秋社出版第一本长篇单行本《新哈姆雷特》。八月，在北芳四郎的劝说下，时隔十年回到故乡金木町，见到了母亲、祖母、二哥英治、姨母等人。在《新潮》八月号发表《论山岸外史〈炼狱的表情〉》，同月，由筑摩书房出版《千代女》(收录:《雕鹗通信》《佐渡》《清贫谭》《漫谈服装》《香鱼千金》《千代女》《浪漫灯笼》)。十一月接到文士征用令，到本乡区政府接受身体检查，因胸部疾患免于服役。同月，到东京站送井伏鳟二启程前往新加坡。在《文学界》十一月号发表《风闻》，在《文艺》十一月号发表《秋》（《风闻》的一部分），在《新潮》十二月号发表《旅信》（《风闻》的一部分），在《知性》十二月号发表《谁》，在《都新闻》十二月二日刊发表《私信》，十二月末，由月曜庄出版限定版《越级申诉》。这年十二月八日，太平洋战争爆发。

昭和十七年（一九四二年）：三十四岁

在《妇人画报》一月号发表《耻》，在《新潮》一月号发表《新郎》《一则忠告》，在《博浪沙》一月号发表《美食家》。在《妇人公论》二月号发表《十二月八日》，在《若草》二月号发表《律子与贞子》。二月中旬起，在甲府市汤村温泉的明治屋逗留，创作以堤康久（当时的前进座演员）日记为题材的《正义与微笑》，二月末短暂返回东京，三月十日到二十日逗留在武州御狱车站前的和歌松旅馆，完成剩余部分。四月，由利根书房出版《风闻》（收录：《风闻》《新郎》《谁》《畜犬谈》《海鸥》《猿面冠者》《律子与贞子》《地球图》），在《艺术新闻》发表《一问一答》。《等待》应该也是这一时期写成的。五月，由竹村书房出版《老海德堡》（收录：《哥哥》《关于爱与美》《新树的话语》《老海德堡》《时髦的童子》《八十八夜》《秋风记》《啊，秋天》《女人训诫》

《并非娱乐》《颓废派抗议》《俗天使》《花烛》）。在《改造》五月号发表《水仙》。六月，由锦城出版社出版第二本长篇单行本《正义与微笑》，由博文馆出版《女性》（收录：《十二月八日》《女生徒》《叶樱与魔笛》《蟋蟀》《灯笼》《无人知晓》《皮肤与心》《耻》《等待》）。七月，向改造社的《新日本文学全集第十四卷坪田让二集》的月报投稿《小照》。从这一时期开始，屡屡接到点名，接受军事训练，展开突击练习。在《新潮》七月号发表《小相簿》，在《现代文学》七月号发表《无题》。七月下旬在甲府市水门町二九番地的夫人娘家石原家居住十天，八月中旬在箱根居住十天。在《三越》九月号发表《天狗》，在《文艺》十月号发表《烟花》（战后改题为《日出之前》）。但是《烟花》因"不合时局"，被命令全文删除。十月，因母亲种子病重，与美知子携园子返乡，逗留五六日。十一月，由昭南书房出版《文藻集信天翁》。同月二十日到三十日，居住在甲府石原家，创作新年号的短篇《黄村先生言行录》《故乡》《禁酒之心》。十二月初与井伏鳟二同游热海，八日前往静冈县三保，开始创作《右大臣实朝》，但是得到母亲种子病危的消息，只身赶往金木。同月十日，种子去世，享年七十一岁。

昭和十八年（一九四三年）：三十五岁

一月，由新潮社出版《富岳百景》（收录：《富岳百景》

《女生徒》《满愿》《越级申诉》《女人的决斗》《奔跑吧，梅勒斯》《他不再是他》《传奇》），作为昭和名作选集之一。在《文学界》一月号发表《黄村先生言行录》，在《新潮》一月号发表《故乡》，在《现代文学》一月号发表《禁酒之心》。同月中旬，与妻子结伴返乡，参加亡母三十五日忌。三月前往甲府，在石原家及汤村温泉明治屋短住，完成上一年末开始创作的《右大臣实朝》。在《文学界》四月号发表《厚脸皮》。四月二十九日，盐月赳的结婚典礼在目黑雅叙园举办，太宰代行家人之事，负责送聘礼、商讨仪式流程。在《新潮》五月号发表《赤心》。六月，在《八云》第二期发表《归去来》。此时开始创作《花吹雪》，本应发表在《改造》七月号，最终未能刊登。在《现代文学》八月号发表《我所爱好的话语》。九月，由锦城出版社出版第三本长篇单行本《右大臣实朝》，在《文库》十月号发表《作家的手记》，在《文艺世纪》十月号发表《不审庵》，在《杂志日本》十月号发表《谈金钱》。这年秋天，在小山书店的提议下，创作了以素未谋面的京都读者木村庄助的病床日记为题材的《云雀之声》（二百页稿纸），但担心无法过审，经商议后放弃出版。

昭和十九年（一九四四年）：三十六岁

在《新潮》一月号发表《裸川》（《新释诸国奇闻》），在《改造》一月号发表《佳日》，在《东京新闻》一月十三日刊发表《横纲》,在《日本医科大学殉公团时报》第七十期发表《皮革钱包》。一月三日,东宝制作人山下良三前来咨询《佳日》改编电影事宜,应允。同月八日到十三日,与八木隆一郎、如月敏一同住进热海山王酒店撰写剧本。该月初,日本内阁情报局与文学报国会发来委托,请他将大东亚五大宣言写成小说,太宰决心借此机会创作构思良久的《惜别》,开始阅读《大鲁迅全集》,查阅每月的《日华学报》,进行鲁迅研究。在《新若人》三月号发表《散华》,在《映画评论》四月号发表《厌艺术》,在《少女之友》五月号发表《雪夜之话》,在《文艺》五月号发表《义理》(《新释诸国奇闻》)。接到小山书店邀稿创作《津轻》,作为《新风土记丛书》的其中一册,从五月十二日到六月五日,在津轻地区旅行,造访了金木老家、蟹田町老友中村贞次郎,以及居住在小泊的幼时家中女佣阿竹家。其间,在中村家创作《奇缘》,并投稿给当时在日占满州发行的杂志《满洲良男》,但是该作品后来去向不明。六月二十一日,送妻子回甲府石原家待产,逗留十日。返回东京后,在三鹰家中过着自炊生活。七月,完成《津轻》。在甲府与东京之间频频往来,八月十日,长子正树出生。同月,在《文学报国》第三十三期发表《东京来信》,由肇书房出版《佳日》(收录:《归去来》《故乡》《散华》《水仙》《禁酒之心》《作家的手记》《佳日》《黄村先生言行录》《花吹雪》《不审庵》)。在《文艺世纪》九月号发表《穷人骨气》(《新释诸国奇闻》)。九月十七日前往甲府迎接家人,二十一日一家返回东京。在《新潮》十月号发表《人鱼之海》。初秋,《四场婚礼》(《佳日》电影版)上映。十月一日到翌年三月担任轮流制的邻组长。十月一日、十月二十一日、十一月十一日还接到了乡军的拂晓动员。十一月,由小山书店出版《津轻》。在《月刊东北》十一月号发表《女贼》(《新释诸国奇闻》),在《东京新闻》十一月十六日刊发表《纯真》。其后,还与小山书店制定了《云雀之声》的出版计划,但是十二月上旬,神田的印刷厂遭到空袭,书籍在发行前尽数烧毁。后来在《河北新报》上连载的《潘多拉的盒子》,就是用山下良三手头用于改编电影的长条校样改写而成的。十二月二十日,前往仙台调查鲁迅居住仙台时期的生活,在河北新报社查看当时的报道,到城里采风,二十五日返回东京。这年,小山初代在青岛去世,享年三十二岁。

昭和二十年(一九四五年):三十七岁

一月,由生活社出版《新释诸国奇闻》,在《大东亚文学》发表《竹青》(汉语版)。二月,完成《惜别》创作。继而在三月频繁的空袭警报中创作《御伽草纸》。这一时期也创作了《春》(未发表)。三月末,送妻子疏散到甲府石原家,返回东京后不久,在四月二日凌晨,与来访家中的田中英光、小山清遭遇空袭，房屋在爆炸中受损。到吉祥寺的龟井胜一郎家暂住了几天，其后将房屋交给小山清，自己也疏散到了甲府石原家（当时美知子的妹妹爱子独自守家）。在《文艺》四月号发表《竹青》。到达甲府后，与疏散到甲运村的井伏鳟二、诗人大江满雄及《中部文学》同人等人交游，又先后得到了小山清、田中英光、河上彻太郎、中岛健藏等人的来访。五月下旬，与夫人一道将书籍及其他行李搬至甲府市外的千代田村。六月末，完成《御伽草纸》。七月七日凌晨，甲府遭到燃烧弹攻击，石原家被彻底烧毁。一家人投奔到甲府市新柳町六番地山梨高工教授大内勇家中。将《御伽草纸》原稿交给赶来慰问的小山清，送至筑摩书房。同月二十八日，与妻子经由东京前往津轻，先后乘坐东北线、陆羽线、奥羽线、五能线的列车，克服重重困难，于三十一日到达金木町老家。几天后的八月四日，就受到田中英光的拜访。同月十五日，战争结束。九月，由朝日新闻社出版《惜别》。同月上旬，河北新报社村上辰雄登门拜访，答应在报纸上连载《潘多拉的盒子》。十月二十二日开始连载，翌年一月七日完结。其间，十月由筑摩书房出版《御伽草纸》。十一月十四日，四姐恭去世（享年四十），二十一日在青森举行葬礼。

昭和二十一年（一九四六年）：三十八岁

在《新小说》一月号发表《庭院》，在《新风》一月号发表《亲之二字》，愤慨于文坛和媒体的新型投机主义，向朋友宣称自己是保守派。二月六日，在母校青森中学发表演讲，又前往弘前、鲹泽、黑石等地出席座谈会，并经常得到弘前、木造等地的青年拜访。在《新潮》二月号发表《谎言》，在《妇人朝日》二月号发表《货币》，在《月刊读卖》三月号发表《已矣哉》。此时，开始与创作《惜别》时结识的贵司山治通信，决定将两人之间的书信放到贵司编辑的《东西》杂志上连载。先在该杂志三月号刊登了贵司的书信，并在五月号刊登了太宰的《回信》。但是，这个企划仅实施一次便中止。三月，满怀激情地开始创作第一部剧本《冬日烟花》，十五日完成。四月十日，战后第一次众议院选举举行，长兄文治当选。同月二十五日，阿竹从小泊前来拜访。在《文化展望》四月号发表《十五年》，在《潮流》五月号发表《致未归的友人》。五月，芥川比吕志前来拜访，希望获得《新哈姆雷特》的授权，在加藤道夫等人创办的思想座上演，并逗留两晚，在近郊游玩。此时开始创作《大乌鸦》，写了两页半就弃稿。同月，在《朝日画报》发表《津轻与契诃夫》，六月，由河北新报社出版《潘多拉的盒子》。在《展望》六月号发表《冬日烟花》，在《新文艺》第三期发表《苦恼的年鉴》，在《东奥日报》六月十五日刊发表《政治家与家庭》。七月四日，祖母石去世，享年九十岁。在《艺术》七月号发表《机会》，在《文学通信》七月号发表《海》，在《人间》

九月号发表第二部剧本《春之枯叶》。十月，在《思潮》第三期发表《雀》。十月二十七日参加祖母的葬礼，结束后，十一月十二日离开金木，途中在仙台落脚，十四日回到了交给小山清照顾、自己离开了大约一年半的三鹰旧居。同月二十五日，与坂口安吾、织田作之助出席《改造》的座谈会。这一年末，又与坂口安吾、织田作之助、平野谦出席《文艺季刊》的座谈会。在《东北文学》十一月号发表《寻人》，十一月，由新纪元社出版《微明》（收录：《小相簿》《日出之前》《厚脸皮》《东京来信》《雪夜之话》《竹青》《微明》等）。在《新潮》十二月号发表《亲友相处》，在《改造》十二月号发表《男女同权》。十二月，《冬日烟花》计划由新生新派剧团在东剧上演，但是被驻日盟军总部下令撤档。

昭和二十二年（一九四七年）：三十九岁

在《群像》一月号发表《叮叮咚咚》，在《中央公论》一月号发表《圣诞快乐》，在《鳟》一月号发表《同一颗星》，在《月刊东奥》一月号发表《新型个人主义》。一月十二日，参加织田作之助的告别仪式，在《东京新闻》一月十三日刊发表《织田君之死》。同月二十九日，与同住的小山清一道前往北海道夕张煤矿。二月二十一日，造访神奈川县下曾我的太田静子家，逗留约一周，随后前往田中英光的疏散地伊豆三津滨，在安田屋旅馆住宿，到三月上旬为止，写完了《斜阳》的第一、第二章，八日返回家中。在《新潮》三月号发表《母亲》，在《展望》三月号发表《维庸之妻》。三月三十日，二女儿里子出生。在《人间》四月号发表《父亲》，在《日本小说》五月号发表《女神》，七月，在《日本小说》六七月合并号发表《磷光》。这年春天，与山崎富荣相识。四月到六月，在三鹰下连雀田边家、上连雀藤田家租借房间作为工作室，继续创作《斜阳》，到六月底完成。其间，五月下旬，伊马春部编剧执导的《春之枯叶》在NHK播放。七月，由中央公论社出版《冬日烟花》（收录：《冬日烟花》《春之枯叶》《苦恼的年鉴》《致未归的友人》《机会》《庭院》《已矣哉》《亲之二字》《谎言》《雀》）。在《新思潮》七月号发表《朝》，在《新潮》七月号到十月号分四回连载《斜阳》。八月，由筑摩书房出版《维庸之妻》（收录：《叮叮咚咚》《男女同权》《亲友相处》《圣诞快乐》《父亲》《母亲》《维庸之妻》）。这年夏天，在三鹰山崎富荣家与筑摩书房创始人古田晁、臼井吉见、井伏鳟二等人商讨《井伏鳟二选集》编撰事宜。九月二十四日，与伊马春部前往热海旅行。在《改造》十月号发表《阿赞》，在《小说新潮》十一月号发表《谈谈我的半生》，在《朝日新闻》十一月十七日刊发表《小志》。这年秋天，八云书店与实业之日本社提议出版全集，选定八云书店，开始准备。十一月十二日，与太田静子之女治子出生。十二月，由新潮社出版《斜阳》。

昭和二十三年（一九四八年）：四十岁

在《中央公论》一月号发表《犯人》，在《地上》一月号发表《酒的追忆》，在《光》一月号发表《招待夫人》，在《罗马风》发表《革命》。二月四日到七日，演员座创作剧研究会第一次公演，在每日剧场上演了千田是也导演的《春之枯叶》。同月二十九日，吉原爱子（美知子之妹）去世，三月三日举行葬礼。三月初，朝日新闻社发来小说连载邀稿，同月，由若草书房出版《太宰治随想集》。在《日本小说》三月号发表《美男子与香烟》，在《小说新潮》三月号发表《眉山》，在《新潮》三月号发表《如是我闻》第一部分，在《个性》三月号发表《小说的趣味》。经筑摩书房创始人古田晁安排，三月十日起暂居热海市咲见町的起云阁，将《人间失格》写到《手记之二》部分，三十一日返回东京。四月，在三鹰的工作室写完《手记之三》前半部分，同月二十九日到五月十二日，住在大宫市大门町藤绳家完成全书。在《群像》四月号发表《候鸟》，在《八云》四月号发表《女类》，在《文艺时代》四月号发表《关于徒党》。在《世界》五月号发表《樱桃》，在《新潮》五月号发表《如是我闻》第二部分。四月二十八日，由八云书店发布《太宰治全集》的第一批发行书目《虚构的彷徨》（第二卷）。五月中旬，在工作室开始创作预定在《朝日新闻》连载的 Goodbye，下旬交出前十回的草稿。这一时期，太宰治身体极度疲劳，失眠症状加剧，屡屡咯血。在《展望》六月号发表《人间失格》第一回,在《新潮》六月号发表《如是我闻》第三部分。六月十三日深夜,在书桌上留下 Goodbye 前十回的校对稿与十一到十三回的草稿、写给美知子的遗书、给孩子们的玩具、给伊马春部的短歌(池水浊不复清,藤花难倒映,大雨滂沱。——伊藤左千夫)等物品,与山崎富荣投入玉川上水,去世。人们在大雨中不断搜寻,于十九日早晨发现尸体。二十一日,由丰岛与志雄担任治丧委员长、井伏鳟二担任副委员长,在太宰家中举行告别仪式。七月十八日,在三鹰町下连雀二九六,黄檗宗禅林寺下葬,举办三十五日忌。死后,《人间失格》第二、第三回分别刊登在《展望》七月、八月号,Goodbye 前十三回刊登在《朝日评论》七月号,《如是我闻》第四部分刊登在《新潮》七月号,《家庭的幸福》刊登在《中央公论》八月号,七月,由筑摩书房出版《人间失格》,由实业之日本社出版《樱桃》(收录:《阿赞》《犯人》《招待夫人》《酒的追忆》《美男子与香烟》《眉山》《女类》《候鸟》《家庭的幸福》《樱桃》)。

初版后记

这部评论的主要部分成文于一九五二年一月到三月，发表在东京工业大学文艺部杂志《大冈山文学》第八十八期（一九五二年六月）。

对我来说，这是第一部全面的评论，也是精神上的一座纪念碑。

我们的青春无法与太宰治割离。正因为有了太宰治，我们才能熬过日本战败后的昏蒙时代。我们把一切都赌在了太宰治身上。那时，我与初中时代便成为好友的池田谅每晚都热烈地讨论太宰治，就像在说自己的故事。那时的经历，我至今都无法忘记。然而，我们都没有真正见过那位作家。发现太宰尸体那晚，我们坐在泰山木的一家咖啡馆里，听着雨声，喝着兑了酒精的咖啡，两个人静静地为他守了夜。那年，我们二十一岁。

那年夏天，我跟如今已故的朋友田中春信住在信州高原。

我打算写一篇《太宰治论》[1]。我想站在最受太宰影响的我们这代人的角度上，描绘心中的太宰治形象，并通过他来讲述我们自己。我与数学专业的田中春信反复讨论了太宰的文学，特别是《人间失格》，以及精神分析学。但是那年夏天，我只写出了满满六本大学笔记本的《太宰治笔记》。因为他过分融入了我的生活，我反而无法书写。

其后那四年间，我一直惦念着太宰治。受到阿兰的《艺术论集》和弗洛伊德、马克思的影响，我渐渐能够客观地思考太宰治了。后来，我在工大那个洞穴一般的研究室与吉本隆明见面，受到强烈的启发，终于决定写出《太宰治论》。如果没有这三个在我精神形成时期交到的朋友，也许就不会有这种形式的《太宰治论》。

我总觉得，如果不通过书写《太宰治论》整理内心的思绪，就永远无法前进。写成之后，我就能走进一个新的世界。

我从未见过太宰治，只能通过他的作品了解作者的内心世界，刻画出他的形象。这也许与真正的太宰并不一样，但它无疑就是我心目中的太宰。如果你能把这部评论当作对太宰文学的蹩脚赞歌，便是我的荣幸。无论是好是坏，这部评论都是当时我所能竭尽的全力，也囊括了其后的所有评论。

1　本书在一九五六年首次出版时使用《太宰治论》这一书名。——译者注

其后,我在《三田文学》一九五四年十二月号发表了《太宰治的人格与思想》,在《近代文学》一九五五年三月、四月、六月、七月号发表了经过修订的《太宰治的生涯与作品》。《〈晚年〉以前》便是当时添加的内容。

刚开始书写太宰论时,也许是由于过于投入,我无论如何都无法用正式的书面语去书写。后来换成能表达自己内心的散文体,总算能轻松写出来了。如今再看,这种写法着实有些不妥。然而这种写法毕竟与当时的思考相连,如今单独修改同样不妥,便原样保留了下来。

另外,文中还有许多不足和令我不满意的地方,趁这次出版机会,我也想做一个全面的修订。然而我现在对太宰治的想法与写作时大不相同,若要全面修订,只能全部重写。因此除了部分细节上的修改,主要内容基本保持了原状。也许今后很长一段时间,我都不会再写这种全面肯定的评论了。

一九五六年一月十五日
奥野健男

后 记

《太宰治论》在一九五六年由近代生活社出版,一共发行了四版,后来因为版权方不复存在而绝版。到了一九六〇年,《太宰治论》再次以角川文库本的形式出版,一直持续到现在,其内容与近代生活社版完全相同。

一九六六年,在时任春秋社总编、我的好友岩渊五郎的强烈推荐下,在原版基础上添加了后来的文章,于同年四月推出了春秋社版《太宰治论》。然而岩渊并没有看到这本书的出版,因为他在二月四日携《太宰治论》印样乘坐飞机时,遭遇全日空坠机事故,死在了羽田海域。他是我最信任也最敬爱的朋友,也是一名优秀的编辑,他去世后,略有杂文集之嫌的春秋社版《太宰治论》就再也没有了修订的机会。

一九七〇年十一月,三岛由纪夫自杀后,当时已经决定出版《坂口安吾》的文艺春秋的主编,同时也是我的老友樫原雅春提议，干脆做成《坂口安吾》《太宰治》《三岛由纪夫》的评论三部曲，我动了心。坂口安吾、太宰治、三岛由纪夫，这三个人就像我文学青春时期的父母和兄长。如果能以三部曲的形式出版，我就能毫无保留地描绘出自己青春的浪漫心境与精神轨迹。另外，或许还能通过对坂口安吾的思考，从新的立场重新审视太宰治与三岛由纪夫的同类对立关系。

我想重新编辑《太宰治论》，让它成为《坂口安吾》《太宰治》《三岛由纪夫》评论三部曲的一环。幸运的是，我得到了春秋社的理解，春秋社版《太宰治论》顺利绝版后，现在这本文艺春秋版《太宰治》的出版计划得以执行。

与近代生活社的初版《太宰治论》相比，本版删除了《太宰文学的定位及其周边》《〈斜阳〉小论》《物语式〈年谱〉》，又删除了春秋社版《太宰治论》的《人间失格论》《太宰治的文体》《太宰文学的谱系》《太宰治与现代》《室生犀星与太宰治》《津轻的太宰治碑》《太宰治论时期》等杂文及《参考文献目录》。《太宰治的人格与思想》《太宰治的生涯》与初版保持一致，《太宰治的作品》是以《定本太宰治全集》筑摩版解说（昭和三十七年）为基础，大幅修订而成。《再论太宰治》是为《文学界》（昭和四十八年八、九月号）写的文章。

个人认为，现在这个版本编辑得很成功，并且与此前的

《坂口安吾》、即将要写的《三岛由纪夫》形成了首尾一贯的关系。另外，有关坂口安吾、太宰治以及那个时代的无赖派作家，敬请参考与本书同时出版的国文社《无赖与异端》。

一九七二年十二月二十七日

奥野健男

明室·文学家传记

《软弱的反叛者：太宰治传》
《奥登传》

奥野健男 Takeo Okuno

1926年生于日本东京。日本著名文学评论家，多摩美术大学荣誉教授。太宰治其人及其文学的卓越研究者。25岁写就文艺生涯的杰作《太宰治论》震惊文坛，后开展文艺评论活动。1984年以《"间"的构造》获得平林泰子文学奖；1986年以《文学之中的原风景》获得日本建筑学会百周年纪念文化奖；1994年以《三岛由纪夫传说》获得艺术选奖文化大臣奖。1995年获得紫绶褒章。1997年去世，被追授勋四等旭日小绶章。

吕灵芝

厦门大学日语硕士，职业译者。代表译作有太田治子《向着光明》、伊坂幸太郎《余生皆假期》、饭岛裕子《日本贫困女子》等。

明室
Lucida

照亮阅读的人

出品人：赵红仕
策划机构：明室
策划人：陈希颖
特约编辑：陈希颖　刘麦琪
责任编辑：李艳芬
装帧设计：WSCGRAPHIC.COM

明室·照亮阅读的人
豆瓣：明室Lucida ｜ 微博：@明室Lucida